**4차 산업
1등주에
투자하라**

앞으로 10년을 지배하는
해외 주식투자의
메가트렌드

4차 산업
1등주에
투자하라

조용준 지음

한스미디어

새로운 해외 투자의 길로 이끄는 보석 같은 책

하나금융투자 리서치센터장 조용준 전무의 《4차 산업 1등주에 투자하라》 출간을 진심으로 축하합니다. 이 책은 조용준 전무의 오랜 현장 경험과 연구 결과가 응집된 결과물로 이 시대의 투자 지식과 통찰력을 원하는 이들에게 매우 유익하리라 확신합니다.

세계는 '4차 산업혁명'이라는 거대한 전환기에 서 있습니다. 인터넷과 모바일 등 IT 영역뿐만 아니라 전통 제조업과 서비스업을 포괄하는 모든 산업이 디지털화·네트워크화·지능화되어 제품과 서비스의 비약적인 혁신이 이루어지고 있습니다. 4차 산업혁명은 우리 삶의 모습을 전면적으로 바꾸어놓는 중입니다. 세계 경제의 판도 역시 크게 바뀔 것이라 보입니다. 그런데 이런 변화의 시기는 투자자에게 결정적인 기회를 제공합니다. 현재의 초우량 기업들은 1차·2차·3차 산업혁명 시기의 승자가 됨으로써 침범할 수 없는 경쟁력을 쌓았고 엄청난 성장을 기록했습니다. 그 승리가 지금까지 이어졌습니다. 4차 산업혁명도 이와 크게 다르지 않을 것입니다.

4차 산업을 가장 앞장서서 이끄는 1등 기업들이 앞으로 시장을 석권하고 몸집을 키우며 고성장을 기록할 것입니다. 4차 산업의 기반 기술과 빅데이터는 노력한다고 쉽게 얻거나 모방할 수 있는 것이 아니기에 이들 기업의 우위는 과거보다 더욱 돋보입니다.

한국의 투자자들이 이 기회를 효과적으로 활용할 수 있기를 바랍니다. 기술과 시장이 형성되는 초기에 참여하는 이들은 나중에 들어온 사람들보다 더욱 큰 성과를 얻을 수 있습니다. 장기적 안목으로 4차 산업 1등 기업에 투자한다면 고성장의 과실을 공유할 수 있으리라 봅니다. 우리 회사에서도 '하나UBS글로벌4차산업1등주플러스증권자투자신탁' 등 투자 상품을 운용하고 있는데, 이미 높은 수익률을 기록하고 있으며 장기적으로는 더욱 유망할 것입니다.

금융 투자 업계는 이미 국내 주식 투자를 넘어 '해외 주식의 시대'가 열리고 있습니다. 자녀에게 최고의 재산을 물려준다는 포부로 4차 산업혁명을 이끄는 기업들에 효과적으로 투자하기를 바랍니다. 조용준 전무의 《4차 산업 1등주에 투자하라》는 이런 투자를 위해 유용한 지식과 정보를 제공해줍니다. 4차 산업혁명의 본질과 관련 기술 동향, 비즈니스의 변화 등 거시적 흐름을 효과적으로 이해할 수 있게 할 뿐 아니라, 현재 어떤 기업이 앞서나가고 있으며 앞으로 경쟁 판도가 어떻게 형성될지 등 실제 투자에 적용 가능한 유용하고 구체적인 정보도 풍부하게 제시했습니다.

이 책을 통해 그릇된 정보에 휘둘리지 않는 탄탄한 투자 지침, 시장 변화를 꿰뚫는 안목, 옥석을 가리는 통찰력을 얻어 새롭게 열리는 글로벌 투자 기회를 거머쥐게 되시기를 바라 마지않습니다.

하나금융투자 사장 이진국

새로운 10년,
거대한 투자 패러다임의 변화가 시작된다

2018년 8월 2일 세계 주식시장 역사에서 또 한 번의 산업혁명을 알리는 사건이 발생한다. 시가총액 1조 달러 기업이 탄생한 것이다. 그 주인공은 애플이다. 그로부터 1개월이 지난 9월 5일에는 아마존의 시가총액이 1조 달러를 돌파했다. 미국의 두 4차 산업혁명 1등 기업들은 웬만한 국가의 경제 규모를 넘어선 1조 달러 클럽에 오르는 영예를 누리게 되었다. 마이크로소프트 또한 그 뒤를 이었다.

시가총액 1조 달러를 넘어섰거나 앞으로 넘어서리라 예상되는 기업들은 모두 4차 산업혁명의 리더들이다. 이 기업들이 혁신을 통해 창출할 부가가치에 대해 시장이 인정하고 있다는 뜻이다.

: 워런 버핏의 변심

특이한 것은 워런 버핏과 같이 매우 엄격한 잣대로 기업을 선정해 가치투자를 하는 신중한 투자자들도 4차 산업혁명의 선두 기업에 투자하는 것을 주저하지 않는다는 점이다. 버핏은 이른바 기술주에는 투자하지 않겠다는 원칙을 과거에 여러 차례 밝혀왔다. 1990년대 후반 닷컴 열풍이 불어닥칠 때 워런 버핏은 미동조차 하지 않았다. 그는 "실체에 비해 터무니없이 높은 가격이 매겨진 IT주를 도저히 이해할 수 없다"고 했다. 이렇게 여러 차례의 발언과 실제 투자를 통해 IT 기술주에 투자하지 않겠다는 명백한 의지를 보였던 버핏이 애플 주식을 대량으로 매수한 것은 매우 흥미로운 사건이었다. 말하자면 '워런 버핏의 변심'이 시작된 것이다. 그리고 그 이후 버핏이 보인 변화의 폭은 더 커졌다.

2017년 버크셔해서웨이 정기 주주총회 자리에서 워런 버핏은 구글과 아마존에 대한 투자 기회를 놓쳤음을 시인하며 아쉬워했다. 또한 아마존에 투자하지 않은 것 역시 CEO 제프 베조스를 과소평가한 자신의 오판에서 비롯되었음을 털어놓았다. 그러면서 "플랫폼 기업들이 강력한 독점력을 구축하고 있다"며 현재 시장을 진단했다. 또 2019년에는 아마존까지 대규모 매수를 진행했다.

워런 버핏은 과거에 구글 등 IT 기술주에 투자에 소극적이었던 이유를 밝혔다. "IT 기업 중 누가 최종 승자가 될지 예측하기 어려워 오랫동안 투자 대상에서 배제해왔다"는 것이다. 이 말을 뒤집어 생각하면 현재는 IT 기업 중 승자의 윤곽이 드러났다는 의미가 된다. 즉 4차 산업에서도 워런 버핏이 투자 기준으로 삼는 '경제적 해자垓子'를 가진 기업을 판단할 수 있는 시기가 되었다는 뜻일 것이다. 그가 투자한 애플, 투자하지 못한 것을 후회하는 구글과 아마존, 알리바바 등이 이런 기업들이다. 이 책에서 다루는 '4차 산업혁명 1등주'이기도 하다.

워런 버핏의 변화는 곧 IT 기술 기업 생태계의 변화를 의미한다. 1등주가 무엇인지 선명해지고 있음을 뜻한다. 워런 버핏은 '경제적인 해자'를 갖춘 기업을 선호한다. 해자는 성 주위에 깊은 못을 파서 적이 성에 침입하기 힘들게 만든 장치다. 기업에 적용하면 다른 회사가 근접할 수 없는 독점적인 경쟁력을 확보했다는 뜻이다. 코카콜라 등과 같이 범접할 수 없는 고객 충성도를 쌓은 기업은 경쟁자의 위협에 굳건히 버티며 1위를 수성할 수 있기에 장기 투자를 망설일 이유가 없다고 한다.

⦂ 4차 산업혁명과 새로운 부의 기회

산업혁명에 대해서 생각해보자. 1900년대 초반, 산업혁명 초기에 다우지수 출범 당시 처음 선보인 것은 9개 철도 회사를 포함해 11개 기업의 주가 평균이었다. 이는 사실상 철도 기업의 평균 주가나 다름없었다. 이렇듯 미국 산업의 주축은 철도로부터 시작되었다. 이것은 지금의 인터넷망과도 비교될 수 있다. 철도와 함께 산업혁명을 주도한 철강의 발전도 눈부셨다. '베세머Bessemer 제강법'이라는 기술로 무장한 앤드루 카네기는 철강왕으로 등극했다.

산업혁명의 에너지원이 된 석유 산업을 지배한 록펠러는 미국 석유시장의 1등 기업이 되었다. 또 실제적으로 2차 산업혁명은 전기가 이끌었다. 에디슨의 전구는 말 그대로 획기적인 발명품이었다. 또한 그는 화력발전소를 설립함으로써 전기의 대량생산 가능성을 열었다. 이 눈부신 혁신에 매료된 모건은 그의 사업에 투자하고 특허권을 사들임으로써 본격적으로 전기 산업에 뛰어들었다. 이렇게 '에디슨전기회사'가 탄생했다. 그 후

이 기업은 톰슨-휴스톤과의 합병을 거쳐 미국을 대표하는 기업 제너럴일렉트릭GE으로 발전한다.

전화기를 발명한 벨의 벨텔레폰은 이후 AT&TAmerican Telephone & Telegraph(미국 전화&전신 회사)로 발전했다. 또 산업혁명의 기술 혁신을 가장 극적으로 보여주며 기업 판도를 변화시킨 것이 자동차의 대량 보급이었다. 헨리 포드의 대량생산으로 자동차가 대중적으로 보급되기 시작했다. 그리고 자동차 산업은 강철, 기계, 유리, 고무, 전기, 석유 산업, 건설업 등 연관 산업들을 선도하며 거대한 산업 생태계를 이루었다.

세계를 움직이는 미국 대기업 중 상당수는 산업혁명기에 탄생해 새로운 기술과 시장을 선도하며 예전에는 상상하기조차 어려웠던 성장을 이루어냈다. 그리고 이들은 자신에게 필요한 금융 자본과 결합하며 거대기업으로 성장했다. 미국 기업사에서 보듯 산업혁명은 전례 없이 거대하고 강력한 기업과 이들이 주도하는 새로운 시장 생태계를 만들어낸다. 산업혁명의 수혜는 카네기나 록펠러, 에디슨, 헨리 포드 등의 기업가에게만 돌아가지 않았다. 모건으로 대표되는 투자자들이 더 큰 부를 거머쥐기도 했다.

4차 산업혁명 역시 새로운 기술, 새로운 기업, 새로운 시장과 산업, 새로운 부의 기회를 포함하고 있다. 그 기회에 올라타는 사람에게는 무한한 가능성이 주어진다. 4차 산업혁명을 이끄는 기업들이 국가 경제력에 버금갈 정도로 몸집을 불리는 현상은 임박한 주식시장 장기 사이클의 전주곡이라 보인다. 머지않은 미래의 주식시장은 4사 산업혁명을 매개로 하여 우리가 볼 수 없었던 1900년대 산업혁명 이후 기업들의 변화와 같은

100년 만의 변화와 상승의 사이클을 가져올 것이다.

눈앞에 다가온 4차 산업혁명

그럼 4차 산업혁명은 어디쯤 와 있을까? 현실적으로는 5G 시대가 막 시작을 앞두고 있다. 5G 시대가 본격화되면 수많은 디바이스 간 네트워크 연결이 가능하다. 현재 LTE용 주파수는 700MHz~2.6GHz 대역을 사용하지만 5G에선 mmWave 대역에 속하는 24~40GHz 주파수까지도 사용할 수 있다. 수백 MHz 이상의 광대역을 사용함에 따라 속도 향상과 더불어 초연결 디바이스Massive IoT 구현도 가능해진다. 5G는 기존 네트워크 상에서의 사람과 사물 간 대화를 사물과 사물 간의 대화로 전환시킬 것이며, 모든 사물을 무선으로 구동하는 꿈의 통신으로 자리매김할 전망이다. 5G 도입은 웨어러블, 자율주행차 등 진보된 사물인터넷IoT 서비스가 확산할 수 있는 결정적 계기가 될 수 있을 것으로 판단된다. 바야흐로 IoT 시대가 열리는 것이다.

5G SAStandAlone 네트워크부터는 사실상 휴대폰을 위한 네트워크라고 보기는 어렵다. 모든 사물을 네트워크에 연결하는 초연결이 가능하고 혁신적인 응답 속도를 자랑하는 초저지연 기술이 적용되기 때문이다. 한마디로 휴대폰만을 지원하기에는 아까운 네트워크이며 IoT를 적용하기에 최적화된 네트워크라고 볼 수 있다. 자율주행차, 스마트 팩토리, 스마트 시티에 적용 가능하고 서비스 측면에서는 인공지능, 빅데이터와 연결되는 네트워크라고 볼 수 있다.

다음으로 다가오는 것은 자율주행이다. 구글 웨이모는 2018년 말 미국 애리조나 주 피닉스 교외 4개 지역에서 제한적이지만 자율주행 택시 상용 서비스를 시작했으며, 핵심 부품인 '라이더Lidar'를 자체 개발해 제조 원가를 낮추는 것에서 출발해 최근에는 물류, 보안, 모바일 로봇 등 비자율주행 분야에까지 라이더를 공급할 계획이라고 밝혔다. 시장은 웨이모의 향후 매출을 공격적으로 추정하고 있다. UBS는 2030년 웨이모의 매출이 1,140억 달러에 달할 것으로 예측했고, 모건스탠리는 향후 웨이모의 기업 가치가 최소 500억 달러에서 1,750억 달러에 이를 것으로 전망하기도 했다.

이미 4차 산업혁명은 우리 앞에 와 있다. 그래서 필자를 포함한 우리 회사 리서치센터의 담당 연구원들은 글로벌 4차 산업혁명을 주도하는 1등 기업에 대한 오랜 분석과 실제 기업 방문과 투자 경험을 바탕으로 이 책을 발간하게 되었다. 일반인들이 이해를 돕고자 비교적 자세한 설명과 화보 등을 포함했다.

이 책은 크게 2개 파트로 구성되어 있다. 1부는 4차 산업혁명의 이해를 돕는 내용이다. 투자자 관점에서 4차 산업혁명이 지닌 무한한 기회의 잠재력을 살펴볼 수 있도록 했다. 4차 산업에 속하는 중요 기술의 전개 양상과 산업과 기업 동향을 담았으며, 미국과 중국 중심으로 편성된 생태계를 분석하며 한국이 나아가야 할 방향에 대해서도 덧붙였다.

2부는 4차 산업혁명을 선두에서 이끄는 1등 기업들을 소개했다. 이들 중 선두권에는 FANG으로 불리는 미국의 혁신 IT 기업이 있다. 아마존, 알파벳(구글 모회사), 페이스북, 넷플릭스이다. FANG을 뒤쫓아 사상 최초로 시가총액 1조 달러를 넘어선 애플을 비롯해 마이크로소프트, 엔비디아, 세일즈포스닷컴이 4차 산업혁명이라는 기회의 산에 올라섰다. 또한 BAT로 불리는 중국 첨단 기술 기업인 알리바바, 텐센트, 바이두가 거대 시장과 정부의 전폭적 지원을 바탕으로 도약하고 있다. 기술 기업은 아니지만, 투자를 통해 지주회사로서 4차 산업혁명에 뛰어든 소프트뱅크의 행보도 눈여겨볼 만하다. 4차 산업혁명과 함께 찾아온 투자 기회를 누리고자 하는 투자자들이라면 이들 4차 산업혁명 1등 기업에 깊은 관심을 두어야 할 것이다.

이미 많은 분이 우리 회사의 4차 산업 1등주에 대한 장기 투자 철학에 동의하며 우리 회사 4차 산업 1등주 투자 상품에 투자하고 있다. 이 책은 우선적으로 그분들이 장기 투자를 하는 데 도움이 되었으면 한다. 또 하나금융투자와 KEB하나은행의 PB를 포함한 많은 직원의 글로벌 주식 공부에도 도움이 되었으면 하는 바람이다. 나아가 많은 국민이 4차 산업 1등주에 대해 좀 더 확고한 인식을 하는 계기가 되었으면 하는 바람이다. 이런 소망을 품고 부족한 경험과 지식이지만 감히 용기를 내어 이 책을 내게 되었다.

이 책이 나오기까지 많은 분의 도움이 있었다. 우선 우리 회사에서 4차 산업 1등주 투자 상품을 출시할 수 있도록 용기를 북돋아주고 지도해주신, 필자가 몸담은 하나금융투자의 이진국 사장님께 한없는 존경과 감사의 마음을 드린다. 또 매일매일 영업 현장에서 고객들의 자산 증식을 위해 고생하는 하나금융의 많은 PB와 직원분들께도 감사한다. 실무적으로는 이 책을 필자와 같이 만들었다 해도 손색이 없는 리서치센터의 공동 저자들께도 고마움을 전한다. 늘 함께해주는 김상만 상무와 이정기 부장을 비롯한 많은 연구원, 그리고 지원팀의 박상원 팀장, 배유진 과장과 팀원들에게도 감사한 마음이다. 마지막으로 사랑하는 아내와 늘 힘이 되는 세 아이들 그리고 병상에 계신 어머니께 사랑과 고마움의 정을 건넨다.

2019년 6월의 어느 날 서울 여의도에서
하나금융투자 리서치센터장 조용준

차례

Ⅰ 투자의 신세계가 열린다

1장. 최고의 선택, 4차 산업 1등주

2장. 4차 산업혁명과 폭발적으로 증가하는 수요의 증가

3장. G2가 주도하는 4차 산업 창업 생태계와 한국의 혁신 자본시장이 가야 할 길

II 4차 산업 1등주 분석

1장. 세계를 이끄는
미국의 4차 산업 1등 기업 FANG

2장. 제2의 FANG을 노리는 미국의 1등 기업들

3장. 뜨겁게 떠오르는
중국의 BAT와 일본 소프트뱅크

1부

투자의 신세계가 열린다

1장
최고의 선택, 4차 산업 1등주

The Best Stock of
The Fourth
Industrial Revolution

01
워런 버핏의
변심이 말하는 것

◦ 허물어진 원칙

2016년 봄, 세계 증권가에 화제가 일었다. 오마하의 현인, 투자의 귀재 워런 버핏Warren Buffett이 보인 뜻밖의 행보 때문이었다. 그가 이끄는 버크셔해서웨이가 2016년 3월 말 기준으로 981만 주, 10억 7,000만 달러의 애플 주식을 보유한 사실이 보도되었다. 이것은 워런 버핏의 기존 투자 기조와는 상반된 일이었기에 그 배경을 두고 다양한 관측이 오갔다.

워런 버핏은 이른바 기술주에는 투자하지 않겠다는 원칙을 여러 차례 밝혀왔다. 1990년대 후반 닷컴 열풍이 불어닥칠 때 버핏은 미동조차 하지 않았다. 그는 "실체에 비해 터무니없이 높은 가격이 매겨진 IT 주식을 도저히 이해할 수 없다"며 "동화와 같은 환상에 돈을 거는 것을 좋아하지 않는다"고 분명히 선을 그었다. "IT 기업에 기대를 거느니 이미 좋은 사업

성과를 낸 확실한 기업에 집중하겠다"는 명확한 선언이었다. 이런 경향은 그 이후에도 크게 변함없이 이어졌다. 2012년 투자 설명회에서는 "애플과 구글은 투자하기에 너무 위험하다"고 평가절하하기도 했다.

이러한 워런 버핏의 투자 성향과 원칙을 반영하여 버크셔해서웨이의 포트폴리오는 코카콜라, 존슨앤존슨, P&G 같은 내수소비재 기업과 웰스파고, 아메리칸 익스프레스 등의 금융 기업들을 중심으로 구성되었다.

여러 차례의 발언과 실제 투자를 통해 IT 기술주에 투자하지 않겠다는 명백한 의지를 보였던 워런 버핏이 애플 주식을 매수한 것은 매우 흥미로운 사건이었다. 말하자면 '워런 버핏의 변심'이 시작된 것이다. 그리고 그 이후 버핏이 보인 변화의 폭은 더 커졌다.

2017년 5월 6일 네브래스카 주 오마하에서 열린 버크셔해서웨이 정기 주주총회 자리에서 워런 버핏은 구글에 대한 투자 기회를 놓쳤음을 시인하며 아쉬워했다. 또한 아마존에 투자하지 않은 것 역시 CEO 제프 베조스를 과소평가한 자신의 오판에서 비롯되었음을 털어놓았다. 그리고 "플랫폼 기업들이 강력한 독점력을 구축하고 있다"며 현재 시장을 진단했다.

중국의 한 언론과의 인터뷰에서는 "마윈 알리바바 창업자와 식사한 일이 있는데, 그가 정말 멋진 기업인임을 알아차렸다. 그러나 사업 내용을 확실히 파악하지 못해 투자에 대해 판단하지 못했다. 그것은 실수였다"고 말했다.

워런 버핏은 애플 주식도 추가로 사들였다. 2018년 말 기준으로 2억 5,800만 주가량을 보유함으로써 애플의 3대 주주가 되었다. 애플은 시가총액 1조 달러를 돌파하며 그 진가를 과시했고 2018년 부침이 심했던 미국 주식시장에서 등락을 거듭했다. 그러나 버핏의 애플 사랑은 전혀 흔들리지 않는 듯 보인다.

90세의 노장이 이렇듯 극적 변신을 한 이유는 무엇일까? 그의 변화는 전 세계 투자자들에게 어떤 메시지를 던지고 있을까?

⁞ 변화의 진원지는 4차 산업혁명 생태계

나는 워런 버핏을 존경하고 그의 투자 방식을 따르는 것을 마다하지 않는다. 워런 버핏의 투자 철학과 투자 기법을 연구하여 《한국의 개미들을 위한 워런 버핏 따라 하기》라는 책을 쓰기도 했다. 경쟁력 있는 우량 기업의 주식을 사서 장기 보유함으로써 궁극적 성과를 거두는 그의 가치 투자 전략은 주식시장이 활황일 때나, 냉각되었을 때를 가리지 않고 유효한 지침이라 본다.

워런 버핏의 행보에 깊은 관심을 두고 이를 추적해온 사람으로서 판단하기에 최근 그가 변심하거나 변화했다기보다는 투자 대상이 된 기업과 그 생태계가 변화했다고 분석하는 게 타당할 것 같다. 말하자면 워런 버핏의 투자 원칙은 그대로 유지되고 있는데, IT 기술 기업이 투자 대상의 범위 안으로 들어왔다는 뜻이다.

2017년 5월 주주총회에서 워런 버핏은 구글 등 IT 기술주에 대한 투자에 소극적이었던 이유를 밝혔다. "IT 기업 중 누가 최종 승자가 될지 예측하기 어려워 오랫동안 투자 대상에서 배제해왔다"는 것이다. 이 말을 뒤집어 생각하면 현재는 IT 기업 중 승자의 윤곽이 드러났다는 의미가 된다. 즉 4차 산업에서도 워런 버핏이 투자 기준으로 삼는 경제적 해자를 가진 기업을 판단할 수 있는 시기가 되었다는 의미일 것이다. 그가 투자한 애플, 투자하지 못한 것을 후회하는 구글과 아마존, 알리바바 등이다. 이 책에서 다루는 '4차 산업혁명 1등주'이다.

워런 버핏은 기술에 대한 이해가 어둡거나 관심이 부족해 기술주에 투자하는 것을 꺼린다고 말하는 사람이 있다. 버핏 자신도 그와 비슷한 뉘앙스의 발언을 한 적이 있다. 그러나 이것은 속뜻을 헤아리지 못한 단견이다. 그가 피하고자 했던 것은 복잡한 기술이 아니라 시장 경쟁의 불투명성이다. 1990년대 말 닷컴 버블이 커지던 당시 천문학적 투자액을 끌어들이던 수천 개의 닷컴 기업 중 어떤 기업이 살아남고 발전할지 불투명한 상태에서 도박과 같은 투자를 할 수 없다고 했다. 그리고 화려했던 닷컴 기업들이 대부분 자취를 감추면서 그의 현명한 처신이 빛을 발했다.

그런 점에서 워런 버핏의 변화는 곧 IT 기술 기업 생태계의 변화를 의미한다. 1등주가 무엇인지 선명해지고 있다는 뜻이다. 버핏은 '경제적인 해자垓子'를 갖춘 기업을 선호한다. 해자는 성 주위에 깊은 못을 파서 적이 성에 침입하기 힘들게 만든 장치다. 기업에 적용하면 다른 회사가 근접할 수 없는 독점적인 경쟁력을 확보했다는 뜻이다. 코카콜라 등과 같이 범접할 수 없는 고객 충성도를 쌓은 기업은 경쟁자의 위협에 굳건히 버티며 1위를 수성할 수 있기에 장기 투자를 망설일 이유가 없다고 한다.

내수소비재 부문에서는 이미 해자를 구축한 기업들이 시장을 선도하고 있다. 워런 버핏이 기꺼이 투자한 코카콜라, 존슨앤존슨, P&G, 질레트, 웰스파고, 아메리칸 익스프레스 등이 이들이다.

워런 버핏이 투자하거나 언급한 IT 기술 기업들 역시 자신의 시장에서 해자를 쌓았다고 볼 수 있다. 버핏이 말했듯 '강력한 독점력을 구축한 플랫폼 기업'들, 즉 4차 산업혁명의 선도 기업들이 이들이다. 이른바 '워런 버핏의 변심'은 넓고 깊은 해자로 둘러싸인 강력한 기업들이 IT 기술 세계에 등장했음을 알리는 신호이다.

🔹 새로운 소비재 가치주

과감한 애플 투자를 감행한 워런 버핏에 대해 "애플을 성장주가 아닌 가치주로 보고 있다"고 분석하는 전문가들이 많다. 나도 이 의견에 적극 동의한다. 애플 등의 선도 기술주는 시장과 기술, 고객 트렌드 등의 변수에 따라 단기 급등락하는 차원을 뛰어넘어 장기간 안정적으로 성장하는 가치주로 보는 게 합리적이다. 버핏의 선택이 이 사실을 입증한다.

앞서 말했듯 워런 버핏은 불투명한 미래를 장밋빛으로 그리는 실체가 흐릿한 기술 기업보다 전 세계 소비자의 일상생활 속에 파고들어 그들의 사랑을 독차지하는 내수소비재 기업을 선호한다. 이들은 견고한 해자에 둘러싸여 있으며 실체가 명확히 드러난다. 그런데 이는 전통적 소비재 기업만의 일이 아니다. 현재 새로이 시작되고 있는 4차 산업 1등 기업들 역시 소비자의 일상으로 들어와 있다. 애플의 아이폰이나 아마존의 상거래 서비스 등은 우월한 내수소비재이다. 그런 점에서 워런 버핏이 기술 기업 성장주가 아닌 소비재 기업 가치주로서의 애플에 투자했다는 분석은 설득력이 높다고 하겠다. 다만 가치주이지만 성장성이 높은 것이다.

워런 버핏의 변심은 시장의 거대한 변화를 상징한다. 그의 선택이 던지는 메시지에 주목하면서 4차 산업혁명의 전개와 4차 산업혁명 선도 기업을 눈여겨보자.

02
4차 산업혁명과
글로벌 1등주 투자

메가 트렌드가 바뀌었다

주식 투자의 본질은 기업 가치에 대한 투자이며, 이를 위해서는 장기 투자를 해야 한다. 또 주식에 장기 투자를 할 때는 메가 트렌드의 흐름을 반드시 살펴야 한다. 세계 경제의 메가 트렌드는 실제로 기업 가치에 매우 크게 영향을 주기 때문에 반드시 꼼꼼히 따져보아야 한다.

예를 들어 2000년대 중반 중국이 '세계의 공장'이 되는 산업화는 메가 트렌드였다. 그 중심에서 수혜를 받은 한국의 조선·철강 산업의 대표 기업들은 엄청난 기업 가치 상승과 주가 상승을 기록했다. 대표적으로 과거 내가 애널리스트로서 10여 년간 분석해온 조선업은 2000년대 초중반 6년 동안 기업 이익이 10배 이상 증가했고 주가 역시 20배 이상 상승했다.

또 중국의 소득이 증가하고 내수 소비시장이 성장해온 최근 몇 년 동안 한국 화장품 업체의 이익과 주가 상승 역시 수십 배에 달했다. 그렇다면 지금의 세상은 어디로 가고 있을까? 향후 10년의 메가 트렌드는 무엇일까? 투자의 세계에서 이를 아는 것은 매우 중요하다. 또한 다음 세대를 대비하는 메가 트렌드에 대한 장기적인 우량주 투자가 필요하다.

나는 미래 투자의 중심에 4차 산업혁명 기업들이 있다고 판단한다. 기술주 투자를 꺼리던 워런 버핏조차 이들 기업을 새롭고 강력한 소비재 가치주로 간주하고 과감한 투자를 감행하고 있다. 이런 변화의 흐름에 올라타는 것이 바람직하다. 주식을 투자할 때나, 사업을 할 때 모두 4차 산업혁명을 염두에 두는 것이 바람직하다.

극명한 사례 하나를 보자. 소비자에게 제품을 공급하는 소매업 분야의 전통 강자는 월마트이고 신흥 강자는 아마존이라 할 수 있을 것이다. 2000년대 초중반까지 아마존의 기업 가치는 월마트에 미치지 못했다. 그

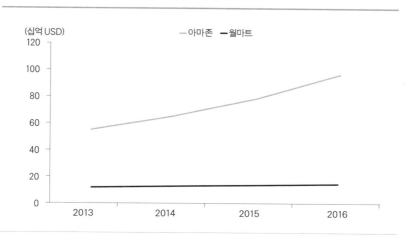

아마존과 월마트의 주가 변동 추이

자료: Company filings, BI Intelligence estimates

러다 역전이 시작되었고 지금은 비교가 불가능한 수준으로 간격이 벌어졌다.

인공지능AI과 빅데이터 등 4차 산업혁명의 기술을 앞세워 혁신을 거듭한 아마존은 자신이 진출하는 모든 분야의 전통 기업들을 초토화하며 승승장구하고 있다. 아마존의 사례는 메가 트렌드에 따른 투자 전략이 어떤 방향으로 가야 하는지 극명하게 보여준다.

⁝ 글로벌 투자

그런데 4차 산업혁명은 글로벌 규모의 변화이다. 온라인의 세계는 국경이 없다. 모바일 역시 마찬가지다. 즉 4차 산업의 플랫폼은 대상이 이미 글로벌이다. 투자 역시 4차 산업 관련 글로벌 1등주에 주목해야 한다. 또한 한국인 입장에서는 변화하는 환경 속에서 장기적인 환율 리스크를 감안해야 한다. 일정 부분을 달러 자산 등 해외 투자를 하는 것도 유용하다. 4차 산업혁명과 관련해 장기적으로 두 가지 해외 투자를 추천한다. 하나는 4차 산업혁명을 주도하는 미국 중심의 글로벌 4차 산업혁명 1등주에 대한 장기 투자이다. 세상의 변화를 만들고 있는 4차 산업의 초우량 기업, 예를 들어 'FANG(Facebook, Amazon, Netflix, Google)'이라고 부르는 주식들에 골고루 투자하거나 관련 투자 상품에 달러 베이스로 투자하는 게 좋다.

그리고 중국의 4차 산업혁명 1등 주식에도 관심을 두는 게 현명하다. 중국의 BAT(바이두, 알리바바, 텐센트) 등이 그 대상이다. 중국은 계속 성장 중인 매력적인 투자처이다. 위안화는 IMF의 자본증권인 SDR(특별인출권)

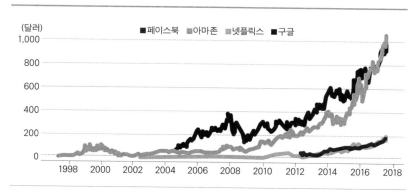

FANG의 주가 변동 추이

(달러)
■ 페이스북 ■ 아마존 ■ 넷플릭스 ■ 구글

4차 산업 주요 기업 시총 추이

(억 달러)
■ 애플 ■ 아마존 ■ 구글 ■ 마이크로소프트 ■ 페이스북 ■ 텐센트 ■ 알리바바

8,797
7,237
6,484
5,478
5,174
4,725
4,598

＊주: 3분기 기준
자료: 21데이터신문실험실, 각 기업 재무제표

에 3위 국가로 출자가 되어 기축통화의 지위를 획득했다. 미국과 무역 전쟁을 벌이며 단기적으로 불안한 모습을 보였지만, 경제 자체가 위기로 접어들 정도는 아니며 주가는 큰 폭의 하락을 보여서 장기적인 투자 기회를

1부 투자의 신세계가 열린다

제공하고 있다.

중국의 4차 산업혁명 1등 기업들은 국가 차원의 지원과 방대한 인구 규모에서 비롯된 내수 소비시장을 기반으로 기술을 발전시키며 빅데이터를 확보하며 급성장하고 있다. 이러한 중국 4차 산업혁명 1등주에 대한 투자도 적극 고려하는 게 좋다.

세월이 더 지나면 인도나 인도네시아 등으로 시장이 옮겨갈 수도 있다. 그러나 앞으로 10~20년간은 본격적으로 열릴 인공지능, 자율주행 등 4차 산업혁명 중심 기업이 떠오를 것이다. 글로벌 4차 산업에 대한 공부를 하면서 이 분야의 강력한 경쟁력을 가진 우량주에 투자를 검토하는 것이 바람직하다.

⦂ G2의 4차 산업혁명 1등주

4차 산업혁명 1등주로 거론되는 기업은 미국의 구글(알파벳), 아마존, 페이스북, 애플, 마이크로소프트 등과 중국의 텐센트, 바이두, 알리바바 등이다. 그럼 왜 이 기업들이 장기 투자를 하기에 유망한지에 대해 생각해보자.

4차 산업의 핵심으로 들어가는 진입장벽은 매우 높다. 기기 제작은 상대적으로 쉬울 수 있지만, 인공지능과 빅데이터는 하루아침에 만들 수도 없다. 이미 고지에 올라선 선두주자들과 시간을 두고 경쟁하기란 불가능하다. 페이스북의 월간 사용자가 20억 명을 넘어섰다. 이 수많은 사람이 매일 좋아하는 음식과 여행지를 사진을 찍어 올리고 있다. 이 방대한 빅데이터를 통해 인공지능은 학습을 가속화하며 사람 이상으로 똑똑해질 수 있다. 내가 생각하기에 클라우드나 인공지능은 M&A나 인력 스카우트 등을 통해 개발하거나 사 올 수 있지만, 거대한 이용자 기반으로 생성된 빅데이터는 어디서도 도저히 가져올 수 없는 무기다.

10억 명을 훨씬 넘는 사람들이 함께 만든 빅데이터를 보유한 구글, 비록 자국 중심이지만 이에 육박하는 이용자망을 갖춘 텐센트 위챗WeChat 과 바이두. 엄청난 고객의 거래 데이터를 축적하고 지금도 계속 축적하고 있는 아마존과 알리바바 등은 4차 산업혁명의 교두보를 확보하고 있다.

이렇듯 미국의 첨단 IT 기업과 중국의 BAT는 4차 산업 세 가지 핵심 요소(빅데이터, 인공지능, 클라우드)를 모두 갖추었다. 독점하고 있는 플랫폼과 빅데이터를 감안하면 이미 4차 산업에서 승부는 결정된 것이나 진배 없다. 웅장한 해자로 둘러싸인 크고 견고한 성이 그 위용을 드러내고 있는 것이다. 따라서 현명한 투자자라면 이렇듯 데이터와 기술 및 고객 역량을 구축해온 기업들을 공부하고 알아둬야 한다.

4차 산업혁명,
그 거대한 변화를 주목하라

● 거부할 수 없는 혁신

"우리는 지금까지 모든 인류 역사보다 앞으로 다가오는 20년간 더 많은 변화를 보게 될 것이다." 미래학자 토마스 프레이Thomas Frey의 말이다. "한국 청년들이 창의적인 일을 찾지 않고 안정적인 공무원이나 대기업 일자리만 좇는다면 한국은 5년 안에 활력을 잃고 몰락의 길을 걸을 것이다." 투자의 귀재로 불리는 짐 로저스Jim Rogers의 뼈아픈 지적이다. 짐 로저스는 2014년에 "통일 한국에 전 재산을 투자하겠다"고 했지만 "앞으로 한국 기업의 주식은 새로 사들이지 않겠다"고 선언했다. 제4차 산업혁명이라고 일컬어지는 시대에서 우리 생활의 대변혁과 그에 따른 산업 생태계의 대변화가 일어나야 함을 역설한 말들이다. 기존 한국 경제의 저성장과 세상의 변화들을 우리는 알고 있다.

4차 산업혁명은 인공지능, 사물인터넷IoT, 클라우드 컴퓨팅, 빅데이터, 모바일 등 지능 정보 기술이 기존 산업과 서비스에 융합되거나 3D 프린팅, 로봇공학, 생명공학, 나노 기술 등 여러 분야의 신기술과 결합되어 실제 생활의 모든 제품과 서비스를 디지털화하여 네트워크로 연결하고 사물을 지능화한다. 이는 인간의 삶과 일자리, 산업의 판도를 바꾸어놓는 거대한 변화이다. 그 변화의 파장은 '혁명'이라는 단어를 붙이기에 손색이 없을 것이다.

카이스트의 정재승 교수는 2018년 7월에 발행된《열두 발자국》이라는 책에서 '4차 산업혁명'이라는 단어가 학계와 산업계에 등장하기 시작하던 2015년 무렵까지만 하더라도 이것을 회의적 시각으로 바라보았다고 말했다. 그러나 이제 이것이 거부할 수 없는 실체가 되었음을 인정하며 같은 책에서 이렇게 말하고 있다.

"혹은 디지털 트랜스포메이션Digital Transformation이라고 부르셔도 좋고,

독일이 추진하는 인더스트리 4.0Industry4.0이나 일본이 선언한 소사이어티 5.0Society5.0과 다르지 않다고 말씀하셔도 이해합니다. 중요한 건 용어가 아니라 세계가 나아가려는 비전입니다. 스마트 테크놀로지의 발달이 비트 세계와 아톰 세계를 일치시켜 제조업과 유통업의 혁신을 이끌고 사용자와 공급자를 바로 이어주는 공유경제를 만들고 초연결 대융합 사회로 나아가려는 비전, 더 나아가 이것이 정치·경제·사회·문화 등에 근본적인 변화를 일으킬 것이라는 전 지구적 흐름에 주목해주시기 바랍니다. 미래의 기회는 아마도 거기에 있을 겁니다."

정재승 교수의 탁월한 지적처럼 4차 산업혁명은 전 세계가 품은 새로운 비전이며 이미 시작된 거대한 변화를 상징적으로 표현한 단어이다. 이 4차 산업혁명은 앞선 단계의 산업혁명과 비교하면 무엇이 비슷하고 무엇이 다를까?

⦂ 1~3차 산업혁명

1차 산업혁명은 18세기 영국에서 시작된 기술 혁신과 이에 따라 일어난 사회·경제 구조의 변혁을 일컫는다. 제임스 와트의 증기기관을 기반으로 생산 방식 혁신이 일어났고 이것이 산업 전반으로 번지며 거대한 변화가 일어났다. 생산이 수공업 중심에서 기계식으로 바뀌면서 자동화율이 높아졌다. 또한 도로와 철도 확장으로 인적·물적 교류가 원활해졌다. 최초의 기계 방적기가 개발되어 산업혁명의 기폭제 역할을 했으며 기차와 증기선이 활용되며 국내외 교역량의 본격적인 확대가 가능해졌다.

2차 산업혁명은 19세기 후반부터 20세기 초반에 걸쳐 전개되었다. 근대 과학과 산업이 밀접한 관계를 맺으면서 화학, 자동차, 전기 등 중화학 공업 부문에서 새로운 기술과 산업이 발달했다. 1차 산업혁명을 영국이 주도했다면, 2차 산업혁명은 미국과 독일 등 후발 산업국들이 주도했다. 2차 산업혁명의 가장 큰 특징은 전기 기술의 개발과 이를 이용한 통신 기술의 발전이다. 특히 1876년 벨이 전화기를 발명하면서 세계를 하나로 잇는 네트워크가 가능해졌고 이는 다양한 기술의 진보를 촉발하는 계기가 되었다.

3차 산업혁명의 별명은 인터넷 혁명이다.《3차 산업혁명》의 저자 제레미 리프킨Jeremy Rifkin은 정보통신과 신재생에너지 발달이 글로벌 산업 경제의 수평적인 발달을 촉진시키며 3차 산업혁명을 이끌 것이라고 언급했다. 좀 더 보편적인 개념으로 다양한 정보와 개인의 의견이 인터넷을 통해 빠르고 공평하게 퍼짐으로써 전 세계 산업, 경제, 사회구조가 새로운 국면에 접어들었다. 또한 재생에너지 개발과 확산은 향후 화석연료 다음 세대에 대한 가능성을 표출했다는 점에서 의미가 있다.

산업혁명으로 이룩한 미국 비즈니스 세계

미국의 산업혁명은 현재의 산업 세계를 형성한 결정적 토대가 되었다. 영국으로부터 1차 산업혁명의 바통을 이어받은 미국이 이것을 기업 현장에 도입함으로써 자본주의가 질적으로 도약했으며 거대 기업들이 탄생할 수 있었다. 산업혁명의 물결이 없었다면 세계 자본주의와 기업은 지금과는 다른 모습이었을 것이다.

미국 산업혁명의 꽃은 철도 산업이었다. 《월스트리트저널》을 창간한 찰스 다우는 1884년 다우존스지수를 개발했다. 뉴욕 증시를 한눈에 보여주기 위해서였다. 다우지수 출범 당시 처음 선보인 것은 9개 철도 회사를 포함해 11개 기업의 주가를 평균한 것이었다. 이는 사실상 철도주 평균 주가나 다름없었다. 이렇듯 미국 산업의 주축은 철도로부터 시작되었다.

철도와 함께 산업혁명을 주도한 철강의 발전도 눈부셨다. '베세머 Bessemer 제강법'이라는 기술로 무장한 앤드루 카네기는 철강왕으로 등극했다. 그의 제철공장은 급속도로 성장했다. 철도와 다리, 건물의 건설에 철강이 사용되며 미국 산업은 한 단계 도약했다. 그는 창업 20년 만에 미국의 제철 산업을 지배하는 기업가로 성장했다. 그는 신속한 제철 제품 유통을 위해 전용 철도를 건설하기까지 했다. 카네기철강의 가치를 알아차린 금융 자본가 모건은 5억 달러라는 천문학적 금액으로 이 회사를 인수했고 자신이 소유한 페더럴제강, 내셔널제강, 아메리카제강과 카네기철강을 합병시켜 'US스틸'이라는 미국 최대의 철강 공룡을 만들어냈다. US스틸의 당시 자본금은 14억 달러였다. 그 무렵 미국의 1년 예산 5억 2,500만 달러보다 2.7배나 더 컸다. 이러한 공룡 기업의 대규모 기업 공개를 계기로 뉴욕 증시가 규모 면에서 런던 증시를 앞서나가기 시작했다.

산업혁명의 에너지원이 된 석유는 거대한 산업을 이루었다. 미국 석유 사업의 핵심 인물이 그 유명한 록펠러이다. 록펠러는 그 당시 모두가 뛰어들었던 석유 채굴보다는 새로운 사업에 눈을 돌렸다. 그는 정유와 판매를 중심으로 삼았다. 철도 회사와의 계약을 통해 운송비를 절감하는 등 새로운 경영 체계를 도입했고 스탠더드오일을 설립했다. 미국 석유 시장의 10%에 지나지 않던 스탠더드오일은 창업한 지 9년 만에 미국 전체 석유의 95%를 점유하기에 이르렀다. 독과점 신디케이트의 효시다. 이후 세계 시장 공략에 나섰고 엑슨, 앵글로아메리칸 오일컴퍼니, 에소석유회사, 임페리얼오일 등 인수를 통해 초국적 규모의 기업이 되었다.

2차 산업혁명은 전기가 이끌었다. 에디슨의 전구는 말 그대로 획기적인 발명품이었다. 또한 그는 화력발전소를 설립함으로써 전기의 대량생산 가능성을 열었다. 이 눈부신 혁신에 매료된 모건은 그의 사업에 투자하고 특허권을 사들임으로써 본격적으로 전기 산업에 뛰어들었다. 이렇게 '에디슨전기회사'가 탄생했다. 그 후 이 기업은 탐슨-휴스턴과의 합병을 거쳐 미국을 대표하는 기업 제너럴일렉트릭으로 발전한다.

전화 사업은 벨이 발명하고 에디슨이 실용화시켰다. 벨이 개발한 전화 기술을 토대로 설립된 미국 최대 전화 사업체 벨텔레폰은 이후 AT&T American Telephone & Telegraph(미국 전화&전신 회사)로 발전했다. 그리고 웨스턴유니언과 합병함으로써 미국 전화와 전신 시장을 석권하고 사실상 독점 체계로 나아갔다.

산업혁명의 기술 혁신을 가장 극적으로 보여주며 기업 판도를 변화시킨 것이 자동차의 대량 보급이었다. 헨리 포드의 대량생산으로 자동차가 대중적으로 보급되기 시작했다. 그리고 자동차 산업은 강철, 기계, 유리, 고무, 전기, 석유, 건설업 등 연관 산업들을 선도하며 거대한 산업 생태계를 이루었다.

미국 초기 산업은 자본에 의해 시장이 지배되지 않고 기술력만으로도 시장을 지배할 수 있는 혁신적 분위기였다. 기술력에 의한 경쟁이 특허 제도의 지원을 받았다. 하지만 미국 산업혁명의 전개와 대기업의 탄생에는 거대 자본이 필요했고 새로이 등장한 금융 자본가가 이를 뒷받침했다. 그 결과 기업 규모는 점점 커졌다. 산업혁명으로 인해 미국은 미증유의 번영을 구가하게 되었으며 미국 산업과 증시는 엄청난 규모의 시너지를 이루었다.

세계를 움직이는 미국 대기업 중 상당수는 산업혁명기에 탄생해 새로운 기술과 시장을 선도하며 예전에는 상상하기조차 어려웠던 성장을 이루어냈다. 그리고 강력한 독점 체계를 구축함으로써 거대 기업으로 우뚝 섰다. 미국 기업사에서 보듯 산업혁명은 전례 없이 거대하고 강력한 기업과 이들이 주도하는 새로운 시장 생태계를 만들어낸다. 산업혁명의 수혜는 카네기나 록펠러, 에디슨, 헨리 포드 등의 기업가에게만 돌아가지 않았다. 모건으로 대표되는 투자자들이 더 큰 부를 거머쥐었다.

4차 산업혁명 역시 새로운 기술, 새로운 기업, 새로운 시장과 산업, 새로운 부의 기회를 포함하고 있다. 그 기회에 올라타는 사람에게는 무한한 가능성이 주어진다.

생각하는 기계의 탄생

4차 산업혁명을 기술적으로는 어떻게 정의할 수 있을까? 나는 한마디로 '스스로 생각하는 IT 기기들이 살아 움직인다'고 정리하곤 한다. 좀 더 나아가 '모든 기계가 살아 활동하게 해주는 근본적인 변화'라고도 표현한다. 그렇다면 IT 기기들이 스스로 생각하고 살아 있다는 것은 무슨 뜻인가? IT 기기들이 두뇌를 갖게 된다는 뜻이다.

컴퓨터 기술은 연산이라는 측면에서 기계가 지적 능력을 갖출 수 있음을 보여주었다. 하지만 이는 수학적으로 완결된 논리 구조에 의해 뒷받침되고 숫자와 문자로 표현된 인간의 명령만을 수행한다는 점에서 '생각한다'고 표현할 수는 없었다. 즉 수학적으로 완결된 논리 구조인 '알고리즘'에서 숫자와 문자로 표현된 '프로그램' 형태의 임무만 수행했다. 그 결과 연산과 같이 과정과 결과가 분명한 영역에서만 강점을 지닐 뿐이었고 인간과 같이 사물과 상황을 인식하고 판단하는 데에는 한계를 드러냈다. 제아무리 뛰어난 컴퓨터도 치와와와 건포도가 박힌 머핀을 구별할 수 없었다.

그러나 컴퓨터가 인간의 뇌를 흉내 내기 시작했다. 딥러닝이라는 인공지능의 기제를 통해 인지하고 판단하고 결정하는 역량을 기르기 시작한 것이다. 물론 고도로 유기적인 신경망을 통해 직관의 능력을 발휘하는 인간 두뇌 메커니즘을 완벽하게 갖추지는 못했다. 하지만 인공지능이 엄청난 수준의 데이터를 활용할 수 있게 됨에 따라 새로운 차원이 전개되기 시작했다. 데이터를 축적하고 이를 서로 비교하여 패턴을 인식함으로써 인간 고유의 능력인 인식 지능의 단계에 들어선 것이다. 데이터의 축적이 가속화되고 인공지능 학습 역량 또한 지속적으로 발전하면서 급속도로 발전이 이어질 것이다.

바둑에서 세계 최고의 고수를 꺾음으로써 세상을 놀라게 한 인공지능은 창의적이라고 간주되는 예술 영역에서도 실제적인 성과를 보이고 있다. 딥드림이라는 인공지능은 고흐의 화풍과 색채 등을 학습한 후 수많은 그림을 그려냈다. 그중에서 고흐 스타일로 그린 '광화문' 그림은 독특한 감동과 미학을 선사하기에 충분했다. 또한 마이크로소프트의 '넥스트 렘브란트'가 그린 그림, 유튜브의 '플로우머신즈'가 작곡한 음악은 높은 수준을 자랑한다. 일본에서는 인공지능이 쓴 〈컴퓨터가 소설을 쓰는 날〉이라는 단편이 문학상 공모전 예선을 통과하기도 했다. 이처럼 인공지능에 의해 탄생한 음악이나 그림, 문학작품은 전문 예술가의 창작품과 구별하기 어려울 정도의 미적 완성도를 지니고 있다. 기계가 생각하는 세상은 미래가 아니라 이미 현재의 일이 되었다.

4차 산업혁명의 화두 중 하나는 생각하는 기계와 어떻게 공존할 것인가이다. 전문가들은 이에 대해 두 가지를 주문한다. 하나는 생각하는 기계를 제대로 배워서 효과적으로 활용하는 일이다. 데이터를 얻고 처리하는 방법, 이를 인공지능으로 분석하고 해석하는 방법 등을 더욱 발전시키는 일은 매우 유망하다. 그리고 다른 하나는 기계가 생각하지 못하는 영역, 사람은 잘하는데 기계는 이에 따르지 못하는 영역을 발굴하고 이를 더 강화하는 차원이다. 창의성으로 표현되는 지능이 바로 이것이다.

이렇듯 4차 산업은 세 가지 핵심 기술을 통해 기기들이 생각하고 살아 있게 한다는 점에서 기존 인터넷 기반의 3차 산업과 차별된다. 생각하는 기계는 세 가지 기반 기술 위에 있다. 첫 번째 핵심 기술은 빅데이터이다. 빅데이터 기술의 발전은 기기들이 방대한 지식을 갖출 수 있게 해준다. 두 번째 핵심 기술은 인공지능이다. 인공지능은 컴퓨터의 기계 학습과 인공 신경망 기술 발전으로 기기들이 스스로 판단하고 학습하며 최적의 방안을 찾도록 하는 4차 산업의 가장 핵심적인 기술이다. 세 번째 핵심 기술은 클라우딩 컴퓨팅이다. 이 어마어마한 양의 빅데이터를 인공지능이 활용할 수 있도록 외부에서 창고 역할을 해주며 공간 문제를 해결하는 기능이 클라우딩이다. 즉 빅데이터와 인공지능, 그리고 그 연결을 만들어주는 클라우딩이라는 세 가지 핵심 기술을 통해 수많은 기기가 스마트해졌다. 그리고 '5G'로 불리는 통신 인프라가 이를 뒷받침한다. 이를 통해 거대한 데이터가 자유롭게 전송되며 상호작용을 할 수 있다.

이런 기술과 인프라를 기반으로 로봇과 자율주행차, 3D 프린터, 바이오 산업에 이르기까지 모든 기기와 상품, 산업들이 생명력을 가지고 똑똑해진다. 이미 사물인터넷, 가상현실과 증강현실, 지능화된 웨어러블 디바이스 등은 상용화 단계로 접어들었다. 인공지능으로 무장한 로봇과 드론, 스마트 머신, 3D 프린터 등에서도 가파른 성장세가 나타났다. 자율주행차는 4차 산업혁명의 변화를 선명하고 극적으로 보여줄 것이다.

● 산업을 넘어 생활 전체의 변화로

미국에서 오바마 정부를 이어 트럼프 정부까지 이어지고 있는 제조업 부활과 리쇼어링Reshoring 정책은 4차 산업혁명 성과에 기대고 있다. 공장이 지능화되어 값싼 노동력을 찾아 외국을 떠돌 필요가 없다는 논리다. 그러니 자국으로 돌아오라는 것이다. 전통적 자동차 제조 업체인 포드 등이 외국에 생산 기지를 두고 있는 반면 전기자동차, 자율주행차를 추구하는 혁신적 기업 테슬라의 공장은 모두 미국에 있다는 점을 떠올려보면 이해가 쉬울 것이다.

제조업 강국 독일은 4차 산업혁명에 잘 대비하고 있는 국가 중 하나이다. 지멘스, BMW, SAP 등 독일의 글로벌 기업들은 2013년 초부터 인더스트리 4.0 플랫폼을 구축해 미래에 대비하고 있다. 지금 독일 기업들은 사물인터넷과 인공지능, 로봇 기술을 융합해 생산 공정을 고도화한 스마트 팩토리를 운영해 생산성을 높이고 있다.

지금까지의 산업혁명은 제조 공정의 혁신이라고 할 수 있지만, 지금 도래하고 있는 4차 산업혁명은 제조 공정은 말할 것도 없고 우리의 실생활 그 자체에 대변혁을 가져온다. 이것이 기존 산업혁명과 4차 산업혁명의 근본적인 차이점이다. 그리고 이것은 거부할 수 없는 현실이다.

일자리 문제가 자주 거론되지만 희망적 전망을 갖는 게 좋다. 기존 산업에서 수많은 직업이 사라지는 대신 미래 산업에서 더 많은 먹거리와 일자리가 창출되기 때문이다. 또 개인에게 필요한 능력 면에서도 학력이나 자격증 같은 외형적 스펙보다 창의력, 문제 해결력, 분석력, 판단력, 공감 능력, 인적 네트워크 등이 더 중요해질 것이다.

전 지구적 거대한 변화 앞에 선 우리는 어떤 선택을 하고 무엇을 지향할지를 숙고해야 한다. 어떤 역량을 쌓아 어떤 일을 할 것인가? 어떤 사업을 할 것인가? 투자를 고려한다면 어떤 기업을 선택하는 게 좋을까? 해답은 이미 우리 앞에 놓여 있는지도 모른다.

04
기하급수적 수요 증가와 새로운 사이클의 시작

⋮ 회의론을 넘어

4차 산업혁명이라는 단어에 냉소적 반응을 보이는 사람들이 더러 있다. 이들은 4차 산업혁명을 내세우는 기업들과 1990년 후반의 닷컴 기업들을 비교하곤 한다. 한마디로 거품이라는 것이다. 모호한 안갯속에 빈약한 실체를 감추고 있다고 혹평하기도 한다. 4차 산업혁명의 깃발을 든 기업들이 실제보다 부풀려진 투자를 모으고 있다고 한다. 물론 변화의 시기에는 일정 정도 버블이 생기게 마련이다. 실제로 4차 산업혁명이라는 이름으로 과도한 기대와 투자를 끌어모으는 기업들도 있다.

4차 산업혁명의 중심인 '디지털'에 대해 현실로 존재하는 물건이나 세상이 아니라며 낮추어 보는 시각도 있다. 현실과 동떨어져 추상적 체계 안에서 존재하는 그림자 같은 것이라는 말이다. 이런 해석은 일리가 있어

47

보인다. 우리는 'Virtual Reality'를 '가상현실'이라고 번역한다. 실제 세계와 관계없이 존재하는 '가짜' 세계라는 뜻을 함축하고 있다. 하지만 이는 적합한 번역이나 해석이 아니다. 나는 'Virtual Reality'를 '준현실' 정도로 보는 게 맞다고 생각한다. 현실에 기반을 두고 이를 비슷하게 모사한 것이라는 의미다. 그렇지만 기존 디지털 기술이 현실과 단절을 구축하는 것은 분명한 사실이다. 간단한 예를 들자면 우리가 컴퓨터나 스마트폰, 내비게이션 같은 스마트 기기를 사용하는 동안은 시선과 관심을 그쪽에 향하게 함으로써 현실 세계에 잠시 눈을 떼게 된다. 아날로그 세상과 디지털 세상을 단절적으로 오가는 것이다. 그래서 기존 스마트 기기는 일상 단절 기기로 불린다.

하지만 4차 산업혁명은 디지털로 존재하는 세계와 현실 세계를 이어줌으로써 새로운 차원의 세상을 열어준다. 이른바 일상 몰입 기술이 구현되는 새로운 차원이 열린다. 4차 산업혁명 기술들은 디지털과 아날로그 세상, 가상현실과 실제를 연결함으로써 일상을 굳건하게 바꾼다. 이것이 인터넷을 중심으로 한 3차 산업혁명과의 근본적인 차이를 형성한다.

이를 쉽게 이해할 수 있는 대표적 사례가 증강현실이다. 아날로그 현실 세계 위에 디지털로 된 가상 정보가 제공되기에 부드러운 상호작용이 가능하다. 증강현실 고글을 쓰고 실제 제품을 보면서 관련된 정보를 얻고 제품이 구현된 모습을 미리 살펴볼 수 있다. 운전을 하면서 실제 도로 위의 정보를 디지털 이미지로 획득할 수 있다. 제품 개발을 하면서 디자인을 바꾸어 살펴보며 자유롭게 토론하는 일도 가능해진다. 자동차가 자율주행을 하며 교통사고가 없어지고, 미국에 유학 중인 딸과 한 가상 공간에서 이야기하고, 현실 세계에서 '포켓몬 고'를 찾는다. 아날로그 세상은 디지털 정보와의 상호작용을 통해 더욱 안전하고 즐겁고 풍부해진다. 증강현실, 사물인터넷 등의 기술이 이것을 가능하게 한다.

4차 산업혁명의 무한한 발전 가능성을 부정하는 회의론을 넘어서야 한다. 이런 관점은 마땅히 받아들이고 앞서나가야 할 변화를 거부하는 명분으로 작용한다. 4차 산업혁명은 엄연히 존재하는 현실이며 거대한 변화의 방향이다. 글로벌 기업들의 4차 산업혁명이 스마트 팩토리를 통한 제조업 혁신에서 시작됐다는 점에 주목할 필요가 있다. 스마트 팩토리란 제품 생산 과정에 최첨단 ICT 기술을 접목해 생산성을 극대화시키는 것이다. 공장 내 설비와 기계에 설치된 사물인터넷 센서를 통해 데이터를 실시간으로 수집하고 분석해 전체적인 생산 현황을 파악하고 생산 효율성을 증가시킬 수 있다. 이로써 경쟁력을 비약적으로 강화하고 있다. 또한 자사의 제품과 서비스에 인공지능을 포함한 다양한 첨단 기술을 적용하기 위해 연구개발을 확대했으며 가시적으로 성과를 거두고 있다. 전통 제조업 영역에서 실제적인 혁신을 이끌고 구체적인 결실을 만들어낸 4차 산업혁명의 실체를 거론하는 것은 의미가 없다고 본다.

⦂ 1조 달러 기업의 탄생

2018년 8월 2일 세계 주식시장 역사에서 기념비적인 일이 일어났다. 시가총액 1조 달러 기업이 탄생한 것이다. 그 주인공은 애플이다. 그로부터 1개월이 지난 9월 5일에는 아마존의 시가총액이 장중 1조 달러를 돌파했다. 미국의 두 4차 산업혁명 1등 기업들은 2018년 1조 달러 클럽에 오르는 영예를 누리게 되었다. 구글과 마이크로소프트 등이 그 뒤를 이을 것이라는 관측이 지배적이다. 다소 성급하긴 하지만 시가총액 2조 달러를 돌파할 기업이 어디인지에 대한 예측도 나오는 상황이다.

1조 달러는 엄청난 규모이다. 2017년 세계 12위의 경제 대국인 한국의 국내총생산GDP이 1조 5,000억 달러 수준이다. 세계 4위의 인구 대국 인도네시아의 GDP도 우리와 비슷하다. 유럽 선진국인 네덜란드와 스위스 등의 GDP는 1조 달러를 넘지 못한다. 시가총액 1조 달러 기업은 중간 정도의 경제력을 가진 국가의 경제력을 넘어서는 엄청난 규모라 할 수 있다.

시가총액 1조 달러를 넘어섰거나 넘어서리라 예상하는 기업들은 모두 4차 산업혁명의 리더들이다. 이 기업들이 혁신을 통해 창출할 부가가치에 대해 시장이 인정하고 있다는 뜻이다. 워런 버핏과 같이 엄격한 잣대로 기업을 선정해 가치투자를 하는 신중한 투자자들도 4차 산업혁명의 선두 기업에 투자하는 것을 주저하지 않는다.

4차 산업혁명을 이끄는 기업들이 국가 경제력에 버금갈 정도로 몸집을 불리는 현상은 임박한 주식시장 장기 사이클의 전주곡이라 보인다. 머잖은 미래의 주식시장은 4사 산업혁명을 매개로 하여 우리가 볼 수 없었던 1900년대 산업혁명 이후 기업들의 변화와 같은 100년 만의 변화와 상승의 사이클을 가져올 것이다.

기하급수적 수요 증가와 장기 상승 사이클

장기적인 차원에서 주식시장의 대약진을 기대하는 이유는 단순하다. 4차 산업혁명을 매개로 엄청난 부가가치가 생성될 것이며 거대한 부와 역량을 축적한 기업들이 몸집을 늘릴 것이다. 구글 본사 앞에 있는 공룡처럼 말이다.

먼저 제조업의 역량이 비약적으로 발전할 것이다. 미국과 독일 등에서는 제조 현장에 인공지능과 사물인터넷 등 4차 산업혁명을 도입하여 생산력을 비약적으로 끌어올리고 있다. 또한 고객의 개별적이고 특수한 수요에 맞춘 제품을 대량생산 체계에서 만들어내는 매스커스터마이제이션 masscustomization 을 현실화시켰다. 혁신을 이룬 기업들은 예전에는 기대하지 못했던 수익성을 기록하며 기업 가치를 높일 것이다.

4차 산업혁명의 핵심 기술들이 만들어내는 첨단 제품들은 이제 시작

1부 투자의 신세계가 열린다

단계이다. 그 규모가 어떨지 가늠할 수조차 없다. 성패가 불투명하다는 뜻이 아니다. 시장 확장의 규모가 엄청나기에 이를 예단하기 어렵다는 의미다. 예를 들어 전기를 에너지원으로 하는 자율주행차가 본격적으로 보급되면 전 세계적으로 시장이 팽창할 것이다. 완성차뿐만 아니라 수많은 부품과 기술이 집적되는 자동차 제조의 특성상 부품과 각종 소프트웨어, 서비스에 이르기까지 천문학적 교체 수요가 예상된다. 이것은 PC나 휴대폰, 스마트폰이 보급되는 것과는 규모를 달리한다.

사물인터넷 분야도 마찬가지다. 최근 구축되는 스마트 시티 등에서 볼 수 있듯이 한 도시 내의 인프라를 비롯해 모든 시설과 건물, 내부 기기 등이 사물인터넷을 장착한 스마트 제품으로 바뀐다.

자율주행차는 전 세계에 한 대도 없었지만, 시장이 성장하게 되면 연간 5,000만 대 이상의 시장이 새로이 만들어진다. 규모를 짐작조차 할 수

없는 새로운 수요가 전 지구적으로 발생한다. 기하급수적인 수요의 변화이다. 이런 경향은 미국 등 선진국에서 시작하겠지만 점점 신흥국으로 번지며 팽창할 것이다. 유선전화도 채 보급되지 않았던 중국에서 얼마나 빠른 속도로 스마트폰 시장이 커졌는지를 보면 그 변화를 예측할 수 있다.

생산이 바뀌고 제품이 바뀌고 서비스가 바뀐다. 이것은 전면적이다. 한두 가지 제품이 시장을 이끌던 때와는 다르다. 전례 없던 신규 수요로 기업이 살찌면서 주식시장은 장기 상승 사이클로 접어들 가능성이 크다.

영국에서 산업혁명의 바통을 이어받은 미국이 산업혁명의 파고를 넘으며 과거에는 상상조차 못 했던 규모의 산업과 기업, 투자 생태계를 만들었던 역사를 떠올려보자. 스탠더드오일, US스틸, GE, 포드, , AT&T 등은 산업혁명의 혁신을 통해 독점적 지위에 올랐고 천문학적 규모의 성장을 거듭했다. 물론 이후에 정부 규제로 시장 독점의 특혜를 영원히 누리지 못했지만 그 사이에 기반을 굳건히 만들었다. 이들 기업의 장래를 알아본 투자자들 역시 이득을 톡톡히 보았다. 미국 주식시장, 더 나아가 세계 금융시장은 산업혁명을 선도한 기업들에 의해 재편되었으며 그 역사를 새로 쓰기 시작했다. 나는 4차 산업혁명을 주도하는 기업들을 중심으로 이런 역사가 재현될 가능성이 크다고 본다. 인공지능 등의 핵심 기술은 그 특성상 독점적 성격이 강하다. 모방을 통해 재빠르게 기술을 따라잡기 어렵다. 이들 기업은 2차 산업혁명 시기 미국 기업들이 그랬듯 새로운 질서를 만들어 비약적 성장을 이룰 것이라 예측할 수 있다. 물론 그 전개 양상은 다르겠지만 말이다.

산업혁명기의 모든 기업이 장기 상승 사이클의 혜택을 입을 수는 없다.

앞서 말했듯 4차 산업혁명의 진입장벽은 매우 높다. 축적된 역량을 갖춘 소수 기업, 변화와 혁신에 성공한 몇몇 기업에 집중될 공산이 크다.

　새로운 상승 국면을 기대하고 추이를 바라보는 게 좋겠다. 침체와 조정 기를 거치는 동안 상대적으로 저평가된 1등 주식을 사두는 것도 현명하다. 그리고 장기 상승 사이클의 수혜를 독점할 기업들의 향방을 예의주시해야 할 것이다.

2장

4차 산업혁명과
폭발적으로 증가하는
수요의 증가

The Best Stock of
The Fourth
Industrial Revolution

01
자율주행차 ①
새로운 산업혁명의 총아

4차 산업혁명의 기술 혁신이 가장 직접적이며 극적으로 다가올 부분으로 자율주행차를 꼽을 수 있다. 운전자 없이 스스로 판단하고 움직이며 사람과 짐을 실어 나르는 차량은 상상 속에 등장하는 모습이었다. 하지만 구글의 자율주행차 회사 웨이모Waymo가 2018년 12월 5일, 미국 애리조나 주 피닉스에서 무인 자율주행 택시 '웨이모 원' 서비스를 개시함으로써 자율주행 시대는 이미 현실이 되었다.

완전 자율주행의 시작에 따라 자율주행차 주행거리는 폭발적으로 증가할 것이다. 데이터와 기술 역량 역시 기하급수적인 발전을 이룩하며 자율주행차 시대의 본격화를 앞당길 것이다. 이제 자율주행차의 현실성은 논할 가치가 없다. 본격화의 속도와 규모만이 관심의 대상이다.

자율주행차는 4차 산업혁명 시대 산업 간 경계의 붕괴를 상징하는 대표적 영역이다. 디지털화와 지능화로 기술 간, 산업 간 융합이 가속화되면서 견고했던 산업의 벽이 무너지고 기술과 경쟁은 경계를 자유롭게 넘나들게 된다. 글로벌 자동차 제조사의 최대 경쟁자가 IT 회사 구글이라는 점은 이를 가장 확실하게 보여준다.

또한 생산 시스템에서도 패러다임의 변화를 내포하고 있다. 아날로그 시대의 자동차는 완전한 데이터를 중심으로 엄격한 절차를 걸쳐 새로운 모델이 개발되고 생산되었다. 실행과 결정이 보수적 과정에서 이루어졌다. 예를 들어 철저한 계획과 테스트, 분석을 통해 최고의 제품과 서비스를 완성하는 것을 목표로 삼았다. 시제품이 나오고 양산에 들어가기까지 오랜 시간이 걸렸다. 그러나 자율주행차를 비롯한 4차 산업혁명 시대 제조업 생산 방식은 달라질 것이다. 현재 수집한 데이터를 바탕으로 신속한 결정과 실행을 추구하게 될 것이다. 이른바 린스타트업이 일반화된다. 프로젝트 핵심 아이템을 구체화하여 빠르게 시제품을 제작하고 시장 반응과 유저 피드백을 바탕으로 수정하고 발전해나가는 새로운 과정이 형성된다.

그리고 자율주행차는 인간의 평균수명이 급격히 늘어난 알파 에이지 시대, 4차 산업혁명이 나아가는 방향을 함축하고 있다. 노령층의 운전 편의를 도모하고 정보 제공과 즐거움을 차량 운송에 결합하는 차원을 창조한다.

이렇듯 자율주행차는 4차 산업혁명의 변화한 패러다임을 선명하게 표현하며 관련 기술과 산업을 뒤흔들고 있다.

자율주행차는 동력 방식으로 전기자동차를 선택할 가능성이 크며 운송 서비스 전체의 혁신을 동반할 것으로 보인다. 따라서 전기자동차와 자율주행차, 운송 서비스가 맞물리면서 거대한 트렌드를 이루고 시장과 산업을 바꾸어나갈 것으로 예상된다. 자율주행차 기술과 시장 추이에 관한 내용과 투자적 관점에서 주목할 사항들로 나누어서 짚어보자.

전기자동차

자동차 시장의 트렌드 변화 중 가장 가시화된 것이 전기차이다. 2017년 기준으로 글로벌 전기차 시장 규모는 110만 대 수준이다. 아직은 전체 자동차 시장에서 차지하는 비중이 미미한 수준이다. 하지만 판매 증가세가 가파르다는 점을 유념해야 할 것이다. 블룸버그의 2018 뉴 에너지 파이낸스BNEF 보고서는 전기차가 2040년 신차 판매량의 54%, 전 세계 자동차의 33%를 점유할 것으로 전망했다. 또한 현재는 하이브리드 차PHEV: Plug-in Hybrid Electric Vehicle가 배터리 전기차BEV:Battery Electric Vehicle보다 더 큰 비중을 차지하지만 2025년이면 이 경향이 역전될 것이라고 보았다.

세계 전기차 시장을 주도하는 나라는 중국이다. 유럽과 미국, 일본에서도 시장이 성장하고 있다. 전기자동차 중에서 전기승용차보다 전기버스의 시장이 더 크게 성장 중이다. 이미 중국에서는 30만 대의 전기버스가 운행 중인데, 이는 전 세계 전기버스 판매량의 99%를 차지할 정도이다.

워런 버핏은 2008년 이름조차 생소한 중국 기업의 지분을 사들이는 엉뚱한 투자를 해 눈길을 끌었다. BYD라는 배터리 제조 업체였다. 그의 투자에는 그만한 이유가 있었다. 이 회사는 전기자동차를 미래 주력 분야로 삼았고 버핏은 BYD가 세계 전기차 시장의 리더가 될 것이라고 확신했다. 워런 버핏의 투자로 BYD는 세계 시장에서 주목받는 전기차 기업 중 하나가 되었다. 하지만 그 후 몇 년 동안 적자를 기록하며 혹평의 대상이 되기도 했다. 그러나 2015년 6만 1,722대의 전기차를 판매함으로써 테슬라, 닛산, BMW를 제치고 세계 전기차 1위 업체에 등극했다. 주가는 워런 버핀이 투자하던 당시보다 10배가량 올랐다. BYD의 약진에는 전기차에 대한 중국 정부의 전폭적인 지원이 한몫했다.

높은 배터리 가격, 충전소 부족 등 전기자동차 시장의 성장을 가로막는 요인들이 있지만, 기술 발전과 각국 정부의 정책적 지원으로 이런 장벽들이 해소될 것으로 보인다. 또한 자율주행차와 차량 공유 서비스의 발전과 궤를 함께하기에 비약적인 시장 성장을 예상할 수 있다.

⋮ 자율주행차

전기차와 더불어 큰 변화를 주도할 메가 트렌드가 자율주행차이다. 자율주행차는 교통사고와 도로 정체 등 다양한 문제를 해결할 방안으로 꼽히고 있다. 버락 오바마 미국 전 대통령은 한 기고문(2016년 9월 19일 피츠버그 지역 신문)을 통해 자율주행차가 미국인의 생활 방식을 바꿀 것이라고 언급했다. "자율주행차는 매년 수만 명의 목숨을 살릴 수도 있으며, 직접 운전하기 어려운 노인이나 장애인의 삶을 변화시킬 것"이라고 했다. 또한 '도로도 덜 막히고 오염도 줄어들 것'이라고 예상했다.

자율주행차는 전기차와 마찬가지로 수많은 제약 요인에 둘러싸여 있다. 차량에 대한 신뢰성 결여와 운전자들의 저항감, 관련 법규 미비, 기술과 인프라 부족, 높은 초기 비용, 피해에 대한 책임 소재 등이다. 그러나 자율주행차가 가진 장점이 더 크기 때문에 앞으로 성장이라는 방향성은 분명할 것이다.

자율주행 자동차는 기존 자동차들의 특성도 변화시킨다. 기존 자동차들은 운전자 중심의 1인칭 관점에서 편리함과 안정성 위주로 디자인됐고, 소비자들에게도 성능, 연비, 안전장치, 조작성 등의 요인으로 어필했다. 이에 비해 자율주행 자동차는 3인칭 관점에서 디자인되고 브랜드, 감성, 서비스 등이 소비자의 선택을 좌우하는 중요한 요인이 될 것이다.

⦂ 차량 관련 사업의 변화

자율주행 자동차로의 전환은 자동차 산업과 연관 산업에 상당한 변화를 가져온다. 운전 부담이 확연히 줄어들고, 운전자에게 시각과 신체의 자유를 주기 때문이다. 자동차라는 공간의 정의가 '생활공간'으로 바뀌고 자동차의 특성도 변화할 것이다. 이동성이라는 개념 자체에도 변화가 발생한다.

자율주행 자동차가 가져올 가장 큰 변화는 자동차라는 공간 개념이 바뀐다는 것이다. 운전을 통해 원하는 목적지까지 이동하는 공간인 자동차는 운전자가 운전에서 해방되는 순간 이동성만 남는 공간이 된다. 이동과 관련한 스트레스와 피로, 시간이 감소해 주거 행태에도 영향을 미치고 교통 인프라에도 변화를 불러일으킬 것이다.

운전이 제거된 후 이동성만 남은 공간에서는 다양한 개인 활동이 가능해지고, 결국 자동차는 조작 대상을 넘어 각종 서비스를 이용하고 콘텐츠를 소비하는 인터페이스로서의 역할로 가치가 확장된다. 이는 자율주행 자동차를 개발하는 IT 진영에서 가장 원하는 시나리오이다.

자율주행 자동차는 이동성에 대한 개념도 바꿀 것이다. 차량을 소유할 필요성이 없어지고 공유가 가능해지는 것이다. 필요한 때만 이용할 수 있으니 차량 공유도 활성화될 것이다. 자율주행차 등장과 함께 운송 수단의 공유를 내세운 새로운 산업 생태계의 형성과 발전이 예상된다. 우버Uber 등의 기업이 급성장한 것 역시 이런 맥락에서 살펴볼 수 있다.

⠿ 새로운 경쟁 구도의 출현

전기자동차와 자율주행차, 운송 서비스의 급속한 발전은 새로운 체제 변화를 가져올 것이다. 그중에서도 가장 위협적인 것은 기존의 완성차가 아닌 신규 진입자들, 특히 기존 IT 업체들이 가져올 수 있는 파괴적인 혁신 기술들이다.

IT 업체의 자동차 시장 진입 배경을 먼저 이해해야 한다. 과거 내연기관 시대의 자동차는 엔진과 변속기 기술을 기반으로 각종 부품이 수직 계열화되는 피라미드 구조 하에서 완성차의 구매력 우위bargaining power가 강했다.

그러나 최근 완성차 시장이 상위 13개 업체로 과점화되면서 기초 기술에 대한 상향 평준화가 진행됐고, 개별 업체별 차별화는 브랜드, 디자인,

슈퍼카 등으로 포인트가 줄어들고 있다. 이렇게 기업별 차별화 포인트가 줄어들고 수요가 저성장하면서 결국 공급자 대비 소비자들의 협상력이 커지고, 이에 따라 각종 신기술의 가격 전가력이 약화되는 결과를 낳았다. 이는 완성차 마진에 대한 압박으로 작용하고 있다.

이런 가운데 친환경차로의 급격한 전환은 완성차로 하여금 투자에서 선택과 집중을 강요했다. 이는 개별 부품단에서 대형 부품 업체로의 주도권 이전을 가져왔다. 즉 대형 부품 업체들이 만든 부품들을 조립만 해도 완성차를 만들 수 있는 구조가 됐고, 기술력보다는 자본력과 브랜드 신뢰성이 시장 진입의 주요 걸림돌로 부상한 상황이다. 이러한 구도는 구글·애플·테슬라와 같이 기존 IT 산업에서 브랜드 신뢰성을 확보하고 있고, 자본력이 뛰어나며 기존 자동차 산업의 패러다임에서 파괴적 변화를 가져올 수 있는 업체들의 진입을 용이하게 만들었다.

이런 진입이 기존 완성차 업체들에 미치는 영향은 무시할 수 없다. 자동차는 고가의 내구재라 가구당 추가 소비를 가져오기에는 가격적 부담이 크기 때문에 신규 수요를 자극하는 데 한계가 있다. 이런 와중에 새로운 형태의 자동차 출현은 수요 흐름의 변화를 가져오면서 기존 업체의 시장 점유율에 문제를 야기할 수 있다. 결국 기존 완성차 업체들은 거대한 변화의 물결과 새로운 경쟁 구도 한복판에 서 있는 셈이다. 누가 얼마나 빨리 적응할 수 있는지 지켜보는 것도 흥미진진할 것이다.

02

자율주행차 ②
자율주행 기술과 업계의 변화
- 송선재 애널리스트 -

🔹 자동차 산업 내 변화들이 동시다발적으로 진행 중

자동차 산업은 이전에 보지 못했던 변화를 동시다발적으로 경험 중이다. 기술적으로는 전기차·수소차와 같은 친환경차가 부상하고 있고, 커넥티비티와 자율주행 기술이 접목 중이다. 사회적으로는 카쉐어링·카헤일링 등 공유경제가 침투하고 있고, 규제 측면에서는 환경과 안전 문제가 화두가 되고 있다.

관련 변화들에 대한 자동차 업체들의 대응력을 점검해보면, 우선 친환경차는 기술(특히 파워트레인)의 변화로써 기존 업체들이 충분히 대응할 수 있다. 자율주행 기술은 운전 습관의 변화를 일으키고 수많은 IT 기술이 접목되어야 하기 때문에 공급망에서 대형 부품 회사들의 역할이 증대된다.

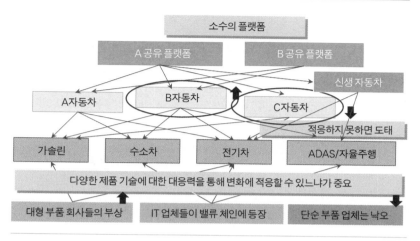

자료: 하나금융투자

또한 과거에 보지 못했던 IT 업체들이 신규로 밸류 체인에 진입할 것이다. 이들은 협상력 측면에서 중소 자동차 부품 업체들과 다르다. 따라서 부가가치 점유에서 완성차 업체들의 상대적 우위가 하락하게 된다. 공유 경제로 대변되는 새로운 모빌리티는 자동차 가치의 변화를 통해 기존 비즈니스 모델을 흔들 수 있다. 기술적으로 개발이 상대적으로 쉽지만, 네트워크 효과로 인해 후발주자인 자동차 업체들이 가장 달성하기 어려운 영역일 수 있다.

단기적으로 수익성 하락과 경쟁 심화 요인으로 작용

이러한 변화들이 기존 밸류 체인을 흔들고 있다. 우선 자동차 시장의 진입장벽 약화로 새로운 플레이어들이 진입하기 쉬워졌다. 자동차 산업은 그동안 엔진·변속기 등 파워 트레인 기술과 양산 능력을 기반으로 진입장벽을 구축해왔다. 그런데 글로벌 완성차들이 상위 20개 그룹으로 재편되면서 기술의 상향 평준화가 이루어진 상황에서 전통적인 기계 기술의 차별화가 약해졌다. 또한 배터리·모터를 기반으로 한 전기차 기술이 접목되기 시작하면서 차량 내 경험 기술, 예를 들어 진동·소음 등 쾌적성, 편의·안전 등 IT 기술의 중요성이 점증하고 있다.

기존 자동차 제조업의 진입장벽이 낮아지기 시작했고 이를 계기로 새로운 아이디어, IT 기술과 막대한 자금을 기반으로 새로운 플레이어들이 시장에 진입할 수 있는 여건이 조성되었다. 전기차에서는 테슬라뿐만 아니라 수많은 신생 업체들이 생겨났고, 자율주행에서는 웨이모와 크루즈 등이 IT 기술을 기반으로 창업되었다. 공유경제에서는 우버, 리프트Lyft, 그랩Grab 등 플랫폼 기업들이 부상했다.

기존 자동차 업계에서 이러한 변화는 단기 투자 비용 부담과 수익성 하락 요인으로 작용하고 있다. 자동차 업체들은 미래 기술에 대한 투자를 늘려야 하는데, 현재는 시장이 미성숙하고 투자 비용을 소비자들에게 전가하기 어려운 상황이다. 단기적으로 연구개발과 시설 투자 비용이 늘어나면서 수익성이 하락할 것으로 전망된다.

장기적으로 보았을 때 친환경차는 기존 가치를 유지한 상태에서 환경·경제라는 가치를 더해 변형시키는 구조이다. 이와 반대로 자율주행과 공유경제는 완성차에서 이종 업체들에 가치를 이전시키는 기술이라 더욱 파괴적이다. 앞으로 자동차 시장 내에서는 자동차 판매·금융 등 기존 수

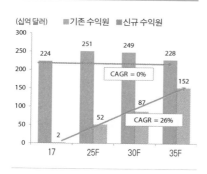

기존 수익원의 정체 vs. 신규 수익원의 급성장	완성차 업체들의 수익성과 투자 부담 전망

자료: BCG, 하나금융투자

자료: BCG, 하나금융투자

익원이 정체되고, 자율주행·전기차·데이터·모빌리티 등 신규 수익원은
급성장할 것으로 예상된다.

⦂ 자동차 업체들이 역전 홈런을 칠 수 있을까?

① 기술 기업들에 대한 인수합병 확대

기존 완성차 업체들이 자율주행·공유경제 기술을 단기간에 확보하기
위해 선택하는 첫 번째 전략은 인수합병의 확대이다.

GM은 2016년 스타트업 기업인 크루즈를 10억 달러에 인수했는데,
현재 별도 사업부로 분리된 GM 크루즈는 자율주행 부문의 핵심이다.
2017년에는 라이더 장비를 개발하는 스트로브Strobe를 인수해 하드웨어
기술도 확보했다.

포드는 인공지능 플랫폼 업체 아르고 AI Argo AI에 10억 달러를 투자해 관련 기술을 확보했다. 2018년 8월 자율주행 사업 부문을 'Ford Autonomous Vehicles LLC'로 분사하고 자율주행 기술 개발, 시스템 통합 등 관련 사업을 확대할 예정이다.

다임러는 2015년 소프트웨어 역량 강화를 위해 BMW·아우디와 초정밀 지도 서비스 업체 히어Here를 인수해 정밀 지도 DB를 구축하고 있다. 모빌리티 서비스를 위해 2008년 차량 공유 서비스인 카투고Car2Go에 투자했으며, 2014년 택시 호출 서비스인 마이택시Mytaxi를 인수해 자회사 서비스로 운영하고 있다.

② 상호 제휴를 통해 부담 완화

기존 완성차 업체 간의 제휴뿐만 아니라 IT 업체들과의 협업을 통해 자율주행 개발에 들어가는 시간과 금액을 줄이려 노력 중이다.

GM의 GM 크루즈는 2018년 6월 소프트뱅크로부터 22억 5,000만 달러의 투자를 유치해서 지분 19.6%를 부여했다. 우선 자율주행차 개발에 9억 달러를 투자하고, 크루즈 자율주행차의 상용화 시기에 13억 5,000만 달러를 추가 투자할 예정이다. 2018년 10월에는 일본 혼다가 GM 크루즈에 투자했다. 크루즈 지분에 7억 5,000만 달러를 투자했으며, 자율주행 차량 생산을 위한 개발비에 20억 달러를 추가로 투자할 예정이다. 그리고 2016년 차량 공유 서비스 업체인 리프트에 5억 달러를 투자했는데, 자율주행 네트워크를 공동 개발하는 목적이다.

포드는 2016년 라이더 기술 개발사인 벨로다인Velodyne에 중국 바이두와 공동으로 1억 5,000만 달러를 투자했고, 차량 공유 서비스 업체인 리프트와 협력해 포드의 자율주행 차량이 리프트의 앱과 연동되도록 만드는 소프트웨어를 개발 중이다. IT 업체 중에서는 알파벳과 제휴 중이다. 자율주행 기술과 관련된 서비스 사업도 진행하고 있는데, 대표적인 서비스로 포드패스FordPass를 선보였다. 포드패스는 맥도날드·세븐일레븐·BP와 파트너십을 체결해 사용자 전용 혜택과 지리 위치 서비스 등을 제공한다. 중국에서도 바이두와 자율주행 시험운행을 할 계획이다. 우버·리프트와 쉐어드스트리트SharedStreets 플랫폼을 통해서는 도시형 모빌리티를 위한 데이터 공유도 할 예정이다.

토요타는 2017년 엔비디아NVIDA와 협력하면서 엔비디아의 Drive PX AI 플랫폼을 사용하여 자율주행 기술을 개발했다. 또한 2018년에는 동남아 카 쉐어링 업체인 그랩에 10억 달러를 투자했다. 같은 해 8월에는 우버에 5억 달러를 추가 투자했고, 10월에는 소프트뱅크와 전략적 파트너십을 체결해 모빌리티 서비스를 위한 합작 법인 모넷테크놀러지를 설립할 예정이다.

다임러는 완성차·부품·IT 업체들과 상호 제휴를 통해 역량을 강화하고 있다. 보쉬Bosch와는 포괄적 협력 관계를 구축했다. 보쉬는 하드웨어와 하드웨어 부품을 위한 소프트웨어 개발을 담당하고, 다임러는 시스템 통합과 차량 제조를 맡아 2019년 공동으로 자율주행차 호출 서비스를 시범적으로 시행할 계획이다. 자율주행 발렛 주차 시스템의 상용화 시험도 진행 중이다. 앞서 말했듯 소프트웨어 역량을 강화하기 위해 BMW·아우디와 공동으로 자율주행용 초정밀 지도 서비스 업체인 히어를 인수해 정밀

지도 DB를 구축하고 있으며 2017년 2월에는 우버와 자율주행 자동차 파트너십을 체결했다. 2018년 7월에는 다임러·보쉬가 엔비디아 AI 플랫폼 '드라이브 페가수스'를 자율주행 기술 개발에 활용하는 내용을 발표했다. 중국에서는 도로 센싱Sensing과 고해상도 맵핑Maping 소프트웨어를 개발하는 중국 스타트업 모멘타Momenta가 추진한 4,500만 달러의 펀딩에 참여했다. 지리기차와 합작회사를 만들어 프리미엄 라이드 헤일링 서비스도 시작할 예정이다. 최근 모빌리티 사업을 위해 BMW 그룹과 합작회사(지분 50%)를 설립하기로 결정했다.

2016년 BMW, 인텔, 모빌아이는 2021년까지 고도 자율주행(3단계) 및 완전 자율주행(4·5단계)차에 관한 기술을 개발하고 생산하기 위해 협력하기로 했다. 2017년 이 동맹에 자동차 부품 업체인 델파이와 마그나도 합류했다. 각 회사의 장점과 역량, 자원을 활용해 플랫폼 기술을 향상하고 개발 효율성을 높이며 제품 출시 시간을 단축하는 것이 목표이다. 2021년까지 고도 자율주행과 완전 자율주행 기술을 개발할 예정이다. 중국에서는 중국 내 자율주행 면허를 얻었고 바이두와 합동으로 개발을 추진 중이다. 최근에는 모빌리티 서비스 강화를 위해 다임러와 합작회사를 설립해 지분 50%를 확보할 예정이다.

폭스바겐은 2018년 1월 자율주행 개발 스타트업 오로라Aurora와 전략적 제휴를 체결해 2021년까지 자율주행차 택시에 적용할 예정이다. 2018년 6월에는 보쉬·콘티넨탈·엔비디아와 함께 차세대 자율주행 개발연합 NAV 얼라이언스를 출범했다. 9월에는 마이크로소프트와 전략적 파트너십을 체결해 클라우드를 개발하기로 했으며 앞으로 관련 서비스를

완성차 업체별 자율주행 기술 동향

구분	자율주행	공유경제
GM	• 2008년 자율주행 시험 모델 공개 • 2016년 크루즈 인수 • 2018년 볼트 EV 기반 크루즈 AV 공개 • 2018년 크루즈 자회사로 분사 • 2019년 도심 지역 상용화 목표 • 2020년 캐딜락 브랜드 모든 차종에 슈퍼크루즈 기술 탑재 계획 • 2020년 고속도로 차선 변경 가능 자율주행차 출시 계획	• 2016년 리프트와 자율주행 네트워크 공동 개발 • 2016년 자체 카셰어링 서비스 메이븐(Maven) 시작 • 자율주행 · 공유경제 생태계 구축을 통한 신규 수익원 발굴 · 유료화 추구
포드	• 2012년 미시간 주에 도로 자율주행 테스트 • 2018년 운전 보조 기술 Co-Pilot360 출시 • 2018년 아르고 AI 자회사로 분사 • 2018년 마이애미에 이어 워싱턴 D.C에서 자율주행 허가 • 2021년 자율주행차 상용화 목표 • 2023년까지 40억 달러 투자	• 2018년 우버 · 리프트와 Shared Streets 플랫폼을 통해 데이터 공유 계획 • 2018년 렌터카 회사 에이비스와 차량 제휴 및 모바일 연동 • 도시 전체 교통 시스템을 자율주행 생태계로 구현하는 것을 목표
토요타	• 2013년 렉서스 LS 600h 자율주행차 공개 • 2018년 다목적 자율주행 e-팔레트 콘셉트 카 공개 • 2020년 고속도로 주행하는 자율주행차 출시 계획	• 2018년 소프트뱅크와 전략적 파트너십 체결해 차량 공유 서비스와 자율주행차에 협력
다임러	• 1998년 벤츠 S-클래스에 정속주행 기능 적용 • 2013년 벤츠 S-클래스 독일에서 104km 무인주행 성공 • 2015년 미 네바다 주에서 최초로 자율주행차 상용차 운행 허가 • 2017년 미 공공도로에서 상용차 최초 트럭 대열주행 시험 진행 • 2018년 중 베이징에서 자율주행차 도로주행 • 2019년 미 산호세에서 자율주행 택시 도로 테스트 예정 • 2020년 3단계 자율주행 시스템 목표 • 2021년 자율주행 택시 상용화 계획	• 모빌리티 업체를 인수해 자회사 서비스로 운영 • 2018년 9월 말 기준 서비스 이용 고객 수 2,350만 명 • Mytaxi 고객수 1,690만 명. 15개국 100개 이상 도시에서 이용 가능 • Car2go 고객수 340만 명. 시카고로 확장 • Moovel 고객수 570만 명 • 커넥티드카 서비스 Mercedes me 250만 개 차량 등록 • 2018년 중국 지리기차와 합작회사를 만들어 프리미엄 라이드 헤일링 서비스 준비 • 2018년 모빌리티 사업부 BMW와 합작회사 설립 결정
BMW	• 2007년 무인운전 시스템 개발 • 2014년 자율주행 쿠페 235i 공개. GPS 이용해 조작 상황 기록 후 재연 기능 • 2018년 BMW 'iNext' 자율주행 전기차 콘셉트카 공개. 4단계 자율주행 모드 탑재하고 2021년 출시 예정 • 2017~2020년 2단계 자율주행 • 2021~2022년 3/4단계 자율주행 목표 • 2030년 5단계 자율주행 활성화 예상	• ChargeNow, DriveNow, ParkNow, ReachNow 등 모빌리티 서비스 출시 • 2018년 모빌리티 사업부 다임러와 합작회사 설립 결정

VW	• 2009년 스탠퍼드대학과 제작한 TTS 자율주행차 공개 • 2015년 지능형 충전 기술 V-Charge 공개 • 2017년 완전 자율주행 콘셉트카 세드릭 공개 • 2021년 자율주행 무인차 출시 계획. 아우디를 중심으로 시판 예정 • 2022년 3단계 자율주행 기술 적용한 전기버스 I.D. 버즈를 판매 계획 • 2025년 완전 자율주행 SUV 전기차 출시 목표	• 2016년 모빌리티 부문 자회사 모이아 (MOIA) 출범 • 2018년 중국 내 디디추싱과 제휴
현대·기아	• 2010년 투싼ix 기반 첫 자율주행 모델 공개 • 2012년 고속도로 자율주행시스템 기술 개발. 2년간 5만 km 시험 주행 • 2015년 제네시스 EQ900에 ADAS · HDA 탑재 • 2015년 미 네바다 주 자율주행 면허 획득 • 2016년 국내 자율주행 임시운행 허가 • 2018년 고속도로에서 넥쏘 · 제네시스G80 기반 자율주행 4단계 190km 주행 성공 • 2018년 고속도로에서 대형 트럭 자율주행 3단계 성공 • 2021년 스마트 시티 안 자율주행 4단계 목표 • 2030년 완전 자율주행 기술 상용화 목표	

자료: 각 사, 각종 언론자료, 하나금융투자

완성차 업체별 자율주행 기술 실행 전략

구분	자체	인수합병	전략적 제휴
GM	• 2017년 볼트 EV 기반 양산형 자율주행차 공개. 자체 개발한 센서 · 컨트롤러 · 시스템 장착	• 2016년 자율주행차 스타트업 크루즈 인수 • 2017년 라이더 스타트업 스트로브 인수	• 2016년 차량 공유 업체 리프트에 5억 달러 투자 • 2018년 소프트뱅크가 22.5억 달러 투자 • 2018년 혼다가 27.5억 달러 투자
포드	• 다양한 ADAS기술을 중형 모델인 Fusion에 적용 • 자율주행 모드시 프로젝터 · 스크린 실행시키는 엔터테인먼트 시스템 특허 등록 • 2016년 혼잡 구간 지원 및 완전 자동 주차 시스템 공개	• 2017년 인공지능 플랫폼 아르고 AI 인수	• 2016년 맥도날 · 세븐일레븐 · BP와 파트너십 체결해 포드패스 서비스 선보임 • 2016년 라이더 기술 개발사 벨로다인에 바이두와 공동으로 1.5억 달러 투자 • 2017년 차량 공유 업체 리프트와 협력해 소프트웨어 개발 • 2018년 바이두와 자율주행 시험 운영 계획

토요타	• 2016년 자율주행 시스템 연구 조직 신설 • 2017년 토요타 연구소(TRI)에서 신형 라이더를 장착한 자율주행 플랫폼 2.1 공개 • 2019년 마을 전체 교통수단을 자율주행으로 하는 실증 실험 계획		• 2017년 엔비디아와 협력해 차량 컴퓨터 플랫폼 사용 • 2018년 동남아 카쉐어링 업체 그랩에 10억 달러 투자 • 2018년 우버에 5억 달러 추가 투자 • 2018년 소프트뱅크와 전략적 파트너십 체결해 모빌리티 서비스 관련 합작법인 설립 예정
다임러		• 2008년 차량 공유 서비스 카투고 투자·인수 • 2014년 택시 호출 서비스 마이택시 인수 • 2015년 초정밀 지도 서비스 업체 HERE 인수	• 2017년 보쉬와 협력해 공동으로 자율주행차 호출 서비스 계획 • 2017년 중국 자율주행 스타트업 모멘타에 펀딩 참여 • 2018년 중국에서 지리기차와 합작회사를 만들어 프리미엄 라이드 헤일링 서비스 예정 • 2018년 모빌리티 서비스 강화를 위해 BMW와 합작회사 설립 계획
BMW	• 2018년 뮌헨에 자율주행 전문 개발 센터 건립 • 2020년 신규 드라이빙 시뮬레이션 센터 완공 예정		• 2016년 인텔·모빌아이와 자율주행 기술 개발 협력. 2017년 델파이·마그나가 참여 • 2018년 바이두와 자율주행 협력 • 2018년 모빌리티 서비스 강화를 위해 다임러와 합작회사 설립 계획
VW	• 2019~2023년까지 전동화·자율주행·디지털화·모빌리티 서비스에 440억 유로 투자 예정 • 2019년 공용 무선랜 탑재 모델 출시 계획	• 2018년 자율주행 스타트업 오로라 인수 무산	• 2018년 자율주행 개발 스타트업 오로라와 전략적 제휴 체결 • 2018년 보쉬·콘티넨탈·엔비디아와 차세대 자율주행 개발 연합 출범 • 2018년 마이크로소프트와 전략적 파트너십을 체결해 클라우드 개발 예정 • 2018년 디디추싱과 제휴로 자율주행 공유 서비스 협력 예정
현대·기아	• 2017년 연구개발본부 내 지능형 안전기술센터 신설 • 첨단 운전자 보조 기술 고도화와 인공지능 기반 자율주행 기술 연구		• 2017년 모빌아이와 자율주행 공동 개발 • 2018년 자율주행 스타트업 오로라와 제휴 • 2018년 레이더 스타트업 메타웨이브에 투자 • 2018년 AI 스타트업 퍼셉티브 오토마타에 투자

자료: 각 사, 각종 언론자료, 하나금융투자

모든 차종에 적용할 계획이다. 중국에서는 2018년 5월에 디디추싱과 제휴로 디디추싱 자율주행차의 절반 이상을 담당하는 것을 목표로 하고 있다.

현대차그룹은 2017년 7월 모빌아이와 자율주행 공동 개발에 협력하기로 했다. 또한 2018년 1월에는 자율주행 스타트업 오로라와 제휴해 스마트 시티에서 4단계 수준 도심형 자율주행 시스템 상용화를 목표로 하고 있다. 5월에는 자율주행차 레이더 스타트업 메타웨이브Metawave에 투자했으며, 10월에는 AI 스타트업 퍼셉티브 오토마타에 투자해 자율주행과 로보틱스 개발에 협력하고 있다.

⁝ 우월한 기술력에 기반을 둔 IT 기업

알파벳(구글)의 자율주행차는 2009년 '구글 X'의 자율주행차 프로젝트로 시작되었다. 2017년 1월 캘리포니아 주 마운틴뷰와 애리조나 주 피닉스에서 크라이슬러와 합작해 제작한 자율주행 미니밴 '퍼시피카Pacifica'의 시범주행을 시작했다. 또한 5월에는 미국의 차량 공유 서비스 업체 리프트와 자율주행 차량 부문에서 협력을 발표했다.

웨이모 자율주행차는 2018년 10월 기준 1,000만 마일 도로 테스트를 돌파했는데 이 과정에서 70억 마일(112억 km)에 이르는 자율주행 시뮬레이션이 병행되었고 도로 테스트를 지원했다. 최근 캘리포니아 차량관리국CDMV으로부터 운전자나 보조 탑승자가 없는 완전 자율주행 시험주행 허가를 받았고, 2018년 12월에는 애리조나 주 피닉스에서 자율주행차 상용 서비스를 시작했다.

바이두는 중국 최대의 검색 플랫폼 기업으로 최근 인공지능을 포함해 자율주행차 사업에도 박차를 가하고 있다. 웨이모의 독자적인 기술 개발 및 자체 테스트를 통한 데이터 수집과는 달리 '아폴로Apolo'라는 오픈 플랫폼을 활용해 서드 파티 업체들과의 제휴를 통해 데이터를 확보하고, 이를 토대로 기술을 업그레이드하는 방식이다. 2017년 '아폴로 프로젝트'를 발표하며 시작되었고 최종 목표는 2020년까지 완전 자율주행차를 만드는 것이다. 바이두는 2018년 1월 중국 국유 JAC모터스, 체리자동차, BAIC모터스 등과 앞으로 2년간 자율주행차 공동 양산에 관련된 합의를 발표했다. 최근 스웨덴 볼보Volvo와 앞으로 몇 년에 걸쳐 레벨4 중국 내수용 자율주행차(택시) 양산에 협력하기로 했다. 이에 따라 자연스럽게 바이두의 아폴로 플랫폼을 볼보가 사용하게 되며 볼보는 자동차 생산 노하우를 바이두와 공유할 예정이다.

현재까지의 상황은 4차 산업혁명을 이끌어가는 구글과 바이두, 그리고 엔비디아 같은 1등 기업이 자율주행차 시장을 이끌고 가는 형국이다. 조심스럽지만 현재까지의 결론은 기하급수적인 수요 증가가 곧 시작될 자율주행 부문은 4차 산업 1등 기업에 있어 기하급수적인 이익 증가와 폭발적인 주가 상승의 계기가 될 수 있고, 기존 완성차 업체에는 큰 판도 변화의 계기가 될 수 있다는 것이다.

사물인터넷과 5G,
기하급수적 성장의 시작

- 김홍식 애널리스트 -

● 확산의 배경

사물인터넷은 인터넷을 기반으로 인간과 사물, 서비스 등 분산된 구성 요소들이 모두 연결된 상호 소통적인 지능형 기술 및 서비스를 의미한다. 즉 모든 기기를 살아 있게 만드는 4차 산업의 인프라가 된다. 또 인공지능과 같은 미래 기술과 융합되어 산업 생산성을 크게 높일 수 있는 영역으로도 평가된다. 더욱이 응용 분야가 스마트 홈, 스마트 카, 스마트 가전, 웨어러블 기기 등 매우 넓고, 다양한 산업에서 새로운 제품 및 서비스로 개발·보급될 수 있어 4차 산업혁명의 핵심 동력 중 하나라고 할 수 있다.

크게 칩·센서, 기기, 네트워크, 플랫폼, 서비스 영역으로 구분할 수 있는데, 초기 기술 발전은 센서와 칩 위주였지만 최근에는 서비스와 애플리케이션에 집중되고 있다. 센서 기술이 중요한 이유는 기기에 부착된 센서에 모인 유저 데이터로 맞춤형 서비스를 제공할 수 있기 때문이다. 최근에는 단순히 온도, 습도, 열, 가스 등 독립적인 정보만을 생산하는 센서가 아닌 프로세서가 내장되어 스스로 판단하고 정보를 처리할 수 있는 스마트 센서들이 등장하고 있다. 또한 다양한 형태의 스마트 기기 출현으로 사물 간의 정보를 최적으로 저장·처리해 서비스 목적별로 편리하게 이용할 수 있는 서비스 인터페이스 기술도 발달하고 있다. 더욱이 사물인터넷 기반의 '초연결' 특성 아래 플랫폼과 애플리케이션 영역의 중요성은 더욱 커지고 있다. 다양한 기기와 연동이 가능한 플랫폼 특성을 가진 제품만이 경쟁력을 가질 수 있기 때문이다.

IT 시장조사 기관 가트너는 사물인터넷 시장이 2020년까지 1조 2,000억 달러를 넘어설 것이라고 예측한다. 웨어러블 밴드부터 스마트 홈 기기, 공장 제어 장치, 스마트 시티, 의료용 기기, 커넥티드 자동차에 이르기까지 다양하게 활용될 전망이다.

⦂ 글로벌 IT 기업의 집중적인 사물인터넷 투자

사물인터넷 시장의 가파른 고성장이 예견되는 가운데 IT 기업들의 핵심 기술을 확보하려는 움직임이 두드러지고 있다. 특히 2016년 7월 일본 소프트뱅크의 사물인터넷 시장을 겨냥한 CPU 설계 기업 ARM 홀딩스에 대한 234억 파운드(약 36조 원) 규모의 인수는 일본 기업 및 영국 IT 기업 인수 역사상 최대 규모로 세간에 큰 화제가 됐다. ARM은 전 세계 스마트폰 및 태블릿과 같은 모바일 디바이스에 탑재되는 CPU 설계를 전문으로 하는 기업으로, 사물인터넷 하드웨어 사업자들을 적절하게 공략할 수 있는 유리한 위치에 있다. 사물인터넷 보안 소프트웨어 업체인 오프스파크 Offspark를 인수하는 등 사물인터넷 분야에서 두각을 나타냈다. ARM 인수에 따라 소프트뱅크는 사물인터넷 사업 확대와 주력 사업인 휴대폰 사업의 융합을 목표로 하고 있다. 앞으로 종합 인터넷 기업을 지향하는 소프트뱅크의 핵심 성장 동력이 될 전망이다.

반도체 1위 기업인 인텔의 사물인터넷에 대한 집중 투자도 상당한 기회 요인으로 작용할 것으로 보인다. 사물인터넷 관련 반도체 시장은 고성장을 실현 중이다. 앞으로 자율주행차, 드론, 인공지능 등 다양한 형태의 사물인터넷 제품이 등장하면서 사물인터넷 반도체 수요도 확대될 것으로 전망된다. 사물인터넷 분야에서 선도적인 기술 리더십을 차지하기 위한 투자 비중을 지속적으로 늘리고 있다.

현재 메모리 반도체의 세계 최강자인 한국의 삼성전자와 2위인 하이닉스 역시 향후 장기적인 성장을 위해서는 비메모리 반도체, 특히 사물인터넷과 4차 산업과 관련된 반도체 및 센서 투자에 집중해야 한다는 조언이 설득력을 얻고 있다.

아마존은 AWSAmazon Web Services라는 시장 지배 지위가 확고한 클라우드 컴퓨팅 기술을 보유하고 있다. 사물인터넷 시장 선점에 적극적인 행보를 보인 아마존은 잇따라 사물인터넷 기기를 시장에 출시했다. 유저가 버튼을 누르면 지정된 상품을 바로 구매할 수 있는 '대시' 버튼을 비롯해 스마트 스피커 '에코', '에코닷' 등을 공개했다.

그 밖에 구글의 모회사인 알파벳도 공격적으로 사물인터넷 영역에 투자하고 있다. 2014년 스마트 홈 전문 기업 네스트Nest를 32억 달러에 인수했으며 '구글 어시스턴트'가 내장되어 있는 '구글 홈' 출시를 발표했다.

⚬ 사물인터넷: 통신 산업의 미래 식량

사물인터넷을 구현하기 위해서는 사물과 주위 환경으로부터 정보를 얻는 센서, 사물이 인터넷에 연결되도록 지원하는 근거리 및 유무선 통신 및 네트워크가 필수이다. 또 이렇게 획득한 정보를 가공하거나 처리하는 서비스 인터페이스 기술도 필요할 것이며, 대량의 데이터를 각종 해킹이나 정보 유출로부터 보호하기 위한 보안 기술도 동반되어야 한다. 센서와 칩, 획득한 정보를 처리하기 위해 두뇌 역할을 하는 프로세서 등은 모두 비메모리 반도체이다. 모든 사물과 기기에 센서가 부착되어야 하며, 통신에 필요한 칩을 제공해야 하므로 센서와 칩 수요가 상당할 것이다. 프로세서의 수요 역시 양호할 것으로 기대된다.

IT 전문 조사기관인 가트너는 사물인터넷에 속하는 기기로 자동차의 스마트 키, 스마트 TV, 스마트 워치, 스마트 LED 조명 등도 포함한다. 사물인터넷으로 분류되는 기기의 대수는 2020년까지 135억 대의 규모로 성장할 것으로 전망된다. 연평균 34%의 높은 성장률이다. 앞으로는 현재 우리가 체험 중인 경험보다 더 높은 가치를 제공하는 방향으로 발전해나갈 것으로 예상된다.

사물인터넷이 적용된 기기의 증가와 함께 그에 탑재되는 센서, 통신 관련 칩, 프로세서도 동반 성장할 수 있을 것으로 보인다. 사물인터넷에 탑재되는 반도체 개수는 2020년까지 293억 개로 연평균 35% 증가해 사물인터넷 기기와 유사한 증가율을 보일 전망이다. 같은 기간 사물인터넷 관련 반도체 시장 규모는 35.2조 원으로 연평균 24% 성장할 것으로 기대된다. 반도체 가격이 하락해야 기기에 탑재될 수 있는 부담감이 감소하기 때문에 사물인터넷 기기보다는 관련 반도체 출하액의 성장률이 낮을 수밖에 없다. 반도체 안에서도 2020년까지 연평균 24%의 높은 성장률을 실현할 수 있는 영역이 많지는 않기에 유망한 영역이라고 판단된다.

❖ 기지개를 켜는 사물인터넷 시장

현재 체감할 수 있는 대표적인 사물인터넷 분야가 홈 IoT 서비스이다. 국내외 기업들은 아직은 홈 IoT를 통해 돈을 벌기 어려운 상황이지만 미래 가능성을 바라보며 초기 시장을 선점하기 위해 치열한 경쟁을 펼치고 있다.

자율주행 자동차가 상용화되면서 사물인터넷 서비스가 좀 더 진화하는 모습을 도출할 것으로 예상된다. 보안 및 에너지 분야에서는 사실상 사물인터넷이 보급되었다. 보안 업체들이 통합 보안(출입 통제, 시설 관리, 유지 보수, 에너지 관리, 출동) 관리 서비스를 확산 중이며 통신사 네트워크 연동형 보안 장비가 활성화되는 양상이다.

에너지 분야 역시 각국 정부 정책 독려 및 연관 산업 육성에 힘입어 활성화되고 있다. 빅데이터와 사물인터넷 기술을 활용해 에너지 절감을 추진하는 스마트 에너지 사업이 국내외 중점 사업으로 부각되고 있으며, 전기자동차 시장 성장 및 충전 인프라 급성장으로 사업에 대한 관심이 고조되는 상황이다.

가장 기대가 큰 헬스케어와 교통·자동차 분야는 아직은 본격적인 도입이 이루어지지는 않았지만 점차 솔루션 발전, 규제 마련, 과금 체계 구축으로 2020년 전에 사물인터넷 본격 활성화의 시발점이 될 것으로 기대되고 있다. 먼저 헬스케어 사업은 원격진료 육성책, 웨어러블 기기를 활용한 건강 관리 서비스 본격화로 사업이 탄력을 받을 것으로 보인다. 교통·자동차 분야 역시 도어락 제어, 원격 발레파킹, 위치 확인 서비스 등 초기 사물인터넷 서비스 수준에 머물러 있지만 향후 무인 자동차 시대를 맞이하면서 교통·통제·인포테인먼트를 모두 총괄하는 네트워크 기반 스마트 시대가 열릴 전망이다.

특히 협력적 지능형 교통 시스템C-ITS 도입 개시와 더불어 자율주행 자동차 개발 경쟁이 본격화되는 가운데 5G 네트워크 상용화가 발전을 독려할 것으로 보인다. 사물인터넷 서비스의 발전은 5G 네트워크와 맞물려 있다. 이동형 기기로 사물인터넷 서비스가 확산되면 LTE로는 속도, 핸드오버, 상호 반응 시간 측면에서 무리가 따르기 때문이다. 결국 웨어러블, 자동차 등 진보된 사물인터넷 서비스를 위해 트래픽 지연 현상이 없고 기가급 데이터 처리 속도가 가능한 5G 네트워크가 필수적이다.

⁛ 5G 세계와 사물인터넷

얼마 전까지만 해도 5G와 사물인터넷IoT을 연결해서 보는 시각이 많지

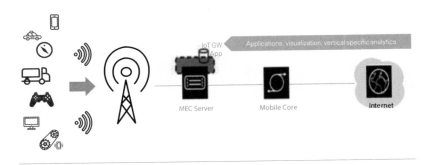

자료: 하나금융투자

않았다. 하지만 최근 대다수의 통신 업계 관계자들이 5G가 결국 IoT의 핵심 인프라가 될 것이라는 견해를 갖고 있다. 5G가 기술적인 측면에서 IoT에 최적화된 특징을 나타내고 있기 때문이다.

첫째, 5G 네트워크에서는 IoT 구현에 결정적 걸림돌인 속도 지연·단절 현상을 해결할 수 있다. Short TTITime To Interact, Multi RATRadio Access Technology, 차량 간 직접 통신, 빔 간 고속 핸드 오버를 통해 네트워크 단절 현상을 제거할 수 있기 때문이다. 현재 LTE 네트워크로는 현실적으로 자율주행차 주행이 무리다. 속도 자체도 느리지만, 더 큰 문제점은 응답 속도가 떨어진다는 것이다. 하지만 5G에서의 응답 속도는 0.001초 미만일 것으로 추정되고 있다. LTE 지연 속도의 50분의 1 수준에 불과하다.

둘째, 5G 시대에는 수많은 디바이스 간 네트워크 연결이 가능하다. 트래픽의 성질이 다른 수많은 디바이스 할당이 가능하며 mmWave 광대역 통신 기술로 고주파수 대역을 활용할 수 있다. 현재 LTE용 주파수는

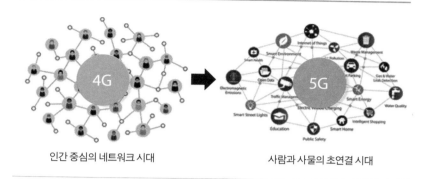

인간 중심의 네트워크 시대   사람과 사물의 초연결 시대

자료: 하나금융투자

700MHz~2.6GHz 대역을 사용하지만 5G에선 mmWave 대역에 속하는 24~40GHz 주파수까지도 사용할 수 있다. 수백 MHz 이상의 광대역을 사용함에 따라 속도 향상과 더불어 초연결 디바이스Massive IoT 구현도 가능해진다. 5G는 기존 네트워크상에서의 사람과 사물 간 대화를 사물과 사물 간의 대화로 전환시킬 것이며 모든 사물을 무선으로 구동하는 꿈의 통신으로 자리매김할 전망이다. 5G 도입은 웨어러블, 자동차 등 진보된 IoT 서비스가 확산할 수 있는 결정적 계기가 될 수 있을 것으로 판단된다. 바야흐로 IoT 시대가 열리는 것이다.

항상 네트워크 진화는 특정한 목적을 가지고 세대G진화를 지속했다. 선명한 음성 이동전화를 목적으로 2G가 탄생했다면, LTE는 동영상 시청이 완벽히 가능한 데이터 기반을 목적으로 시장에 진입했다. 5G의 도입 목적은 간단하다. 바로 IoT 확산을 위한 것이다.

대다수의 시장 참여자가 진화된 IoT 서비스 네트워크에는 5G가 적용

이동전화 세대별 진화 목적

자료: 하나금융투자

자율주행 자동차 구동 시스템 네트워크 체계

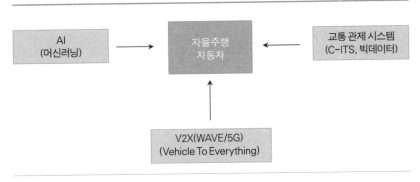

자료: 하나금융투자

될 가능성이 크다고 판단한다. 운송 시스템을 위한 IoT의 역할이 논의되고 실제로 자율주행차 통신 시스템인 V2X에 5G가 적용되고 있다. 그리고 초다수의 디바이스 연결을 위한 5G Massive IoT 체제가 구축되고 있다.

● 5G 기술과 관련 산업의 발전 전망

전 세계적으로 운송 시스템을 위한 IoT의 역할이 논의 중이며 Massive IoT 체제 구축이 본격화되고 있다. 5G로 모든 사물을 콘트롤할 수 있을 전망이며 진보된 IoT에는 5G 네트워크가 적용될 가능성이 커졌다. 앞으로 20년을 지배할 전 세계적인 IoT의 패권 싸움에 5G가 핵심으로 부상 중이다. 최근 미·중 무역 분쟁에서 화웨이가 분쟁의 핵으로 떠오르고 있다는 점은 많은 것을 시사한다. 5G는 이미 IoT의 핵심 인프라로 인식되고 있다.

아직 5G는 기존 LTE 네트워크에 3.5GHz를 기반으로 하는 5G 네트워크를 일부 혼합하여 서비스하는 NSA_{Non Stand Alone} 방식을 상용화하는 데 머물러 있다. 하지만 곧 5G는 3.5GHz와 꿈의 주파수라고 불리는 초고주파수 대역인 28GHz를 묶어서 서비스하는 5G SA_{Stand Alone} 시대로 접어들게 될 전망이다. 향후 트래픽 증가를 감안하면 2021년이면 벌써 주파수 부족 문제를 야기할 수 있고 기술적뿐만 아니라 제도적 장치가 마련될 수 있어서다.

퀄컴·인텔, 삼성·화웨이·노키아 간 5G 경쟁이 본격화되면서 자율주행차와 스마트 팩토리에 적용할 수 있는 5G SA 장비가 2019년 말 출시될 가능성이 커졌다. 말 그대로 IoT로 가기 위한 5G 시대가 열리는 것이다. 제

인텔의 미래 자율주행 자동차 구상도

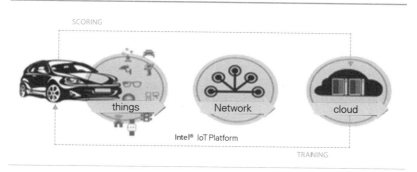

자료: 인텔, 하나금융투자

1부 투자의 신세계가 열린다

3GPP 5G 단독모드(SA)와 종속모드(NSA) 비교

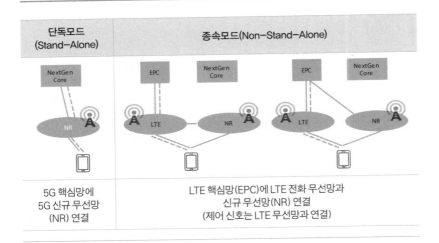

단독모드 (Stand-Alone)	종속모드(Non-Stand-Alone)
5G 핵심망에 5G 신규 무선망 (NR) 연결	LTE 핵심망(EPC)에 LTE 전화 무선망과 신규 무선망(NR) 연결 (제어 신호는 LTE 무선망과 연결)

자료: 언론매체, 하나금융투자

도적 장치 마련도 한창이다. 특히 각국 정부의 고주파수 분배 정책을 면밀하게 들여다볼 필요가 있다. 한국에 이어 미국에서도 20GHz 이상의 초고주파수 대역 주파수 경매가 완료되었으며, 곧 일본과 중국을 비롯한 대다수 국가가 주파수 할당에 나설 전망이다. 한국에서는 B2B 시장 사업 기회 마련을 위한 망 중립성 재정립 논의가 본격화되고 있다. 5G 정책위원회에서 추진 중인 급행 차선 허용 논의가 대표적이다.

이미 초보적인 단계이긴 하지만 5G IoT 서비스는 이미 시작되었다. 2018년 12월 SKT가 자동차 부품 업체인 명화공업에 불량품 판독 목적으로 5G-AI 머신 비전Machine Vision을 공급하기로 한 사례를 들 수 있다. 2019년 3월 LGU+가 선보인 레벨 4 수준의 시내 주행 자율차 시현도 관심을 끄는 대표적인 사례이다.

LGU+ 시내 자율주행차 시현 사례

자료: 언론매체, 하나금융투자

여전히 5G SA 서비스가 머지않은 시기에 상용화될 것이라 확신하는 시장 참여자들은 많지 않다. 하지만 5G SA는 곧 우리 생활로 들어오게 될 것이다. 상용화된다면 영화 같은 세상이 현실에서 펼쳐질 수 있어 관심을 끈다. 트래픽 증가 속도, 네트워크 장비 개발 진행 상황, 정부 규제 양상을 고려하면 5G SA 서비스는 빠르면 2020년 안에 상용화될 가능성이 크다.

현재 통신사뿐 아니라 네트워크 장비 업체, 단말과 IT 부품 업체, 심지어 자동차·공작기계 업체들까지 5G SA 도입에 적극적이다. 5G NSA와 달리 5G SA는 IoT를 완벽하게 지원할 수 있기 때문이다. 5G는 애초에 모든 사물을 무선으로 구현한다는 목적으로 설계되었다. 그런데 국내 통신 3사를 비롯한 미국 통신사들이 넓은 주파수를 확보함에 따라 엄청난 숫자의 디바이스 수용이 가능해졌다. 진정한 의미의 IoT 구현이 가능해진 것이다. 이에 따라 통신사와 제조사들의 5G SA를 대비한 행보가 빨라지고 있다.

5G SA 네트워크부터는 사실상 휴대폰을 위한 네트워크라 보기는 어렵다. 모든 사물을 네트워크에 연결하는 초연결이 가능하고 혁신적인 응답속도를 자랑하는 초저지연 기술이 적용되기 때문이다. 한마디로 휴대폰만 지원하기에는 아까운 네트워크이며 IoT를 적용하기에 최적화된 네트워크라고 볼 수 있다. 자율차·스마트 팩토리·스마트 시티에 적용할 수 있고 서비스 측면에선 인공지능·빅데이터와 연결되는 네트워크라 볼 수 있다.

5G 서비스가 창출할 매출 영역은 무궁무진할 것으로 보인다. 당장은

5G SA 서비스가 보여줄 세상의 변화 예측

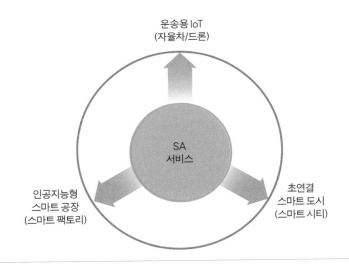

자료: 하나금융투자

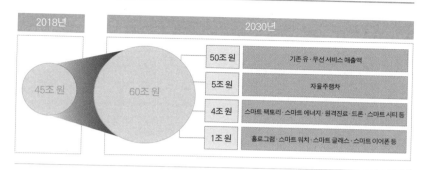

5G 시대 국내 통신 산업 서비스 매출액 전망

2018년	2030년	
45조 원	60조 원	50조 원 — 기존 유·무선 서비스 매출액
		5조 원 — 자율주행차
		4조 원 — 스마트 팩토리·스마트 에너지·원격진료·드론·스마트 시티 등
		1조 원 — 홀로그램·스마트 워치·스마트 글래스·스마트 이어폰 등

자료: 하나금융투자

HD, VR 정도가 5G 시대 통신사의 핵심 서비스로 보이겠지만 2년 후에는 초기 단계의 자율차·웨어러블·스마트 팩토리·원격진료·스마트 시티가 시장에 선보이며 통신사 매출에 기여할 것으로 판단되기 때문이다. 전용 회선 시장 성장 이후 뚜렷한 비즈니스 모델을 선보이지 못했던 B2B 시장이 17년 만에 재차 성장의 계기를 마련할 것이며, B2C 시장에서도 홀로그램·스마트 워치·스마트 글래스·스마트 이어폰 등 차세대 디바이스가 휴대폰 중심의 이동전화 시장을 크게 변화시킬 공산이 크다. 3G나 4G와는 비교 불가이며 2G 수준의 신규 매출 창출이 나타날 수 있을 전망이다.

5G SA 서비스 시대의 시작은 4차 산업혁명 인프라의 본격화를 의미한다. 그리고 2021년 이후 사물인터넷 성장과 4차 산업혁명은 본격적인 기하급수적 수요 성장을 의미한다. 4차 산업의 인프라와 플랫폼을 독점하고 있는 주요 1등 기업들의 성장이 기대되며, 이것이 4차 산업 1등 기업들을 공부하고 장기 투자해야 하는 이유이다.

플랫폼 기업,
4차 산업혁명을 주도한다
- 황승택 애널리스트 -

치열한 시장 경쟁 환경 속에서도 알파벳(구글), 아마존, 마이크로소프트, 넷플릭스 등 글로벌 플랫폼 기업들의 시장 지배력은 지속적으로 확대되고 있다. 이들 기업의 강점은 안정적인 실적을 기록하며 투자 재원을 확보해왔으며, 이를 기반으로 경쟁사들보다 빠르고 공격적으로 신기술 투자를 진행해왔다는 점이다. 단절 없는 투자와 M&A 등을 통해 기술을 축적하고 반복적인 테스트를 통해 시장성을 확보하려는 노력을 지속해왔으며, 최근 인공지능에 기반한 자율주행·클라우드·스마트 홈 등 4차 산업을 주도하게 될 분야에서도 가시적인 성과를 기록하고 있다. 즉 향후 본격적으로 성장할 주요 4차 산업 분야에서 독점적인 플랫폼을 갖추고 있을 뿐만 아니라 이미 높은 실적의 성장성을 기록하고 있다.

• 안정적인 시장 지배력 유지를 통한 수익 창출

최근 실적에서도 글로벌 플랫폼 기업들의 안정적인 이익 창출을 확인할 수 있다. 2018년 4분기 기준 주요 5개 플랫폼 기업 기준 평균 매출 증가율은 전년 동기 대비 22.3%에 달했고 영업이익도 19.5%를 기록했다. 광고·커머스·콘텐츠·클라우드 서비스에서 압도적인 시장 지배력을 확보하고 있으며, 공개된 다양한 지표들을 바탕으로 앞으로 실적에 대한 긍정적인 기대도 유효해 보인다.

알파벳은 2018년 4분기 TACTraffic Acquisition Cost를 제외한 매출을 기준으로 전년 동기 대비 23% 증가를 기록했으며 영업이익도 7% 증가했다. 인공지능에 기반을 둔 정밀한 타깃팅이 광고 부문의 시장 지배력을 확대하고 있으며, 광고 매출의 기반이 되는 유효 클릭Paid Click 수도 전년 동기 대비 66% 증가하는 등 향후 견조한 매출 증가를 기대해도 좋은 상황이다.

사용자 개인정보 유출 이슈로 몸살을 앓고 있는 페이스북도 실적 측면에서는 양호한 모습을 이어가고 있다. 광고 중심의 매출은 전년 동기 대

글로벌 플랫폼 기업들의 2018년 4분기 실적 현황

(단위: 백만 달러, %)

	넷플릭스	마이크로소프트	알파벳	페이스북	아마존
매출액	4,187	32,471	39,276	16,914	72,383
YOY	27.4	12.3	21.5	30.4	19.7
영업이익	216	10,258	8,203	7,820	3,786
YOY	−11.8	18.2	7.0	6.4	78.0

* 주: 알파벳 매출은 TAC 포함 매출
자료: 각 사, 하나금융투자

증가를 지속하고 있는 구글의 유효 클릭 수

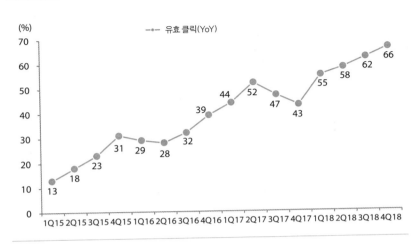

자료: 알파벳

시장의 우려에도 페이스북의 트래픽은 견조한 증가 중

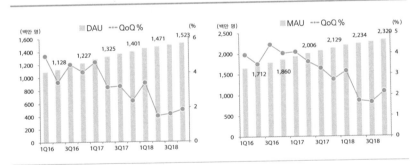

* DAU: Daily Access User, MAU: Monthly Access User
자료: 페이스북

비 30% 증가했고 영업이익은 6.4% 증가했다. 특히 SNS의 펀더멘털 개선
의 핵심인 사용자 지표가 개선되고 있다는 점은 매우 고무적이다. 4분기
MAU는 전년 동기 대비 9%, 전 분기 대비 2.2% 증가했으며 ARPU도 전

년 동기 대비 19.3% 증가하며 건강한 모습을 보였다. 인스타그램, 왓츠앱 등 페이스북 외 플랫폼들의 사용자 증가와 상용화 수준이 높아지면서 실적 측면에서는 안정적인 성장이 가능할 것으로 전망된다.

아마존 역시 시장의 기대치를 웃도는 실적을 기록했다. 매출은 전년 동기 대비 20% 증가했으며 영업이익은 무려 78% 증가를 기록했다. 전통적인 비즈니스 모델인 리테일 부문에서 북미 시장 매출액이 전년 동기 대비 18%, 해외 시장은 16% 증가하며 견조한 성장을 지속하고 있다. 특히 2017년 기준 390억 달러에서 2026년 2,000억 달러까지 성장할 것으로 예상되고 있는 인도 시장에서 점유율 35%(추정)를 확보하며 지배력을 확대하고 있어 아마존의 글로벌 커머스 시장에서의 성장 전망을 밝게 하고 있다. 압도적인 시장 지배력을 확보하고 있는 클라우드 부문에서도 매출 45%, 영업이익 61% 증가를 기록했다. 이외에도 중장기 성장의 한 축을 담당할 것으로 예상되는 디지털 광고가 포함된 기타 매출액도 전년 동기 대비 97% 증가하며 고성장을 지속하고 있다.

아마존과 마이크로소프트 성장의 견인차, 클라우드 서비스

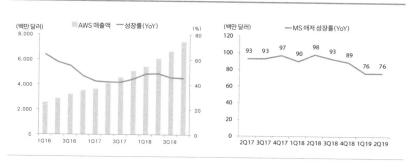

자료: 아마존, 마이크로소프트

마이크로소프트도 전년 동기 대비 12% 증가한 매출을 기록했으며 영업이익은 18% 증가했다. 주력 상품인 클라우드 서비스 '애저Azure'의 성장률은 전년 동기 대비 76%를 기록하며 실적을 견인했다.

⁞ 기술은 끊임없이 진화한다

2016년 바둑 인공지능 알파고AlphaGo가 출현한 이후 일부 글로벌 기업에 한정되었던 인공지능에 대한 연구와 투자가 본격화되면서 급격한 성장 커브를 그리고 있다. 인공지능의 기술적인 완성도가 고도화됨에 따라 개발에 필요한 고품질 빅데이터의 중요도 또한 높아지고 있다. 하나의 목적에 충실한 단순한 인공지능이 범용성을 점차 확보하면서 다양한 분야에서 더욱 정밀하게 적용되고 있다. 인공지능 소프트웨어의 발전과 더불어 관련 하드웨어도 빠르게 진화하고 있다. 구글과 아마존, 마이크로소프트를 비롯한 글로벌 선두 기업들이 축적된 인공지능 기술들을 바탕으로 자사의 서비스와 제품의 품질 경쟁력을 높이고 있다.

클라우드 서비스 시장에서도 인공지능 기반 서비스를 구현하고자 하는 수요는 지속적으로 확대되고 있다. AWS 등이 범용성이 뛰어난 '모든 개발자를 위한 AI 도구' 등을 제공하고 있으나 더 실용적이고 구체적인 인공지능 서비스에 대한 수요가 증가하는 만큼 이를 충족할 수 있는 클라우드 서비스도 시장을 확대해나갈 전망이다. 이외에도 최근 리스크 분산과 효율성 제고를 위해 멀티 클라우드 서비스를 활용하고자 하는 수요도 증가하고 있다. 멀티 클라우드란 리스크 분산을 위해 2곳 이상의 클라우드 벤더가 제공하는 2개 이상의 퍼블릭 또는 프라이빗 클라우드로 구성된 클라우드 접근 방식이다. 멀티 클라우드 서비스가 확대되면서 비용과 자원 관리를 효율적으로 하기 위해 '라이트 스케일'과 같은 '클라우드 MSP Managed Service Provider' 기업들의 가치도 상승하며 M&A 대상이 되기도 했다. 2018년 10월 IBM은 340억 달러를 들여 대표적인 오픈소스 소프트웨어 기업이면서 하이브리드 클라우드, 멀티 클라우드 서비스 업체인 '레드햇 RedHat'을 인수했으며, 하이브리드 클라우드 사업에서 세계 1위를 목표로 한다고 밝히기도 했다. 참고로 워런 버핏의 버크셔헤서웨이가 2018년 레드햇의 주식 420만 주(약 7억 달러)를 매수하기도 했다.

⁂ 구글(알파벳) : '인공지능 우선'에서 '모두를 위한 인공지능'으로

자타 공인 인공지능의 선두주자 구글의 공격적인 투자는 아직도 진행형이다. 전체 매출의 15% 내외의 R&D 투자를 지속하고 있으며 2018년 4분기에만 60억 달러를 연구 비용으로 지출했다. 지속적인 투자를 통해 축적된 인공지능 기술들이 검색, 인공지능 비서, 자율주행 등 이미 다양한 분야에서 성과를 기록하고 있다. 특히 자율주행의 경우 2018년 말 미국 애리조나 주 피닉스 교외 4개 지역에서 제한적이지만 자율주행 택시 상용 서비스를 시작했으며, 핵심 부품인 '라이더 Lidar'를 자체 개발해 제조원가를 낮추는 것에서 시작해 최근에는 물류, 보안, 모바일 로봇 등 비자율주행 분야에까지 라이더를 공급할 계획이라고 밝혔다. 시장은 웨이모의 향후 매출을 공격적으로 추정하고 있다. UBS는 2030년 웨이모의 매

매출 15% 내외의 R&D 투자를 지속하고 있는 구글

자료: 구글

구글 웨이모의 자율주행 택시와 자체 개발한 '라이더'

자료: 구글 웨이모

출이 1,140억 달러에 달할 것으로 예측했고, 모건스탠리는 향후 웨이모의 기업 가치가 최소 500억 달러에서 1,750억 달러에 이를 것으로 전망하기도 했다.

2018년 5월에 개최된 구글 개발자 컨퍼런스인 '구글 I/O 2018'을 통해 구글이 추구하고자 하는 기술적인 방향성을 엿볼 수 있다. 2017년 구글의 모토가 인공지능을 최우선시하고 관련 기술 축적을 목표로 삼았던 '인공지능 우선AI First'이었다면 2018년에는 축적된 인공지능 기술을 실생활에 더욱 밀접하게 적용해 인공지능의 범용성을 높이는 '모두를 위한 인공지능AI For Everyone'이었다. 자율주행을 비롯해 여러 가지 분야의 인공지능 기술 적용이 소개되었으며, 이 중 주목을 받았던 두 가지 이슈가 사람처럼 말하는 인공지능 '듀플렉스Duplex'와 의료 분야에서의 괄목할 만한 성과이다.

듀플렉스는 실제 사람의 목소리로 사용자와 일상적인 대화를 지속할 수 있는 인공지능이며 구글 어시스턴트에 탑재되어 사용된다. 구글이 시연한 듀플렉스의 실제 실행 모습은 듀플렉스가 탑재된 어시스턴트를 통해 사용자가 미용실 예약을 부탁하면, 어시스턴트는 미용실에 전화를 걸어 마치 사람이 직접 예약하는 것처럼 대화하며 예약을 하는 식이다. 듀플렉스의 기술적인 핵심은 익명의 전화 데이터를 기반으로 훈련시킨 RNNRecursive Neural Network이다. 구글의 자동 음성인식 기술ASR: Automatic Speech Recognition의 출력뿐만 아니라 오디오 출력, 대화 이력, 대화의 파라미터 등을 이용해 구현된다. 물론 기술적으로 범용성이 있는 인공지능이 아닌 예약과 같은 특정 유형의 업무를 완료하기 위한 인공지능이다. 하지만

구글 '듀플렉스' 서비스 프로세스

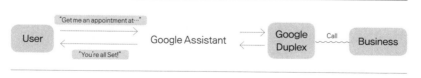

자료: 구글

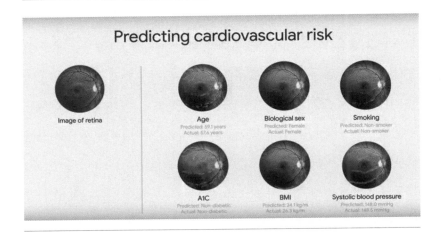

자료: 구글 I/O 2018

가까운 미래에 우리는 사람인지 인공지능인지 구분할 수 없는 상대방과 전화 통화를 하게 될 것이다.

  구글은 의료 헬스케어 분야에서도 의미 있는 진전을 이룩하고 있다. 구글은 2016년 안구 사진을 통해 당뇨병성 망막증의 징후를 감지하는 인공 신경망을 개발한 바가 있다. 9,968명을 대상으로 실험한 결과 일반 안과 의사 8명의 (민감도 등의 지표에서) 평균보다 높은 결과를 기록하기도 했었다. 구글 개발자 컨퍼런스인 '구글 I/O 2018'에서는 이를 더욱 진화시켜 같은 안구 사진으로 특정 환자의 심장마비 또는 뇌졸중과 같은 심혈관계 질환 발생 위험률을 높은 확률로 예측할 수 있게 되었다고 발표했다. 이외에도 청각 장애인을 위해 출연자별로 대화를 분리해 개별 자막으로 보여주는 기술도 선보이는 등 인공지능을 더 진보된 의료 서비스와 질병의 예측에 활용할 계획임을 밝혔다.

⦂ 알렉사로 대표되는 아마존의 인공지능

2019년 1월 최대 글로벌 가전 박람회인 CES를 앞두고 아마존은 1억 대 이상의 '알렉사기기'가 팔렸다고 발표했다. 알렉사Alexa는 2014년 출시된 아마존의 인공지능 비서이다. 잘 알려진 '에코Echo' 시리즈 인공지능 스피커에 탑재되어 쇼핑을 포함한 다양한 스킬Skill을 제공한다. 2018년 3월 기준 미국 시장에서 활용되고 있는 알렉사 스킬 수는 3만 개이며, 2018년 아마존 알렉사에 매일 접근하는 유저 수와 하나 이상의 아마존 에코 디바이스를 가진 유저 수는 2배 이상이 되었다. 또한 미국 외에 캐나다, 영국, 호주 등 영어권 국가에서 프랑스, 이탈리아, 스페인, 멕시코 등으로 판매 범위가 확대되며 새로운 언어를 습득하고 있다. 수많은 하드웨어 제조

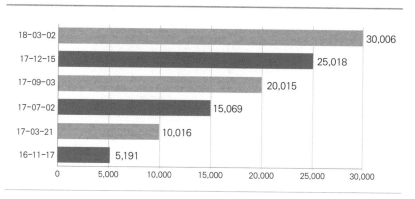

미국 시장에서 제공되는 알렉사 스킬

자료: voicebot.ai

아마존이 2018년 9월 새롭게 선보인 알렉사 기기들

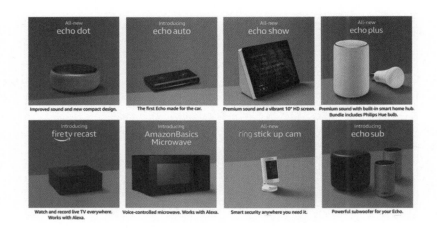

자료: 아마존

업체들이 알렉사를 탑재하고 있는데 자동차, PC, 스마트폰, 스마트 홈 기기들을 망라하고 있다. 여기서 중요한 부분은 알렉사 탑재 기기들이 팔려 나가며 아마존은 수십억 개의 데이터 수집점을 추가로 확보했다는 점이다. 여기서 얻어진 빅데이터를 토대로 알렉사는 더욱 똑똑해질 것이며, 이는 아마존의 인공지능 기반을 더욱 공고히 할 것이다.

아마존의 인공지능 기술 수준을 확인할 수 있는 또 다른 사례는 딥러닝, 센서 융합, 컴퓨터 비전 등 'Just Walkout Technology'가 적용된 무인 매장 '아마존 고Amazon Go'이다. 2018년 1월 시애틀에서 정식으로 일반인들에게 공개된 이후 시카고, 샌프란시스코 등에 7개의 매장을 운영하고 있다. 현재 약 2,500평방피트(약 232m²) 이하 소규모 점포에서 운영되고 있으나 향후 대형 매장 적용을 위한 기술을 시험 중이다. 일부 뉴스에서

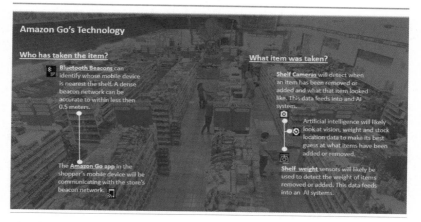

자료: 아마존, Systems+

는 대형 매장 적용을 위한 기술적인 노력이 아마존이 인수한 홀푸드Whole Foods 매장이나 공항 등에 적용되는 방안을 고려하고 있다고도 언급하고 있다. 이외에도 아마존 고의 무인 매장 기술을 전국망을 가진 주유소에 적용함으로써 무인 주유소와 무인 매장을 동시에 운영하고 물류 거점으로도 활용할 수 있다는 예측이 나오기도 한다. 아마존이 무인 매장 확대 전략을 고수하는 이면에는 리테일 마켓 시장 점유율 확대라는 목적 외에도 고품질의 소비자 데이터를 확보하기 용이하다는 점도 있다. 단순히 온라인 매장에서 물건을 구매하는 것보다는 소비자가 매장에 들어오면서부터 시작되는 동선을 따라가며 살펴보는 제품들을 통해 다양한 제품에 대한 기호를 파악하고 구매(또는 도로 내려놓는)하는 제품을 인공지능을 활용해 분석함으로써 얻는 데이터를 앞으로의 상품 판매나 마케팅에 활용한다는 전략이다.

1부 투자의 신세계가 열린다

• 마이크로소프트, '클라우드 우선'에서 '인공지능 우선'으로

모바일 생태계의 등장과 더불어 PC 시장이 부진에 빠지며 침체일로에 있었던 마이크로소프트는 사티아 나델라Satya Nadella CEO 부임 후 2014년 '클라우드 우선Cloud First'을 강조하며 위기를 벗어났다. 특히 '윈도우즈 애저Windows Azure'로 알려졌던 클라우드 서비스를 2014년 3월 '마이크로소프트 애저Microsoft Azure'로 개편하면서 윈도우즈의 영역을 넘어서는 클라우드 서비스를 본격적으로 제공하기 시작했다. 2015년 이후 애저 서비스는 평균 70%를 넘는 실적 증가율을 기록하며 마이크로소프트의 성장 동인 역할을 톡톡히 하고 있으며, 최근에는 시가총액 1위를 넘나드는 주가 흐름을 기록할 정도로 압도적인 모습을 보이고 있다. 마이크로소프트는 클라우드 서비스에 이어 지속 성장을 위한 새로운 전략을 내세우고 있다. 2018년 사티아 나델라 CEO는 '클라우드 우선'에서 '인공지능 우선AI First'으로 이어지는 새로운 성장 전략을 발표했다. 실적 발표를 통해 "인공지능

마이크로소프트의 지능형 클라우드

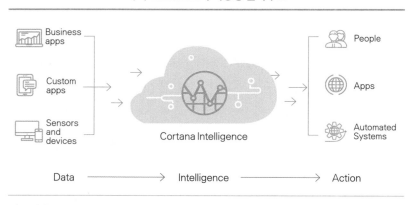

자료: 마이크로소프트

이 적용된 지능형 엣지Edge의 핵심은 인공지능이 될 것이다"라고 언급했으며, 이는 최근 화두가 되고 있는 '지능형 클라우드Intelligent Cloud' 전략과도 일맥상통한다고 볼 수 있다.

2018년 마이크로소프트는 차세대 혼합현실MR:Mixed Reality 기기 '홀로렌즈Hololenz 2'를 발표했으며 2019년 2월 말 사전 예약을 시작했다. VR이 시야를 차단하고 별도의 디스플레이를 이용한다면 MR은 현실 공간에 가상 정보를 더해준다. 2016년 출시된 '홀로렌즈'가 윈도우즈 10 환경에서 혼합현실을 구현한 플랫폼이라는 점에서 시장의 관심을 끌었으나 사용자 전환의 번거로움, 좁은 시야, 앞으로 쏠린 무게중심 등이 문제가 되었다. 홀로렌즈 2는 균형 잡힌 무게감에 시야가 넓어졌으며 장치 조작이 더 직관적으로 개선된 것으로 알려졌으며 전작과는 달리 기업 시장을 타깃으로 출시될 것으로 보인다. 건설 현장, 수술실 등 산업 현장에서 홀로렌즈 2 솔루션이 적용되는 모습을 시연했으며 다양한 산업군에서 부가가치를 창출할 수 있도록 개방형 생태계를 통해 활용성을 높이고 기업용 MR 애

마이크로소프트의 홀로렌즈 2

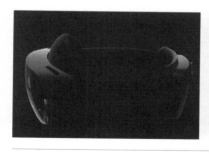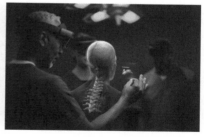

자료: 마이크로소프트

플리케이션도 발표했다. 향후 애저 서비스와의 연동을 통해 시너지를 창출할 수 있을 것으로 기대되고 있다.

각 분야의 플랫폼을 독점적으로 리드하고 있는 4차 산업 1등 기업에 대한 자세한 이야기는 2부에서 종목별로 체계적으로 다룬다.

05
새로운 사이클을 맞는 반도체
- 김경민 애널리스트 -

⦂ 원칩화로 인간 두뇌와 비슷해지는 반도체

4차 산업혁명은 예상보다 빨리 다가오고 있다. 컴퓨터와 인터넷이 3차 산업혁명을 가속화했고 반도체가 컴퓨터의 성능을 향상시키는 중심이 되었다. 반도체가 있었기에 인간의 명령(자연어)을 알아듣는 컴퓨터(기계)가 발전했다. 4차 산업혁명은 인공지능이 주도할 가능성이 크다. 그러나 반도체의 역할은 축소되지 않을 것이다. 크기만 작아지고 성능은 확대될 것이다. 반도체는 4차 산업혁명이 빨리 도래하도록 도와줄 것이다.

4차 산업혁명이 도래함에 따라 반도체와 인공지능이 만나는 첫 번째 사례는 생각하는(인지하는) 컴퓨팅 시대의 출현이다. 컴퓨팅의 발전에 따라 하드웨어적으로는 반도체가 원칩화(메모리+비메모리)되며 소프트웨어적으로는 머신러닝이 확대될 것이다.

1부 투자의 신세계가 열린다

105

반도체의 원칩화는 반도체가 인간의 뇌와 유사해진다는 것을 의미한다. 3차 산업혁명에서 반도체는 기억장치(메모리)와 연산처리(CPU: 중앙처리장치)로 구분된다. 4차 산업혁명 시기에 반도체에서 메모리와 비메모리가 원칩화되어 같이 탑재된다면 인간의 뇌처럼 통합적으로 정보를 처리할 수 있게 된다.

반도체 원칩화에 이어 추가로 기대되는 방향성은 뉴로시냅틱스이다. 인간의 세포와 유사한 셀cell로 이루어진 반도체의 칩 구조는 장기적으로 인간의 뇌처럼 인공 신경망과 시냅스(신경세포의 신경돌기의 말단이 다른 신경세포에 접합해 신호를 전달하는 연결 부위) 기술이 적용될 것이다. 인간의 두뇌가 신경망과 시냅스로 이루어진 것처럼 반도체도 이렇게 구조가 변

삼성전자의 '이팝' 개념도

자료: 삼성 반도체 이야기, 하나금융투자

경된다면 병렬로 연산하기 때문에 동시에 다양한 연산이 가능하다.

반도체 원칩화는 현재진행형이다. 삼성전자에서 시도하고 있는 이팝ePoP: Package on Package은 메모리 반도체와 비메모리 반도체를 하나로 묶어 쌓는 기술이다. 개념상으로는 쉽지만 양산에 적용하기는 어렵다. 이팝은 웨어러블 디바이스 안에 메모리 반도체(DRAM, NAND)와 비메모리 반도체(컨트롤러)를 동시에 탑재한다. 면적을 절반 가까이 줄일 수 있어서 슬림한 디자인을 구현할 수 있다. 웨어러블 디바이스뿐만 아니라 스마트폰, 경량 로봇에까지 적용할 수 있다.

⁝ 인텔과 엔비디아의 치열한 경쟁

삼성전자와 더불어 반도체 원칩화를 추진할 가능성이 큰 곳은 인텔이다. 연구개발 역량에 이어 메모리와 비메모리 반도체 생산 라인을 동시에 갖추고 있기 때문이다. 인텔의 경우 비메모리 분야에서 FPGAField Programmable Gate Array, ADASAdvanced Driver-Assistance Systems 기술을 보유한 기업을 인수했고, 기존에 마이크론Micron과 협력해 메모리 반도체NAND Flash, 3D X-point 사업을 영위하고 있다. 2018년에 인텔과 마이크론은 메모리 반도체의 협력 분야(연구개발, 생산 라인 공유, 웨이퍼 공급) 분야에서 결별을 선언했고, 이제는 웨이퍼 공급 계약만 남겨놓았다. 결국 인텔은 자체적으로 메모리 반도체 사업에 공을 들일 것으로 전망된다.

인공지능용 비메모리 분야에서는 인텔과 엔비디아의 첨예한 경쟁이 지속될 것으로 예상된다. 3차 산업혁명에서 두뇌의 역할을 자처한 기업은 인텔이다. 인텔의 CPUCentral Processing Unit는 PC뿐만 아니라 서버에서도 사용되었는데 인공지능 기술 발달에 힘입어 인텔의 CPU보다 엔비디아의 GPUGraphic Processing Unit 적용처가 다양해졌다. GPU라는 명칭은 엔비디아가 출시한 지포스GeForce에서 유래했다. CPU와 GPU의 근본적인 차이는 연산 순서에서 비롯된다. CPU는 순차적으로 연산을 수행하지만 GPU는 병렬 방식으로 연산을 수행한다. 따라서 초등학교 교실에 비유하면 CPU는 문제 해결 속도가 빠른 담임선생님이고, GPU는 선생님만큼 빠르지 않지만 사칙연산을 계산하는 다수 학생이다. 기존에는 GPU가 디스플레이에서 영상을 표현하는 데 사용되었다. 그러나 이렇게 동시다발적인 병렬 연산이 경우의 수를 예측하는 데 효율적이므로 GPU는 인공지능이 바둑을 두게 하는 데에도 적용되었다. 인공지능 알파고에는 CPU뿐만 아니라 GPU도 176개 적용되었다.

**CPU와 GPU에 탑재되는
코어(Core) 개수 비교**

* 주: CPU는 복수의 코어를 통해 순차적이고 신속하게 연산을 수행하는 반면, GPU는 수백, 수천 개의 코어를 통해 병렬 방식으로 다량의 연산을 동시 수행한다.
자료: 하나금융투자

**엔비디아가 CES 2019에서 발표한
신제품, Geforce RTX 2060**

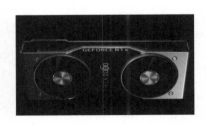

자료: 엔비디아, 하나금융투자

이와 같이 서버용 프로세서 시장에서 엔비디아와 인텔이 경쟁 구도를 이뤘는데, 앞으로도 이러한 추세가 계속될 것으로 보인다. 엔비디아가 멜라녹스Mellanox를 인수하며 GPU 이외에 고객 포트폴리오의 저변을 확대할 기회를 잡았기 때문이다. 멜라녹스의 주요 제품은 인피니밴드(고성능 서버와 스토리지 연결)라고 불리는데, 인텔도 멜라녹스처럼 인피니밴드 사업을 영위하고 있다. 멜라녹스의 인피니밴드는 연간 기준 1조~1.2조 원 내외로 매출 기여가 크지 않지만, 엔비디아의 서버용 프로세서 사업에 날개를 달아줄 것으로 기대된다. 멜라녹스가 서버 업체와 클라우드 서비스 업체를 고객사로 확보하고 있기 때문이다. 엔비디아도 멜라녹스의 고객사였고, 엔비디아가 인수 제안서를 제출하기 전부터 멜라녹스를 인수하려 관심을 표명했던 마이크로소프트와 인텔도 모두 멜라녹스의 고객사이다.

서버용 프로세서 시장에서는 엔비디아와 인텔의 각축전이 예상되는 반면, 자율주행 시장에서는 엔비디아가 우세할 것으로 전망된다. 엔비디아의 자율주행용 드라이브 PX 2는 2개의 테그라칩과 2개의 GPU를 사용한다. 4개의 프로세서로 1초에 25조 번의 연산을 수행한다. 이는 인텔의 CPU가 탑재된 고성능 컴퓨터가 100대 이상 동시에 작동하는 것과 맞먹는 능력이다. 향후 자율주행 기술에 인공지능이 본격적으로 적용되면 엔비디아의 GPU는 점점 더 중요해질 것으로 전망된다.

⁝ 자율주행 기술과 반도체

자율주행은 차량 플랫폼과 소프트웨어, 인공지능, 통신 기술, 센서가 복합적으로 작용해 운전자에게 안전한 서비스를 제공하는 기술이라 할 수 있다. 자율주행 기술은 편의성 차원에서 매우 뛰어나다. 그리고 교통사고 대부분이 운전자의 실수로 발생한다는 점에서 자율주행 기술이 널리 보급될 경우 사고를 감소시킬 것으로 기대된다. 자율주행차에 탑재된 인공지능은 도로상의 각종 데이터를 수집하면서 학습하게 될 것이다. 현재는 데이터의 수집 방법에 대해 다양한 기술이 시도되고 있다. GPU로 영상을 인식하는 방법, ADAS 카메라로 영상을 인식하는 방법, 보조 카메라로 신호등의 정보만 인식하는 방법 등이다. 아울러 영상을 인식하기 어려운 경우에는 센서로 주변의 데이터를 감지할 수도 있다. 사람이 운전면허증을 취득한 이후에 도로주행 연습을 거쳐 운전 실력을 발전시키는 것처럼 인공지능도 교통 정보를 끊임없이 습득해 안전성과 편의성을 증가시킬 것이다.

2019년 CES 등 국제 전시회를 통해 소개된 자율주행 기술은 레벨 1~5 중에서 2단계 혹은 3단계 수준에 해당한다. 로드맵상 진정한 의미의 자율주행은 2020년 이후, 2030년쯤에야 구체화될 것으로 전망된다. 현재의 자율주행 차량은 정해진 코스만 운행하거나, 직선도로만 주행하거나, 아니면 빛의 반사가 덜한 밤에만 주차하는 등 부분 자율주행을 현실화하고 있다.

자율주행의 핵심 기술에서는 엔비디아의 GPU가 유리하지만, 인텔도 주도권을 잃지 않기 위해 애쓰고 있다. 인텔은 자율주행 차량 분야에서

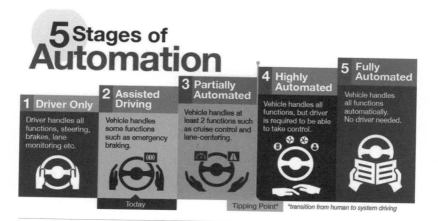

자료: 마이크론, 하나금융투자

콜라보를 추진하고 있다.

자율주행 분야의 콜라보 파트너는 중요하다. 안전성 이슈가 부각되는 환경에서 사고가 발생하는 경우 결국 파트너사 간의 '책임 소재'가 분명해야 하기 때문이다. 신뢰할 수 없는 파트너, 신뢰할 수 없는 시스템을 기반으로 한다면 콜라보의 존속 자체가 위험해지고, 더 나아가 해당 기업의 브랜드 이미지와 신뢰도에도 부정적 영향을 준다.

자율주행 분야에서 누구와 어느 분야에서 콜라보를 전개하느냐에 대한 중요성은 이미 지난 2018년에 크게 부각된 적이 있다.

차량 공유 업체 우버와 협력하던 엔비디아는 우버의 자율주행 차량이 길 가던 사람을 치는 사고를 일으킨 후에 엔비디아와 우버의 협력 관계에 대해 명확하게 선을 그었다. 즉 엔비디아는 우버에 GPU만을 제공하고 있으며 자율주행 플랫폼 아키텍처를 제공하지 않는다고 밝혔다.

우버는 하드웨어적으로만 엔비디아의 도움을 받고 핵심 기술인 센싱 Sensing 및 주행Driving 분야에서는 자체 개발 기술을 활용하고 있었다. 이와 같은 역할 분담에도 불구하고 우버 차량의 사고 발생에는 엔비디아 측에 도 책임이 있다는 오해가 퍼졌다.

지금이나 당시에나 엔비디아의 자동차 부문 매출 중 오토파일럿 시스 템 매출 비중은 매우 미미할뿐더러 전 세계 모든 완성차 업체와 차량 공 유 업체가 엔비디아와 100% 손을 잡은 것도 아니었지만 '자율주행'이라 는 뉴스가 부각되면 사람들의 머릿속에 자동적으로 떠오르는 회사는 엔 비디아나 모빌아이 등이었다. 결국 엔비디아는 우버의 사고와 무관한 자

인텔이 BMW, 워너 브러더스와 콜라보로 제시한 자율주행차용 엔터테인먼트 시스템

자료: 디지털트렌드(Digitaltrends), 하나금융투자

율주행 테스트를 일시적으로 중단Suspend하게 되었다. 이후에 엔비디아는 자율주행 '시뮬레이션' 시스템을 가동하기 시작했다.

다시 인텔로 돌아가 보면, 자율주행 차량에서는 '인텔의 칩셋이 100% 자율주행을 지원한다'는 원대한 큰 그림을 제시하기보다 BMW, 워너 브러더스Warner Brothers, X-스크린X-Screen과 함께 자율주행 시 탑승자의 경험을 극대화하는 방면으로 장점을 내세우고 있다. 특히 자율주행 차량 탑승객의 사용자 경험을 극대화하기 위해 워너 브러더스의 콘텐츠를 활용한 것으로 판단된다.

자율주행차의 탑승 환경은 비행기의 탑승 환경과 유사하다. 탑승자가 비행기를 탈 때 운행은 파일럿에게 맡기고 대부분의 시간을 휴식이나 콘텐츠 감상으로 보낸다. 향후 자율주행이 레벨5로 구현된다면 탑승자는 비행기 탑승 시의 사용자 경험을 자율주행차로부터 기대하게 될 가능성이 크다.

인텔의 자체 전망에 따르면 자율주행은 출퇴근과 같은 이동 시간에 더 많은 자유 시간을 부여하게 될 것이고, 이러한 자유 시간은 결국 여가 시간으로 활용될 가능성이 크다. 글로벌 대도시 기준으로 1년간 2억 5,000만 시간 분량의 여가 시간이 추가로 발생한다. 인텔 측에서는 이와 같은 계산의 기본 가정에 대해 밝히지 않았지만 인구가 1,000만 명이라면 그중 통근자commuter를 전체 인구의 10%, 통근 시간 중 여가 시간으로 전환되는 시간을 1시간, 근무일 250일 기준으로 환산했을 때 2억 5,000만 시간이 도출된다.

어떤 종류의 콘텐츠가 이러한 신규 수요에 대응해 통근 시간을 점유하게 될지 속단하기 어렵다. 다만 자율주행차로 통근하는 인구가 음악을 듣거나 게임을 하지 않고 2시간짜리 영화를 감상한다면 1인당 영화를 125편 추가로 감상하게 되는 셈이다. 인텔은 이러한 콘텐츠 시장 가치를 2,000억 달러로 추산하고 있다.

다만 양사의 예측과 대응이 현실화되려면 자율주행 차량 기술에서 반드시 넘어가야 할 장벽이 있다. 안전성에 대한 확신이다. 즉 '자율주행 기술은 안전하기 때문에 뒷좌석에서 그저 영화만 감상하면 된다'는 확신이 필요하다.

자율주행 기술을 현실화하기 위해 맞물려 필요한 것은 5G 통신 기술이다. 차량 안전 운행을 위해 필요한 것이 주변 환경을 얼마나 빨리 감지하고 판단해 조치를 내릴 것인가가 관건이다. 이를 위해 필요한 요소들은 첫 번째가 반도체와 센서이고, 두 번째가 주변의 교통 정보이다. 5G에서는 V2V Vehicle to Vehicle(차량 간 통신), V2I Vehicle to Infrastructure(차량과 시설 간 통신)를 줄여서 V2x라고 부른다. 자율주행차에서 주변 모든 요소와의 실시간 통신을 통해 정확하고 안전한 주행을 가능케 하는 것이다.

주변 교통 정보를 알기 위해 특히나 차량과 통신하는 주변 인프라 스트럭처의 역할이 중요하다. 교차로 신호등, 교통 상황 측정 장치 등 주행과 관련된 요소뿐만 아니라 길 막힘 정보, 날씨 정보 등을 파악해 차량에 알려주는 것이 필요하다. 사실 기존에 이미 사용되고 있는 차량용 내비게이션은 도로의 교통량을 파악하여 막히지 않는 길로 차량을 안내한다. 따라서 제한적인 의미의 V2I Vehicle to Infrastructure가 이미 현실화되었다고 말할 수 있다. 5G 시대에는 엣지 컴퓨팅도 자율주행에서 매우 중요한 요소이다. 자율주행 자동차가 5G 네트워크에 직접 접속함으로써 주행에 필요한 정보를 클라우드에서 가져오는 것도 필요하고 자동차에서 직접 처리하기 힘든 데이터를 클라우드에서 처리해야 할 경우도 있는데, 네트워크 지연을 최소화할 수 있는 엣지 컴퓨팅 클라우드에서 실시간 데이터 처리를 한다. 이렇게 되어야 5G 기반의 진정한 V2I 통신이 이뤄지는 것이다.

3장

G2가 주도하는
4차 산업 창업 생태계와
한국의 혁신 자본시장이
가야 할 길

The Best Stock of
The Fourth
Industrial Revolution

01
혁신의 동력,
창업과 그 생태계

산업의 혁신은 새로운 기술, 제품, 시장, 자원, 인력이 결합하여 일어난다. 4차 산업혁명의 토대인 디지털과 네트워크는 시장의 크기를 글로벌 차원에서 무한 확장했고 이 매력적인 시장의 문을 열기 위한 시도가 끊이지 않는다. 기존 기업뿐만 아니라 창업 기업들도 도전의 주체가 된다. 창업가들은 자신이 혁신의 주인공이 되고자 시장의 문을 두드린다.

산업 생태계 전체의 혁신이 일기 위해서는 창업이 촉진되어야 한다. 기존 관행에 묶인 기업보다는 새롭게 도전하는 기업이 더 혁신적이기 때문이다. 4차 산업혁명을 이끌고 있는 G2인 미국과 중국은 창업에 대한 정책적·경제적인 지원을 아끼지 않는다. 그래서 기회를 노리는 창업자들이 몰려들고 있다. 한국도 G2의 4차 산업 창업 열기를 참고로 하여 시장을 만들고 정책적·사회적인 성장의 돌파구를 마련해야 한다.

미국의 실리콘밸리는 세계에서 가장 이상적인 창업 공간으로 꼽힌다. 미국뿐만 아니라 세계에서 모여든 창업가들이 기회의 문을 열고자 열기를 뿜어내고 있다. 전 세계 기술 트렌드를 주도하는 실리콘밸리에는 IT, 바이오 등의 각종 첨단 산업 분야 기업들이 모여 있다.

휴렛팩커드, 인텔, 애플, 구글, 이베이, 페이스북 등이 실리콘밸리에서 탄생한 혁신 기업들이다. 이 회사의 창업자들은 주로 스탠퍼드와 버클리 등 지역 명문 대학에서 길러졌다. 특히 스탠퍼드대학교는 오늘날의 실리콘밸리를 만드는 데 가장 큰 공헌을 했다. 스탠퍼드 출신이 창업한 기업 매출은 2조 7,000억 달러에 달하며 이 기업들에서 파생된 일자리는 약 540만 개에 이르는 것으로 나타났다. 또한 스탠퍼드 자체적으로도 투자자와 창업을 준비 중인 학생들을 연결하기 위한 환경을 조성하고 있다.

실리콘밸리의 또 다른 특징은 벤처 투자와 엔젤 투자 규모도 크다는 것이다. 신생 기업에 대한 활발한 엔젤 투자는 창업 초기 현금 흐름을 창출하지 못하고 문을 닫는 기업들을 떠받치는 역할을 한다.

2017년 미국의 벤처 투자 규모는 830억 달러로 GDP에서 차지하는 비중은 0.43%에 달했다. 반면 한국의 벤처 투자 규모는 2조 3,800억 원으로 GDP에서 차지하는 비중은 0.14%로 미미했다.

∙ 신생 기업의 자금 유치와 상장을 지원하는 JOBS법

미국은 4차 산업혁명에 대응하기 위해 NITRDThe Networking and Information

Technology Research and Development라는 ICT 연구개발 기본 계획을 수립했다. 주요 ICT 기술 분야를 선정하고 중점 관리하는 것이 골자이다. 미국은 이런 정책을 바탕으로 실리콘밸리의 IT 벤처기업에도 지원을 아끼지 않는다.

중소기업청SBA: Small Business Administration은 창업 및 초기 단계 투자 활성화를 위한 펀드를 조성하고, 민간 부문과 매칭 펀드 형식으로 10억 달러 규모의 투자를 지원하고 있다. 재무부Treasury Department는 개정된 신생 시장 세액공제New Market Tax Credit를 통해 저소득 지역에 기반을 둔 창업 기업 및 중소기업에 대한 민간 투자 관련 세액공제 규칙 간소화를 추진했다. 또한 연간 1,480억 달러 규모의 연방 R&D 성과 상용화를 강화하여 혁신적인 창업 기업과 신산업이 창출될 수 있도록 지원하고 있다. 상무부 경제개발청Economic Development Administration은 기술 사업화, 신규 벤처 형성, 일자리 창출의 속도를 높이는 혁신적이고 획기적인 아이디어를 장려 중이다.

JOBSJump Start Our Business Startup Act는 신생 기업들의 자금 조달을 용이하게 하여 일자리 창출을 목적으로 제정된 법률이다. 중소기업과 신생 벤처 기업들의 투자금 유치에 관한 규제를 완화하고, 이들이 주식시장에 쉽게 상장할 수 있도록 해서 고용 확대를 꾀한다는 취지로 제정됐다.

실리콘밸리에서는 사물인터넷 이후 미래 기술 분야로 인공지능에 주목하고 있다. 실리콘밸리의 거대 IT 기업들부터 스타트업 소프트웨어까지 인공지능 관련 연구 및 개발에 집중하고 있다.

2015년 12월 미국의 자동차 회사 테슬라 대표인 일론 머스크와 스타트업 액셀러레이터 VC '와이컴비네이터Y Combinator' 대표 샘 알트만Sam Altman은 공동 대표로 오픈 AIOpenAI라는 1조 원 규모의 비영리 연구센터를 설립했다. 오픈 AI는 인공지능 기술이 특정 회사에 종속되지 않으며, '이익'에 사로잡히지 않고 올바른 인공지능 기술을 개발해서 누구나 접근할 수 있도록 세상에 공개하겠다는 목표로 설립되었다.

미국 최대 전자상거래e-commerce 업체인 아마존은 최근 인공지능 스타트업인 오비어스Orbeus를 인수했다. 오비어스는 '신경망'이라고 불리는 기계학습 솔루션을 기반으로 한 이미지 인식 기술을 갖고 있다. 또 레코그니션ReKognition이라고 불리는 서비스를 통해 이미지를 자동 분류하고 데이터베이스에 담을 수 있는 기술도 있다.

이렇듯 미국은 민관이 합동으로 신생 창업 기업과 M&A 시장을 키워가고 있다.

세계의 유니콘 기업

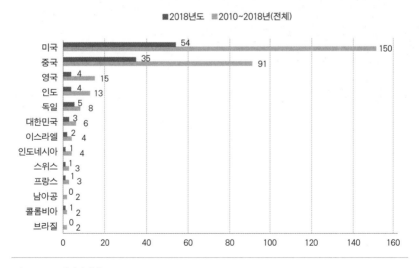

자료: 소프트웨어정책연구소

⦂ 글로벌 주식시장을 이끈 나스닥

2017년 글로벌 주식시장의 상승은 나스닥이, 그리고 신기술주가 이끌었다. 이는 미국에서 특히 더 두드러졌다. 미국의 기술주를 대표하는 나스닥지수가 S&P500보다 연초 대비 수익률이 11.4%p 더 높아 지난 2009년 이후 연간 수익률 비교에서 가장 큰 격차를 보였다. 바로 IT 섹터의 고공행진 때문이다. IT 섹터가 뛰어난 기업 실적을 시현하고 있고, 향후 성장 기대감 역시 다른 섹터를 크게 앞서면서 2017년뿐만 아니라 2018년 들어서도 나스닥의 상승세가 이어졌다.

각 지수의 섹터 비중 추이를 보면 차이가 확연히 드러난다. S&P500도 IT가 25%로 가장 큰 비중을 차지하고 있으나 금융, 헬스케어, 소비재, 산업재 등이 비교적 높은 비중으로 골고루 포진했다. 반면 나스닥지수는 IT의 비중이 절반을 넘어선다. 나스닥에서 IT의 비중은 2017년 11월 현재 54%로 1년 전 49%에서 5%p 더 확대되었다. 반면 소비재, 헬스케어, 금융 등 다른 섹터는 대부분 전년 대비 1~2%p 축소되었다. 다른 섹터도 1년 전 대비 주가수익률이 대부분 양호한 편이지만 IT가 확연히 앞서고 있기 때문이다. 그 전 1년 동안 IT 섹터 주가 수익률은 평균 35.4%로 2위인 금융의 24.2%보다 11%p 넘게 차이가 났다.

IT 섹터 중에서도 주가 상승세에서 가장 큰 역할은 반도체와 소프트웨어가 담당했다. 1년 동안 나스닥지수 내 반도체 주가는 평균 47% 올랐다. 시가총액 규모 기준으로는 44.4% 늘어나며 나스닥지수에서 반도체 비중이 10%를 넘어섰다.

소프트웨어 종목들 역시 1년 주가 수익률은 평균 38%나 되며 나스

S&P500 vs. 나스닥: 연간 수익률 2009년 이후 가장 큰 격차

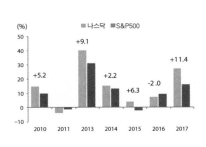

주: 2017년은 YTD 기준
자료: 블룸버그, 하나금융투자

나스닥 섹터 비중: IT 비중 1년 전 대비 +5%p

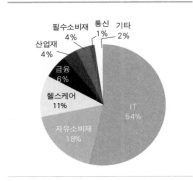

자료: 블룸버그, 하나금융투자

나스닥의 선전은 IT가 주도

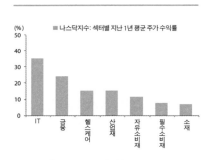

자료: 블룸버그, 하나금융투자

반도체와 소프트웨어 주가의 고공 행진

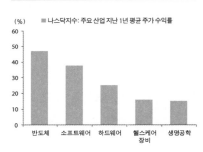

자료: 블룸버그, 하나금융투자

닥에서 소프트웨어 산업이 차지하는 비중은 처음으로 30%를 넘어서 32.2%로 올랐다(+2.6%p).

: 4차 산업을 주도하는 시장, 나스닥이 앞으로도 선전한다

나스닥의 선전은 앞으로도 계속될 것으로 기대된다. 미국의 경제 성장이 탄탄하게 이어질 것으로 보이며, IT의 매출액과 이익 증가 기대감이 여전히 다른 섹터에 비해 견고하기 때문이다. 특히 주목되는 것은 미국 시장의 상승세를 이끄는 대표 종목들은 모두 대형 기술주들이며, 혁신적인 기술 개발과 미래지향형 사업 방식을 통해 '4차 산업혁명'이라는 산업의 패러다임 변화를 주도하고 있는 기업들이라는 점에서 향후 성장 가능성 역시 가장 크게 보인다.

애플, 알파벳, 페이스북, 마이크로소프트, 아마존, 엔비디아, 브로드컴, AMD 등 시장을 이끈 주역들은 모두 나스닥에 상장되어 있다. 모바일 혁명, 사물인터넷, 인공지능, 클라우드, e커머스, 자율주행차 등 지금 가장 적극적으로 투자되고 성장하는 산업의 주역들이 현재 나스닥을 이끄는 주인공들이며 앞으로의 성장 기대감이 더 크다는 점에 주목해야 한다.

또한 미국 법인세 감세안 통과 역시 나스닥에 긍정적인 요인이다. 약 35%였던 미국 법인세가 20%까지 낮아졌다. 이로 인해 중소기업들이 대기업보다 더 큰 수혜를 볼 것으로 기대된다. 대형 기업들은 그동안 해외 사업 활용 등 여러 방식을 통해 실제 납부하는 세율을 줄일 수 있었으나 중소기업은 상대적으로 더 높은 세율을 감당해왔기 때문이다.

나스닥 지수에 편입된 종목은 현재 총 2,556개로 중소기업이 차지하는 비중 또한 상당히 높다. 따라서 법인세 인하에 따른 기업 이익 증가세를 고려할 때 나스닥지수가 S&P500 대비 더 선전할 수 있을 것으로 예측된다.

⦂ 세계 창업 시장의 중심지로 부상하는 중관춘

중국 정부는 1억 명의 창업자를 양성하겠다는 담대한 비전을 내걸고 창업 촉진을 위한 투자를 아끼지 않는다. 그래서 하루 평균 1만 5,000개의 스타트업이 탄생하고 있다. 중국 창업 지원 정책의 핵심은 플랫폼이다. 창업에 필요한 기술, 인력, 자원 등을 손쉽게 조달할 수 있도록 플랫폼을 구축해 창업의 비용과 부담을 낮춘다. 그리고 기술력이 업그레이드되면 기존 기술을 무료로 공개하는 실리콘밸리식 문화를 들여와 창업자들이 무료로 기술을 활용할 수 있게 한다.

중국 창업의 열기를 고스란히 느낄 수 있는 곳이 베이징의 중관춘中关村이다. 바이두, 텐센트, 레노버, 화웨이, 샤오미, 오프, 디디추싱 등이 중관춘에서 탄생한 기업들이다. 중관춘 출신 기업들이 2014년《포춘》지 선정 글로벌 500대 기업 중에서 98개가 선정될 만큼 창업 중심 지역으로 부상했다. 중관춘은 창업 지원 기관과 인큐베이션 센터, 협력 연구소, 베이징

대학교, 칭화대학교, 인민대학교 등의 명문 대학들이 네트워크를 형성함으로써 창업 생태계를 형성한다. 또한 정부가 적극적인 인재 영입 정책을 펼치고 있는데, 중관춘으로 귀국한 인재가 1만 8,000명에 이른다. 투자도 활성화되어 있다. 연간 6조 원 규모의 창업 자금이 쏟아지는데, 그중 3분의 1이 중관춘에 집중된다. 벤처캐피털과 엔젤 투자가 활발하고 성공한 벤처가 후배 벤처에 투자하는 문화가 형성되어 있다.

중국의 창업 활성화 정책

중국의 창업 활성화는 정부의 장려 정책을 기반으로 한다. 우선 중국 정부는 창업 활성화를 위해 여러 분야에서 정책 재편을 단행했다. 2014년 3월 전국인민대표대회에서는 회사법 개정을 통해 최저 등록 자본금 및 기타 규정들을 폐지해 진입 문턱을 낮췄다. 개정안이 발표되기 전에는 아이디어가 인정을 받아도 창업이 불가능하기도 했지만, 규정이 폐지된 이후 금전적인 제한이 사라졌다. 2015년 6월에 발표된 '대중창업, 만인혁신 大衆創業, 萬民革新' 장려 정책에서는 2020년까지 새로운 창업 서비스 플랫폼 구축을 목표로 ① 창업 플랫폼 확대, ② 진입장벽 완화, ③ 공공 서비스 지원, ④ 자금 조달 시스템 구축, ⑤ 창업 문화 조성 등의 8대 중점 임무들을 제시해 창업 중요성을 다시 한 번 제고시켰다.

특히 '중창공간衆創空間'이라는 창업 플랫폼을 구축해 혁신 클러스터, 인큐베이터와 같은 투자 시스템과 창업 창고 카페 같은 창업 공간을 제공해 창업에 대한 접근성을 높이고 있다. 중창공간은 창업에 성공한 창업자들

회사명	기업 가치(2018년 기준)	사업 분야
앤트파이낸셜(蚂蚁金服, Ant Financial)	4,000억 위안(약 68조 원)	핀테크
디디추싱(滴滴出行, Didi Chuxing)	3,000억 위안(약 51조 원)	모빌리티
메이투안 디엔핑 (美团点评, Meituan-Dianping)	2,000억 위안(약 34조 원)	음식 배달 서비스
진르 터우탸오(今日頭條, Jinri Toutiao)	2,000억 위안(약 34조 원)	뉴스 서비스
큐큐뮤직(QQ音乐, QQ Music)	1,500억 위안(약 25조 원)	음악 서비스
제이디 파이낸스(京东金融, JD Finance)	1,500억 위안(약 25조 원)	핀테크
컨템포러리 암페렉스 테크놀로지 (寧德時代, CATL)	1,000억 위안(약 17조 원)	전기차 배터리
뤼진쒀(陆金所, Lu.com)	1,000억 위안(약 17조 원)	핀테크
콰이쇼우(快手, Kuaishou)	1,000억 위안(약 17조 원)	동영상 서비스
따장(大疆创新, DJI)	1,000억 위안(약 17조 원)	드론
차이냐오 네트워크 (菜鸟网络, Cainiao Network)	1,000억 위안(약 17조 원)	물류 서비스

이 새로운 창업자를 발굴하는 데 다시 투자함으로써 창업이 창업을 육성하는 선순환 구조를 만들었다. 중창공간과 비슷한 형태의 창업 창고 카페를 설립해 창업 지망생과 투자자가 자연스럽게 교류할 수 있는 공간을 마련하기도 했다.

02
앞서가는 미국과
4차 산업혁명의 중심에 서려는 중국

세계 경제 패권을 둘러싼 미국과 중국의 경쟁은 날로 격화돼왔다. '무역 전쟁'이라는 용어에서 알 수 있듯이 대립의 양상이 극단적인 모습까지 보였다. 선제공격은 미국이 감행했다. 고율의 관세를 부가하는 등 미국 국내법을 기준으로 중국 제품 수입을 억제하기 시작했다. 대중국 무역 적자가 심각한 상황에 이르렀고, 이것이 중국의 불공정 무역에 의한 것이며 미국의 일자리 감소를 초래하고 있다는 것이 트럼프 행정부가 내세운 명분이다.

그 내막을 들여다보면 중국 중심의 세계 경제 구도 개편에 대한 우려가 깊게 깔려 있다. 중국은 무역 전쟁을 원하지 않는다고 선언하면서도 역시 보복 관세를 매김으로써 응수했다. 현재 무역 전쟁은 잠정적 휴전 단계에 있지만, 세계 경제 질서의 중심이 되려는 이들의 경쟁과 갈등은 수위를 더 높여갈 것으로 보인다. 이러한 경제 전쟁은 4차 산업에서도 나타난다. 미래 성장 산업인 만큼 경쟁의 강도가 더 크다고 할 수 있다.

4차 산업혁명을 주도하는 기업 중 미국 기업의 비중이 가장 높다. 미국은 4차 산업혁명의 핵심·원천 기술을 보유하고 지속적으로 발전시키고 있으며 방대한 데이터를 축적했다. 기업과 대학이 협력하고 정부가 지원하는 연구개발 인프라도 든든하며 투자 기반이 넓고 광범위하다. 무엇보다 방대한 시장과 직접 연결되어 있어 엄청난 규모의 성장과 성공을 꿈꿀 수 있다.

미국의 뒤를 중국이 따르고 있다. 중국의 산업 수준은 세계의 공장으로 하청 생산을 주로 하던 처지에서 제조업 강국, 세계의 기술 리더로 환골탈태하는 중이다. 정부가 주도하는 강력한 지원 정책, 방대한 인구 규모에서 비롯된 인재 풀, 도시화와 중산층 증가로 확장되는 내수시장, 대학과 공공 연구기관 중심의 연구개발 인프라, 성공을 꿈꾸는 젊은이들의 창업 열기 등 산업 혁신의 여건이 조성되었다. 이런 바탕 위에 4차 산업혁명이 본격적으로 전개되면서 미국과 겨루는 주도 국가가 되었다. 이러한 중국의 4차 산업 성장은 미·중 무역 전쟁을 심화시키는 결정적 요인이 되기도 했다.

4차 산업을 둘러싼 미국과 중국의 대립 양상을 극적으로 보여주는 사례가 이른바 '화웨이 사건'이다.

미국 정부는 화웨이가 중국 정부와 밀착되어 있으며 전 세계의 개인정보를 불법적으로 수집하거나 산업 스파이 행위를 하고 있다는 의혹을 여러 차례 제기해왔다. 미국 정보기관들은 2018년 미국 국민이 화웨이 기기를 쓰지 말라고 권고했다. 화웨이의 디바이스에 백도어가 심어져 있으며 이를 통해 정보가 중국으로 넘어간다는 이유였다. 2018년 12월에는 미국의 요청을 받은 캐나다 정부가 화웨이 창립자의 딸이자 CFO를 스파이 혐의로 전격 체포함으로써 화웨이 사건은 정점에 달했다. 중국은 관련 의혹을 부인하며 강력하게 항의했지만 미국은 요지부동이다. 중국 정부가 화웨이를 통해 불법적인 정보 취득이나 산업 스파이 행위를 했는지에 대해서는 주장이 심하게 엇갈린다. 하지만 중국은 전방위적으로 4차 산업 정보와 기술을 취득하려 애쓰고 있으며, 미국은 4차 산업 영역에서 중국 기업으로 정보와 기술이 넘어가는 것을 강력히 경계하며 연방 정보기관 차원에서 집중 조사와 견제를 진행하고 있다는 사실만은 분명하다.

⁝ '제조업 2025'와 '인터넷 플러스'

중국의 산업 혁신 정책 골간은 '제조업 2025'와 '인터넷 플러스'이다. '제조업 2025'와 '인터넷 플러스'를 융합·발전시키는 것을 4차 산업혁명에 대비하기 위한 실천 전략으로 제시했다.

'제조업 2025'는 2015년 5월 발표된 중국의 제조업을 노동 집약의 전통 산업에서 기술 집약의 스마트 산업으로 도약시킨다는 비전을 위한 중장기적 하드웨어 업그레이드 전략이다. 30년간 10년 단위로 3단계에 걸쳐 산업 고도화를 추진하는 내용이다. 1단계는 2025년까지 중국 제조업 수준을 일본이나 독일 수준까지 끌어올려 제조 강국 대열에 진입하겠다는 것이고, 2단계인 2025년부터 2035년까지는 중국 제조업 수준을 글로벌 제조 강국들의 중간 수준까지 달성하겠다는 것이다. 마지막으로 3단계 (2035~2049년)에서는 주요 부문에서 세계 최고 수준의 시장 경쟁력을 갖춰 시장 혁신을 선도하겠다는 계획이다.

'제조업 2025'는 9대 전략 과제, 10대 핵심 산업 분야, 5대 중점 프로젝트를 담고 있다. 2012년 독일에서 추진한 인더스트리 4.0을 벤치마킹했으며, 막대한 인터넷 인구를 바탕으로 소프트웨어 기업 중심의 플랜(미국, 독일, 일본은 하드웨어 기업 중심)을 추진하고 있다.

'인터넷 플러스'는 기존 산업에 인터넷을 더한다는 의미로, 모바일 인터넷과 클라우드 컴퓨팅, 빅데이터, 사물인터넷 등을 아우르는 인터넷 기술 경쟁력이 제조업의 시장 경쟁력을 제고시킬 수 있을 것이라는 기대가 녹아 있는 전략이다. 시진핑 정권 출범 이후 계속 강조하고 있는 신경제 발전의 축으로 인터넷과 기타 산업과의 융합을 통해 산업 간 장벽을 허물고 새로운 미래 산업을 창조하는 것을 골자로 한다. 7대 '인터넷 플러스' 육성 항목은 제도적 방향, 11대 '인터넷 플러스' 융합 산업은 산업 융합 방향을 제시한다. 그야말로 현실세계를 디지털화하는 4차 산업혁명 전략이다.

이 정책에 따라 유통 부문의 변화, 글로벌 규모의 전자상거래 시범 기업 육성 및 해외 창고 개설, 농촌 전자상거래 종합시범지역 선정 등 사회 전체적으로 전방위적인 디지털화를 추진하는 장기적인 체질 개선을 목표로 하고 있다.

⋮ 중국의 ABCD 기술

4차 산업혁명을 추진하는 원동력으로 'ABCD 기술'이 꼽힌다. A는 인공지능Artificial Intelligence, B는 빅데이터Big Data, C는 클라우드Cloud, D는 드론Drone과 로봇을 말한다. 이 기술이 융합되면서 4차 산업혁명의 생태계가 이루어진다. 중국 정부와 기업들은 ABCD 기술을 강화함으로써 4차 산업혁명의 글로벌 리더가 되겠다는 포부를 품고 있다.

중국은 인공지능 분야의 원천 기술 면에서 미국에 뒤처진 상태이다. 하지만 강력한 빅데이터와 슈퍼컴퓨터 인프라를 갖추고 있다. 엄청난 이용자가 매일 만들어내는 데이터가 인공지능 성장의 자양분이 되며 이는 세계에서 가장 빠른 슈퍼컴퓨터들에 축적된다. 중국 3대 IT 기업 바이두, 알리바바, 텐센트는 인공지능 기술 역량을 끊임없이 강화하며 인공지능 분야 시장을 개척하고 있다. 바이두는 인공지능 선도 기업으로 음성인식과 자율주행 기술력이 있다. 알라바바는 전자상거래 플랫폼에 인공지능을 적용했다. 머신러닝과 데이터 기반으로 고객 맞춤화 서비스를 펼친다. 뒤늦게 인공지능 분야에 들어온 텐센트는 미국에 인공지능 연구소를 설립하는 등 기술 개발과 투자에 나서고 있다.

중국은 전 세계 데이터의 13%를 생성하는 나라이다. 2020년에는 그 규모가 20~25%로 늘어날 것으로 예측된다. 그만큼 빅데이터 분야에서 유리한 조건을 갖추고 있는 셈이다. 중국 정부는 데이터 산업을 13차 5개년 계획(2016~2020년) 집중 육성 대상으로 지정해 적극 지원하고 있다. 구저우성의 구이양은 빅데이터 도시로 불린다. 중국의 IT 업체뿐만 아니라 구글, 마이크로소프트, 인텔, 오라클, 델 등의 미국 기업들이 이곳에 빅데이터 센터를 운영하고 있다.

중국 클라우드 시장을 이끄는 기업은 알리바바이다. 자회사인 알리클라우드가 중국 시장 점유율 1위를 자랑하고 있다. 세계 기업과 비교하면 아마존과 마이크로소프트 다음의 3위 수준이다. 2016년부터 외국 기업 대상의 서비스를 시작했는데 전 세계 230만 명의 고객을 확보했다. 중국을 비롯한 전 세계 16곳에 클라우드 센터를 건설해 운영하는 등 외국 시장 공략에도 적극적이다.

중국은 드론 강국이다. 전 세계 상업용 드론 시장의 70%를 점유하는 세계 1위 드론 기업 DJI가 이 시장의 독보적인 강자이다. 군사용 드론에서는 미국에 밀리지만 상업용 드론은 최고의 기술력을 자랑한다. 하지만 로봇 분야에서는 뒤처져 있다. 그래서 대부분의 로봇을 수입에 의존하고 있다. 중국 정부는 2016년 로봇 굴기를 선언했다. 2020년까지 국제 경쟁력을 갖춘 대형 로봇 기업 3개를 키우고 로봇 산업 클러스터를 다섯 군데 건설한다는 계획이다. 중국은 인공지능 기술을 탑재한 서비스용 로봇에 큰 관심을 두고 있다.

중국의 4차 산업혁명을 이끄는 기업은 BAT로 불리는 바이두, 알리바바, 텐센트이다. 이와 함께 차량 공유 서비스 업체인 디디추싱, 인공지능 뉴스 서비스 업체인 진르터우탸오, 세계 1위 드론 기업 DJI 등 많은 유니콘·스타트업 기업들이 독보적인 경쟁력을 갖추며 성장 중이다.

⁞ 4차 산업의 산실: 중국의 나스닥, 창업판

중국 선전의 창업판Chinext도 한국의 코스닥시장과 마찬가지로 헬스케어, 경기소비재, 첨단 제조업 등 신경제 업종의 비중이 압도적으로 높은 중국 미래 산업의 보고寶庫이자, 혁신적인 민영기업의 온상溫床이다. 창업판은 성장성이 높은 기업들로 구성되어 있지만, 높은 개인 투자자 비중과 주식 회전율로 인해 고수익·고위험 시장으로 분류될 수 있다.

선전거래소는 개혁개방의 산물인 선전 지역에서 1990년 12월 설립되었다. 지역적 특성으로 인해 설립 초기부터 중소형 민간기업과 홍콩 관련 기술주 중심으로 상장되었으며, 상장 자격 요건을 완화한 중소판(2004년)과 창업판(2009년) 도입을 통해 상장기업 수와 시가총액이 급격히 증가했다. 중국판 나스닥을 지향하며 설립된 창업판은 초기 28개 기업에서 현재 703개 기업이 상장되어 있으며, 시가총액은 약 5.5조 위안(약 905조 원) 규모의 거래소이다. 최근 5년간 주로 중소판과 창업판에 상장기업이 집중되

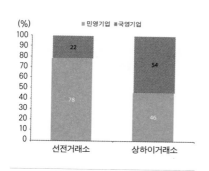

선전거래소, 민영기업 비중 78% 육박

자료: CEIC, 하나금융투자

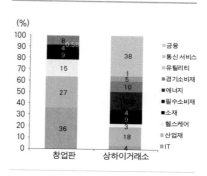

**창업판과 상하이거래소
업종별 시가총액 비중 비교**

자료: 윈드(Wind), 하나금융투자

1부 투자의 신세계가 열린다

면서 대형 국영기업 위주의 상하이거래소와의 차별화가 더욱 강화되고 있다.

선전의 창업판과 상하이거래소의 가장 큰 차이점은 네 가지로 요약된다. ① 회전율이 높고 시가총액이 상대적으로 적다. ② 민영기업의 비중과 신경제 관련 업종 비중이 높다. ③ 매출이 높다. ④ 밸류에이션도 상대적으로 높다.

⦂ 중국 창업판 특징 ①: 작은 기업 사이즈와 높은 회전율, 민영기업 비중 높아

선전 창업판의 특징을 자세히 살펴보자. 첫째, 상장기업의 평균 시가총액이 상하이보다 작고 회전율은 높다. 창업판의 시가총액은 상하이종합지수의 15% 수준(창업판 5.5조 위안 vs. 상하이 37조 위안)이며, 개인 투자자의 선호도는 상하이보다 높아 주식 회전율은 창업판이 약 2배 높은 편이다. 실제로 2017년 3분기 기준 선전 창업판의 회전율은 469%로 상하이 메인보드의 224%보다 크게 높다. 거래가 활성화된 시장인 점은 긍정적이지만 정책성 테마나 시장 이슈에 따라 변동성이 확대될 여지도 그만큼 크다.

둘째, 민영기업과 신경제 업종의 비중이 높다. 상하이거래소의 경우 소위 구경제 업종(산업재·소재·유틸리티·에너지·금융)의 비중이 85%에 육박하지만, 창업판은 신경제 업종(경기소비·필수소비·헬스케어·IT·통신)의 비중이 63%에 육박한다. 또한 상하이거래소의 민영기업 비중은 50% 미만이지만, 선전은 민영기업 비중이 70%에 육박한다는 점도 차별화되는

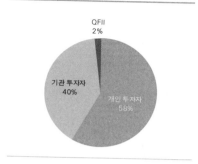

**창업판 투자자별 비중:
개인 투자자가 58% 비중**

QFII
2%

기관 투자자
40%

개인 투자자
58%

자료: CEIC, 하나금융투자

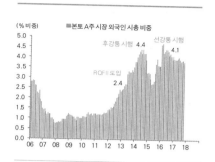

중국 본토 A주 외국인 투자자 추이

(%비중)   ■본토 A주 시장 외국인 시총 비중

후강퉁 시행 4.4   선강퉁 시행 4.1

RQFII 도입 2.4

06 07 08 09 10 11 12 13 14 15 16 17 18

자료: 윈드, 하나금융투자

부분이다. 현 중국 정부가 과거 국진민퇴國進民退(국가와 국영기업 위주의 성
장과 민간기업의 눌림 현상) 문제를 해소하기 위해 독점 산업을 개방하고 시
장화를 시도하고 있다는 점은 분명히 선전거래소 상장기업에 유리하게
작용할 것이다.

⦂ 중국 창업판 특징 ②: 높은 매출 성장률과 높은 밸류에이션

셋째, 매출 성장률이 높지만, 부채비율은 낮다. 중국 GDP 성장률 둔화
에 더욱 민감했던 구경제 업종과 대조적으로 신경제 업종은 고성장세를
보였으며, 이에 따라 창업판 상장기업의 매출 성장은 상하이와 선전 A주
를 넘어서고 있다. 2017년 3분기 기준 창업판 상장기업의 매출액 증가율
은 33% 증가했는데, 상하이 A주와 선전 A주는 각각 18%와 23%의 증가
율을 기록하는 데 그쳤다.

1부 투자의 신세계가 열린다

넷째, 밸류에이션은 상하이 상장기업 대비 매우 높은 편이다. 2017년 11월 말 기준 상하이 A주의 PER은 16배 수준인데, 선전 A주와 창업판은 각각 33배, 43배 수준으로 여전히 괴리가 상당한 편이다. 하지만 2015년 최고점 대비 창업판의 밸류에이션의 3분의 1 수준까지 낮아진 상황이다. 창업판을 포함한 선전 상장기업의 밸류에이션이 높은 이유를 들자면, 첫째 이익 창출 능력과 성장성이 높고, 둘째 높은 개인 투자자 비중으로 성장주·테마주·소형주에 대한 선호도도 역시 높은 선전 시장의 구조적 특징이다. 업종별 밸류에이션 또한 필수소비재와 IT를 제외한 대부분 업종이 상하이 상장기업 대비 높은 상황이다.

이러한 특징을 지닌 창업판은 미국의 나스닥과 함께 혁신 성장을 위한 자본시장 기능을 하고 있다. 네이버, 카카오, 셀트리온 등 주요 4차 산업 기업들이 거래소로 이전하고 거래소의 2부로 전락한 코스닥시장의 현실과 비교할 때 부럽기 짝이 없다.

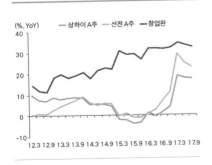

**상하이거래소 대비
월등히 높은 매출 성장률**

자료: CEIC, 하나금융투자

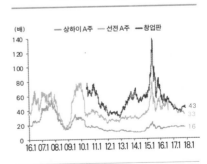

**상하이거래소 대비
월등히 높은 이익 성장률**

자료: 윈드, 하나금융투자

한국 4차 산업의 터전,
코스닥이여 야성을 회복하라*

● IMF 경제위기 극복에 기여한 벤처 붐과 코스닥시장

1998년 2,000개에 불과했던 한국의 IT 관련 기업의 숫자가 2001년 6월
에는 1만 개를 기록했고, 벤처기업의 생산 비중은 GDP의 3%에 달하는
성장을 이룩했다. 또 2009년에는 벤처기업의 총매출액이 177조 원으로
전체 GDP의 15.1%를 차지하게 되었다. 1990년대 후반 김대중 정부는 벤
처기업 육성을 최우선 과제로 선정해 5년 동안 줄기차게 추진함으로써
벤처기업과 코스닥시장은 한국의 IMF 경제위기 극복과 IT 강국의 실현,
그리고 이를 통한 고용 확대의 원동력으로 활약했다.

실제로 벤처기업은 2006년에는 우리나라 전체 고용 중 67만 명으

* 2000년의 코스닥, 벤처 육성이 오늘날의 IT 코리아를 가져왔다.

코스닥과 코스피의 지수 비교

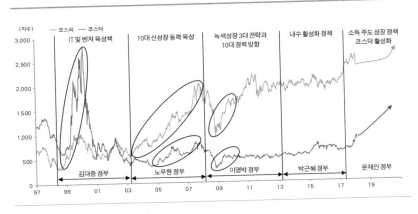

자료: 코스닥증권시장, 하나금융투자

로 5.0%를 차지했으며, 평균 고용이 27.3명으로 일반 중소기업(3.8명)보다 7.2배나 높게 나타났다. 또 신규 고용 창출 추이에서도 벤처기업은 1998년 7만 6,000명에서 2006년 35만 6,000명을 고용해 연평균 고용 증가율이 21.4%를 보였다. 이것은 대기업의 12배, 일반 중소기업의 5배로 이른바 '고용 없는 경제 성장'에 대한 해법을 주었다. 실제로 새로운 일자리의 대부분은 새로운 신기술 기업에서 나온다고 알려진다.

코스닥시장의 성장과 벤처 붐으로 2007년에 매출액 1,000억 원 넘는 코스닥의 벤처기업 수가 100개를 돌파했고, 2012년에는 416개로 증가했다. 코스닥은 1차 전성기(1998~2000년)를 통해 국가 경제위기 극복과 IT 강국 코리아의 기틀을 마련할 정도로 큰 역할을 하는 최고의 시기를 만들었다.

1998년 10월에는 코스닥위원회를 설치하고, 코스닥증권㈜의 자본금을 50억 원에서 210억 원으로 증자하는 등 체제를 정비하기 시작했다. 또 코스닥시장에 일반 시장과 별도로 벤처기업 전용 시장을 개설하고 등록 요건을 완화했다. 외국인의 코스닥 주식 투자 허용, 코스닥 법인의 해외 증권 발행 및 해외 증권시장 상장 허용, 기관 투자자의 코스닥 주식 취득 제한 폐지 등을 실시했으며, 증권예탁원을 강제 이행 및 보증 기구로 지정했다. 또 투자자 보호에 대한 공시 제도 등을 강화했으며, 행정 체계도 정비해 시장 관리 등 운영 업무는 주로 ㈜코스닥증권거래가 담당하고, 규정 제정 및 시장 감독은 코스닥위원회가 담당하며 투자자를 보호하는 제도적인 장치를 마련했다.

1997년 12월에는 벤처기업 투자를 촉진하기 위해 금융실명제법의 시행령을 개정해 창업투자조합 출자금에 대한 자금 출처 조사 및 세무조사를 한시적으로 면제해주었다. 또 1999년 초에는 코스닥에 등록된 중소법인들의 경우 해당 연도 소득금액의 50%를 손비로 처리하여 세금을 내지 않아도 되는 '사업 손실 준비금'을 적립하게 해주었다.

또 코스닥시장 상장기업에 대해 발행주식 총수의 5% 이상 또는 시가 총액 50억 원 이상을 소유한 주주가 코스닥시장을 통해 주식을 양도하는 경우 양도소득세를 비과세했다. 이상과 같이 오늘날에는 상상하기 힘들 정도의 많은 혜택을 주면서 국민의 정부는 코스닥시장과 벤처기업 육성에 올인했다고 판단된다.

이러한 정부의 노력과 미국 나스닥시장의 강세, 세계적인 IT 붐 확산, 벤처 붐과 벤처 투자 확산 등이 맞물리면서 코스닥시장은 급속한 성장을 이루었다. 그 결과는 IMF 외환위기 이후의 경제 회복도 큰 역할을 했다는 평가를 받을 만하다. 또한 오늘날 IT 강국 한국은 코스닥시장의 활황세가 시발점이자 모태가 되었다고 볼 수 있다.

1996년 7월 시장 개설 당시 8.6조 원의 시가총액과 지수 100에서 출발해 엄청난 성장을 기록했다. 2000년 3월에는 1,300% 성장해 시가총액 100조 원, 코스닥지수는 2,834.40에 이르렀다. 상장법인 수는 1996년 343개에서 2001년에는 721개로 늘어나서 코스닥 설립 당시 코스피 상장 기업 수를 넘어서게 되었을 정도였다.

◦ 코스닥의 붕괴와 벤처 건전화(2001~2004년)

급성장하던 코스닥은 2000년 3월 미국에서 시작된 닷컴 버블 붕괴에서 촉발된 주가 급락과 IT 기업의 수익성 악화에 따른 시장의 신뢰성 저하로 장기적인 침체기에 들어갔다. 2000년 3월 코스닥지수가 2733.2p를 기록했다가 12월에는 522.8p로 4분의 1 토막 수준까지 하락했고, 2004년 8월에는 사상 최저 주가지수인 324.71p를 기록했다.

코스닥시장의 붕괴는 대외적으로는 미국 엔론 사태로 대표되는 기업 회계 부정 등으로 시장에 대한 투자자의 불신감이 커진 데서 찾을 수 있다. 또한 이전의 과도한 주가 상승, 경기 위축, IT 산업 위축 등 외부적 요인이 맞물리면서 장기적인 하락세를 보였다.

코스닥시장 내부적으로도 주가 조작 및 시세 조정 등에 의한 불공정 거래와 정보 불충분 등의 문제를 노출했다. 코스닥시장 붕괴와 함께 많은 후유증과 과제를 남겼다. 이후 정부는 그동안의 성장 위주의 벤처 정책에서 더욱 신중한 정책 운영으로 변모했다.

● 자연적 회복의 기회를 앗아간 벤처 건전화 정책

벤처 버블 방지의 하나로 내놓은 벤처 인증 제도 변경, 코스닥 적자 상장 금지, 주식 옵션제 규제 강화, 엔젤 투자 세액공제 축소 등 4대 '벤처 건전화 정책'은 이후 벤처의 재기 원동력을 상실하게 만들었다는 평가도 받고 있다.

닷컴 버블의 진원지인 미국에서는 버블 붕괴 이후 나스닥이 다시 회복세로 돌입했지만, 한국은 오히려 거래소 통합과 소위 '거래소 2부 시장의 전락' 과정을 밟는 모습을 보였다.

코스닥과 나스닥의 버블 붕괴와 회복

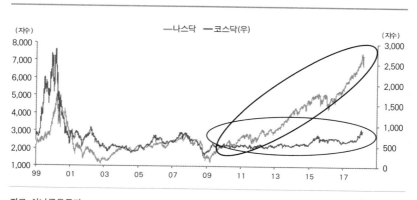

자료: 하나금융투자

☼ 코스닥시장의 환기는 성공

2017년 이후 코스닥시장은 문재인 정부의 활성화 대책을 등에 업고 일시적으로 큰 폭의 상승세를 나타냈었다. 코스닥시장에 대한 환기는 일단 성공한 셈이다. 혁신 성장을 추구하는 정부의 성장 방향과 함께 단기적으로는 전반적으로 직접적이고 실효성 있는 대책들이 담겨 있어 정책 효과는 상당 기간 영향을 미칠 것으로 판단된다.

우선 KRX300 통합 벤치마크 신설은 큰 의미를 갖는다. 현재의 KOSPI200을 추종하는 인덱스펀드들이 상당 부분 KRX300 추종으로 전환될 가능성이 크다. 당장 자본시장에 가장 큰 손인 연기금들이 코스닥이 포함된 KRX300 BM을 추종하는 펀드로 자금 배분을 할 가능성이 높고, 언론에 따르면 중장기적으로 연기금·공제회 등이 자금 약 20조 원을 배분할 가능성도 있다.

또 시간을 두고 KRX300에 대한 시장 투자가의 높아진 관심은 관련 ETF와 관련 상품으로 확대되고, 상당 기간 KRX300 편입 종목군으로 관심이 갈 가능성도 있다. 따라서 자연스럽게 코스닥 종목들에 대한 관심도 커질 전망이다. 하지만 아직 코스닥시장을 한국의 혁신 기업들이 몰려드는 4차 산업혁명을 이끌어가는 혁신 자본시장으로 전환시키는 데는 여전히 많은 과제가 남아 있다고 판단된다.

☼ 구글, 페이스북, 테슬러를 상장시킨 나스닥을 배우자

세계의 4차 산업을 이끌고 있는 나스닥시장을 배우자. 우선 대표적인 강점 중 하나인 차등의결권을 보자. 차등의결권 주식Dual-class stock은 미국의 경우 오래전부터 사용된 주식 발행 방식이다. 하지만 흔하게 사용되지는 않았다. 대부분 가족이 운영하는 작은 기업이나 뉴욕타임스, 워싱턴포스트와 같은 미디어 기업들이 독립성을 유지하기 위해 주로 채택하던 방식이었다. 그러나 2000년대에 들어와 구글이 이 방식을 채택하고 뒤이어 페이스북, 링크드인, 징가 등 여러 기술 기업들이 구글의 전례를 따랐다. 그러면서 차등 의결권 방식이 세간의 관심을 받기 시작했고 이 방식이 가져다주는 여러 장점이 부각되었다.

구글은 2004년 IPO를 신청하면서 투자자들에게 전하는 서한에서 "기존의 주식 발행 방식은 구글이 그동안 성공을 이루는 데 중요한 역할을 해왔고 앞으로 구글 미래에 가장 중요하게 여겨지는 독립성을 침해할 수 있기에 구글이 가진 특성을 유지하고 혁신을 지속할 수 있는 능력을 보호하기 위해서" 차등의결권 구조를 채택한다고 설명했다. 구글은 소규모 투자자들 편에 서 있다는 점을 확실히 하면서 동시에 장기적인 목표 아래 세워진 구글의 경영 방식과 사업 전략이 투자자들의 간섭으로 영향받고 싶지 않다는 점을 밝혔다.

구글은 두 가지 타입의 주식을 발행할 것이며, 분기별 실적 가이던스를 제시하지 않겠다는 점을 명시하면서 지금까지 구글이 성공할 수 있게 만들었던 협력적인 경영 방식을 유지할 것이라고 강조했다.

구글은 IPO에서 두 가지 타입의 주식을 발행했다. A타입은 한 주당 의결권 하나가 부여되고, B타입은 한 주당 10개의 의결권이 부여된다. B타입 주요 주주는 공동 창업자인 래리 페이지, 세르게이 브린과 대표이사인

에릭 슈미트Eric Schmidt 등이다. 구글은 IPO 신청서에서 창업자들이 의결권의 37.6%를 가지고 이사진과 경영진을 모두 포함해 의결권의 61.4%를 보유할 것이라고 밝혔다.

구글은 뉴욕타임스, 워싱턴포스트, 다우존스 등 미디어 기업들이 차등의결권 제도를 통해 독립성을 부여받으면서 장기적으로 이득이 되는 경영 방식에 집중할 수 있었다는 점을 예로 들면서 차등의결권 채택을 옹호했다. 또한 워런 버핏이 이끄는 버크셔해서웨이 역시 이 구조를 적용해 똑같은 혜택을 입고 있다는 점을 강조했다.

구글과 같이 독특한 문화와 경영 방식을 통해 운영하는 기업 입장에서는 일반적인 방식의 상장기업이 되는 것이 기업 경영에 큰 방해가 되었을 것이다. 그러나 당시 구글은 상장을 피하기 어려웠다. 초기에 벤처캐피털 자금을 사용했기 때문에 벤처캐피털로부터 압력을 받고 있었고, 이를 피하기 위해서는 상장을 통해 자금을 조달해 벤처캐피털의 영향에서 벗어나는 것이 불가피했기 때문이다.

구글은 어쩔 수 없어 상장을 선택했지만, 차등의결권을 채택함으로써 외부 투자자들의 간섭과 영향을 받지 않고 구글만의 방식으로 경영을 이어나갈 수 있게 되었다.

차등의결권으로 구글은 또 하나의 중요한 혜택을 받았다. 차등의결권을 채택하면서 구글은 'Controlled Company(피지배 기업)'으로 규정할 수 있게 된다. '피지배 기업'은 의결권 주식의 50% 이상을 한 개인, 집단 또는 다른 기업이 보유하고 있는 기업이다. 구글의 경우 한 집단이 50% 이상을 보유하고 있기 때문에 피지배 기업에 해당한다. 나스닥은 피지배 기업의 경우 상장기업들에 적용되는 기업 지배구조 관련 의무 사항을 일부 면제해준다. 사외이사가 이사회의 과반수일 것, 사외이사들만의 회의를 정규적으로 가질 것, 독립적인 보상위원회와 추천위원회를 가질 것 등의 요건으로부터 면제를 받는 것이다. 이러한 면제 덕분에 구글은 외부 인사로부터 감독이나 자문을 받지 않고 기업을 경영할 수 있는 법적 권한을 부여받았다.

구글은 2014년 4월에 주식 분할을 통해 또 한 번의 새로운 차등의결권 방식을 도입했다. A주를 2개로 분할해 절반은 A타입으로 그대로 두고 나머지 절반은 C타입으로 나누어 의결권을 전혀 주지 않는 무의결권 주로 규정했다. 따라서 구글 주식은 총 세 가지 타입으로 나뉜다. A타입은 원래대로 주당 하나의 의결권을 가지며, B타입은 10개의 의결권을 갖는데 창업자들과 일부 이사진들이 이를 보유한다. 마지막 C타입은 무의결권 주식이다.

구글이 무의결권 주식인 C타입을 새롭게 만든 이유는 구글 직원들에게 보상으로 지급되는 주식이 계속 발행되고, 주식을 통한 기업 인수 등이 일어나면서 창업주들의 의결권이 계속 희석되었기 때문이다. 구글 창업주들은 특히 2014년 야후에서 일어난 사태를 주시하면서 그러한 상황을 피하고 싶었다. 당시 행동주의 투자가가 야후 경영 방식에 반대하고 자기편 이사진을 야후에 투입해 사업 방식에 영향을 주려고 시도하는 일이 발생했다.

구글은 차등의결권 방식이 구글이 성공할 수 있었던 핵심 요인임을 강조해왔다. 구글이 차등의결권 방식으로 경영 방식과 사업 전략에서 독립성을 얻고 장기적으로 구글이 추구하는 사업 목표를 고수할 수 있으며, 이러한 과정을 통해 크게 성공하면서 여러 기술 기업이 구글의 전례를 이어받아 차등의결권 방식을 채택하게 되었다. 2011년에 이루어진 대형 기업 IPO인 링크드인LinkedIn, 그루폰Groupon, 옐프Yelp, 징가Zynga는 모두 차등의결권 방식을 채택하며 상장했다.

2012년 5월에 상장한 페이스북 역시 차등의결권 방식을 선택했다. 페이스북은 회사를 운영하는 방식에서 투자자들의 간섭을 받고 싶지 않다는 점을 분명히 했다. 그런데 페이스북은 상장하기 훨씬 전인 2009년에 이미 차등의결권 구조를 채택했다. 페이스북은 초기의 기존 투자자들이 중요한 이슈에 대해 결정권을 정할 수 있는 지배구조를 유지하길 원한다고 밝혔다.

IPO 직후 마크 저커버그는 회사의 지분 18%만을 보유하게 되었지만, 의결권이 있는 주식의 경우 57% 비중이었다. 저커버그 단독으로 가장 중요한 경영상의 결정을 할 수 있는 권한이 주어지는 것이다. 페이스북이 제출한 IPO 신청서에 따르면, 초기 주주들이 B타입 주식을 팔 경우 그 주식은 자동으로 A타입으로 전환된다. 따라서 다른 투자자들이 B타입 주식을 팔 경우 저커버그의 의결권이 희석되는 것이 아니라 반대로 더 늘어나게 된다.

더욱이 한 사람이 50% 이상의 지분을 보유하고 있기 때문에 페이스북 또한 피지배 기업으로 구분된다. 따라서 페이스북 역시 구글의 경우와 같이 상장기업들에 적용되는 기업 지배구조 관련 규칙에서 면제되는 혜택을 얻었다. 즉 외부 인사의 간섭이나 영향 없이 독립적으로 경영과 사업 관련 결정을 내릴 수 있는 법적 권한을 부여받았다.

구글, 페이스북 등 혁신 기술 분야 기업들의 성공은 창업자들이 가지고 있는, 일반 시각과 다른 독창적이고 혁신적인 비전에서 비롯된다. 장기적인 비전을 바탕으로 사업 전략을 세우고 신기술에 적극적인 투자를 통해 성장 동력을 얻는 기업들이기 때문이다. 그러나 투자자들은 단기적인 결과에 주목하며 바로 실적이 나타나지 않을 때 영향력을 행사하려는 경향이 있다. 외부 투자자들이 주는 압력에 굴해 구글과 페이스북이 맨 처음 세웠던 사업과 경영 철학을 고수할 수 없었다면 구글과 페이스북이 상장 이후 현재까지 이루어낸 성공과 성장은 불가능했을 것으로 보인다. 구글과 페이스북 역시 이런 점 때문에 차등의결권 방식이 그들이 성공하는 데 결정적인 역할을 해왔다고 강조하고 있다. 또 중요한 것은 나스닥이 이러한 증자나 상장 방식을 통해 유니콘 기업을 유치할 수 있었다는 것이다.

특히 최근 들어 미국에서 기술 기업들이 차등의결권 제도를 채택하는 이유 중 하나로 투자자들이 기업에 미치는 영향이 과거와는 판이하다는 점을 들 수 있다. 과거에는 대부분 주주가 개인 투자자들이었으며 장기로 주식에 투자하고 회사들에 어떠한 압력을 행사하지 않았다. 당시 회사들은 분기 실적에 대해 크게 걱정할 필요가 없었으며, 장기 사업을 위한 R&D에 투자할 자유가 보장되었다.

그러나 오늘날에 와서는 기관 투자자들이 주요 투자자로서 중심 역할을 맡고 있다. 강력하고 부유한 연금 펀드들, 은행들, 투자자문사 등은 기업의 운영에 더 많은 영향력을 행사하고 있다.

투자자들이 실적과 관련해 기업들에 상당히 공격적으로 관여한다. 특히 최근 들어 주주들의 행동주의는 점점 더 심화되고 있다. 물론 적극적인 투자자들의 관여로 기업들이 자금을 훨씬 더 효율적으로 운영한다는 장점이 있다. 그러나 오늘날 투자자들은 매우 근시안적인 시각으로 접근하며, 수년이 아니라 단지 한두 분기의 시각으로 회사에 영향을 행사한다면 기업들이 장기적으로 비전을 가지고 운영하기 어려워진다. 특히 4차 산업혁명을 고려한 기업의 장기적인 성장 발전은 창업가 정신의 혁신성, 그리고 신기술 투자 중심의 경영 철학이 유지되어야 한다. 그런 면에서 차등의결권 제도는 창업가 정신을 유지하며, 적대적인 인수합병으로부터 기업을 보호할 수 있는 좋은 방안이며 나스닥과 같은 혁신 시장이 가지고 있는 혁신 기업의 유치와 관리의 수단이다.

코스닥에 상장하고자 하는 많은 우량 기업의 고민도 비슷하다. 혁신 기업은 대부분 대학생, 대학원생 또는 대학교수들의 창업이 많다. 애플, 구글, 페이스북도 마찬가지였다. 공통점은 창업자가 돈이 없다는 것이고 증자를 하면 지분율이 떨어지고 상장을 잘못하면 대주주 자격을 상실할 위험이 큰 경우가 허다하다. 회사의 대주주는 둘째치고 실질적인 영향력도 발휘하기 어려워질 가능성에 대한 우려가 크다. 그것이 상장을 미루는 이유가 되는 경우가 의외로 많다.

물론 분명한 기준을 갖고, 모험 기업의 조건을 갖추고 그럴 필요를 인정할 경우에 한해야 할 것이다. 코스닥을 다시 경쟁력 있는 세계적인 모험 자본시장, 혁신 기업의 시장으로 재탄생시키려면 좋은 기업을 유치하기 위한 적극적인 고민이 필요한 시점이다.

사회주의 시장경제를 근간으로 하는 중국 상하이 시장에서 새로이 시작되는 혁신 자본시장 커촹판科創板도 차등의결권을 받아들이고 있다는 점에서 4차 산업의 혁신 기업을 육성해야 하는 시기를 고려하여 한국도 진지한 고민이 필요하다.

최근 우리 정부가 나스닥을 벤치마크해서 실시한 이른바 '테슬라 요건' 이 있다. 이익을 내지 못해도 코스닥시장에 입성할 수 있는 길이 생겼다. 적자 상태에서 나스닥 상장 후 글로벌 기업으로 거듭난 미국 테슬라 사례 에서 착안한 것으로 적자 기업인데도 상장이 가능한 제도이다. 테슬라 요 건은 미래 성장 가능성이 인정되면 상장을 허용하는 제도로 코스닥 상장 요건에 새롭게 추가되었다. 이익이 발생하지 않아도 시가총액이 일정 수 준을 넘어서고 매출 부문에서 성장성을 갖춘다면 상장할 수 있게 하는 것 이다. 현재 시가총액 500억 원 이상, 직전 매출액 30억 원 이상, 직전 평균 매출 증가율 20% 이상인 경우와 시가총액 500억 원 이상, 공모 후 자기자 본 대비 시가총액 200% 이상인 경우가 테슬라 상장 요건에 해당한다. 기 존 기술 특례 상장과 달리 신설된 테슬라 요건, 성장성 특례는 전문 평가 기관의 기술 평가를 거치지 않아도 된다. 기술력이 없어도 된다는 의미다. 미국의 테슬라 기업은 전기차 기술력이 있지만, 한국 거래소의 테슬라 요 건을 통해서는 기술력이 없이 사업 구조만으로도 상장이 가능한 셈이다.

코스닥시장이 '혁신성', 달리 말해 '야성'을 갖춰가는 것은 매우 바람직 하다. 앞서 언급했듯 나스닥이 혁신 기업들에게 제공하는 부분들을 적극 적으로 검토할 필요가 있다.

• 혁신 기업의 성장 로드맵으로 코스닥을 다시 태어나게 하자

앞서 지난 코스닥시장 활성화 대책이 비교적 시장 환기에 성공적이었고 코스닥시장에 대한 관심과 활기를 불어넣었다는 점을 이야기했다. 하지만 코스닥시장의 본격적인 성장을 위해서는 위대한 혁신형 기업을 코스닥시장으로 유치할 수 있는 유인책을 만들어야 한다. 투자하고 싶은 좋은 기업을 코스닥시장에 많이 유치하는 것이 나스닥과 같이 혁신 기업을 육성하는 코스닥시장으로 성장하는 길이다. 그 대표적인 방법으로 나스닥에서 시행하는 혁신 기업에 대한 무의결권 주식과 차등의결권 주식 발행 허용, 테슬라 요건 등이 있음을 앞서 말했다.

마지막으로 코스닥시장을 성장시킴으로써 혁신 기업의 로드맵, 즉 창업에서 성장, 그리고 코스닥 상장까지 이어지는 벤처 생태계를 완성해야 한다는 제언을 하고자 한다.

글로벌 4차 산업혁명의 주도 국가가 되기 위해서는 수없이 많은 신기술 기업, 혁신 기업이 창업되어야 한다. 즉 1998~1999년과 같은 제2의 벤처 붐이 조성되어야 한다. 우선 코스닥이 활성화되는 것 자체로 벤처 시장에 '코스닥 효과'가 만들어진다. 상장이 더욱 손쉬워지고 프리미엄이 붙는 코스닥시장이 있다면 상장을 위한 투자 자금의 선순환 고리가 만들어지고, 이는 곧바로 창업 활성화로 이어진다. 또 주식 가치의 상승은 스톡옵션을 통한 고급 인력의 유입에도 효과적이다. 또 벤처캐피털 자금도 풍부해진다. 소위 창업 인센티브가 커지는 변화가 시작된다.

지금의 코스닥은 코스피의 2부 리그가 되었다. 주가가 문제가 아니라 혁신 기업들이 코스피로 도망가고 있기 때문이다. NHN이 그랬고, 카카오가 그랬고, 셀트리온이 그랬다. 삼성바이오로직스는 코스피로 직상장했다. 코스닥이 갖고 있는 혜택이 거의 없기 때문이다. 코스닥시장에 상장된 혁신 기업에 확실한 혜택을 주어 신기술 혁신형 기업들이 코스닥으로 몰려들게 해야 한다. 악순환을 선순환으로 돌려야 할 때이다. 코스닥시장을 재건해서 벤처 생태계를 복원해야 한다.

코스닥, 코넥스, 창업 시장의 연결고리를 완성하고 투자자들의 수익 실현과 중간 참여를 손쉽게 시스템을 만들어야 한다. 결국 벤처 붐의 핵심은 고위험과 고수익의 운영 철학이 반영된 야성이 살아 있는 코스닥시장의 재건이다. 이는 투자 시장과 회수 시장의 선순환으로 완성된다. 코넥스 시장은 코스닥의 완충 시장으로 역할을 하게 하자. 코스닥시장에 야성을 되찾게 하자. '하이 리스크, 하이 리턴' 시장임을 분명히 해 많이 상장시키고 쉽게 퇴출되게 하자.

나스닥과 같이 중층의 시장구조로 만들어서 일반 투자자들의 부분적인 접근 제한과 야성을 살리는 부분을 같이 추구해야 한다. 또 패자부활전도 만들어 재도전하는 야성을 가진 시장으로 육성하자. 즉 퇴출된 기업은 프리보드 시장으로 관리해서 원활한 퇴출 관리 제도를 운영하고, 기업들의 재상장을 위한 기회를 만들어주자.

한편 시가총액을 기준으로 시장을 구분해 개인 투자가들의 참여를 제한시키거나 주관사의 역할을 크게 해서 마켓 메이커 역할을 하게 하는 등 개인 투자가들을 위한 최소한의 보호 장치는 필요하다. 영국의 AIM과 같은 지정 어드바이저(노마드Nomad) 제도 등도 필요하다. 하지만 기본적으로는 고위험 고수익 시장의 기능을 갖게 하고 혁신 시장으로 혁신적인 신기술 기업 육성의 혜택을 부여할 필요가 있다. 필요하다면 다시 코스닥시장의 독립과 독립적인 운영도 검토할 필요가 있다.

또 공익 차원에서 코스닥 기업에 대한 리서치를 확대할 필요가 있다. 코스닥시장 거래세의 일부를 리서치 보고서를 위한 재원으로 활용하는 방안과 영국 AIM의 노마드나 나스닥의 마켓 메이커 제도처럼 상장 주관사 등을 통해 해당 보고서를 실질적으로 의무화하는 방안을 추진하는 것도 필요하다. 코스닥시장의 정보 비대칭도 줄여나가야 한다.

코스닥시장은 새로 태어나야 한다. 상장 방법의 다양화와 혁신 기업에 대한 다양한 혜택을 통해 고성장 기업의 유치라는 진입 장치를 만들고 정보의 비대칭을 해결하고 공공재로서 코스닥시장 주도로 기업 분석 보고서 의무 발간을 추진하고 우량 투자자를 유치하고 마켓 메이커 제도를 통해 안정적인 시세를 관리하며 불량 기업 신속 퇴출과 주관사의 책임 강화, 그리고 완충 시장을 통한 재상장 준비라는 체계를 갖추어야 한다. 4차 산업 시대에 맞는 한국의 코스닥 2.0 시대가 시작되어야 한다. 글로벌 시장에서 혁신적인 기업이 가장 성장하기 좋은 시장으로 만들어야 한다.

⁝ 코스닥시장 혁신과 성장을 위한 제언

코스닥시장을 혁신 자본시장으로 발전시키기 위해 제도적으로 개선해야 할 점을 몇 가지 제안하겠다.

첫째, 이월결손금 공제 기한을 현재 10년에서 20년으로 연장해야 한다. 2015년 이월결손금을 그해 소득에서 공제하는 한도는 도입했지만, 공제 한도 제도를 시행하는 다른 국가들과 달리 공제 기한에 대한 고려가 부족한 실정이다. 그래서 공제 기한 내 한도 초과분이 충분히 공제되지 못하는 문제점이 발생했다. 이월결손금 공제 한도 제도를 적용하고 있는 주요 국가들은 장기간의 공제 기간을 두고 있다. 미국은 20년이며 독일과 프랑스는 무제한이다. 이들 나라의 사례를 참고해 이월결손금 제도를 합리화할 필요가 있다.

둘째, 장기 투자자에 대한 주식 양도 차익의 과세공제 혜택을 부여할 필요가 있다. 현재 대주주가 1년 미만 보유한 중소기업 외 법인의 주식을 양도하는 경우 30%의 높은 세율을 적용한다. 하지만 장기 보유 주식에 대한 세제 혜택이 전혀 없다. 주식 양도 소득과 같은 자본 이득은 처분 시점에 일시에 과세가 이루어져 세 부담이 크다. 따라서 다른 소득과의 과세 형평성을 높이고 단기 투자 성향을 억제하는 조세 측면의 유인 제도가 필요하다. 코스닥시장 주요 참여자인 '일반 소액 투자자'와 '장기 투자자' 유도를 위해 현재 타 자산의 '장기 보유 특별 공제'와 비슷한 제도를 마련하는 것이 바람직하다.

셋째, 신규 상장 코스닥 중소기업에 대한 사업 손실 준비금 제도를 부활해야 한다. 조세특례제한법의 코스닥 상장 중소기업에 대한 사업 손실 준비금의 손금 산입 조항은 2006년 12월 31일 폐지되었다. 이 제도는 기업이 이익을 냈을 때 장래 사업 손실을 보전할 목적으로 준비금을 적립하고 이를 세무상 손비로 인정하며 나중에 손실이 발생하면 적립된 준비금과 상계하는 것이다. 이 제도를 통해 법인세 과세 이연을 통한 경영 손실 위험을 줄일 수 있다. 코스닥의 정체성을 고려한 차별화된 제도로 재도입이 필요해 보인다. 제도가 도입되면 우량 비상장기업을 코스닥시장 상장으로 유인함으로써 코스닥 활성화를 기대할 수 있다. 코스닥 신규 상장 중소기업을 대상으로 하여 상장 후 3년간 적용하고 손금 산입 한도액을 소득 금액의 30%로 정하는 게 합리적이라 판단된다.

넷째, 코스닥 기업 전문 인력 확보를 위해 스톡옵션 과세 제도를 개선해야 한다. 현재 비상장 벤처기업만 스톡옵션 관련 과세 혜택을 부여받고 있다. 비상장 벤처기업은 스톡옵션 부여 시 과세하지 않고 근로 기간 중 행사할 때는 근로소득으로 6~42% 과세하고, 퇴직자는 기타소득으로 6~42% 과세한다. 그런데 비과세 특례가 연간 2,000만 원까지이고 행사 이익 납부 특례가 있어 5년간 분할 납부할 수 있다. 적격 스톡옵션 과세 특례를 통해 과세 시기를 이연해 처분할 때 양도소득세를 과세한다. 또한 스톡옵션 처분 때에는 10~30%의 양도소득세를 부가한다. 그런데 상장 기업은 스톡옵션 행사 때 같은 비율의 세금을 부가하지만 특례가 전혀 없으며 처분 때 대주주는 20~30%의 양도소득세를 부과한다. 다만 소액주주가 장내 거래를 통해 매도할 때는 비과세한다. 중소기업 우수 인력 확보를 위해 스톡옵션 과세 특례를 중소기업 또는 코스닥 기업으로 확대하는 것이 효과적이다.

다섯째, '신성장 동력 연구 인력 개발비' 세액공제의 전담 부서 요건을 완화할 필요가 있다. 신성장 동력 연구 인력 개발비 세액공제는 연구소 내 신성장 동력·원천 기술 연구개발 업무만을 수행하는 국내 소재 전담 부서가 있어야 한다. 그런데 기업 연구소에서 신성장 동력을 연구하기 위해서는 일반 연구를 병행하는 경우도 있다. 이때 수행 연구를 과제화하여 특정 코드로 집계하는 등 구분 경리가 가능하다. 이렇듯 신성장 동력 연구비를 신뢰성 있게 측정할 수 있음에도 조직으로 구분 운영하는 경우만 세액공제하고 있다. 중소기업의 경우 전담 부서를 별도로 구성하기 어려운 현실을 감안해 신성장 동력 연구 인력 개발비를 과제화하여 구분 경리할 경우 전담 부서로 보고 세액공제하는 것이 타당해 보인다.

필자는 4차 산업의 1등 기업을 발굴하고 투자하면서, 또 주요 시장을 비교하며 소개하는 책을 쓰면서 우리 한국에도 미국의 나스닥과 같은 4차 산업 기업 성장의 토대가 되는 혁신 자본시장의 육성이 반드시 전개되어야 함을 다시 한 번 이야기하고 싶다. 한국의 4차 산업이 성장하고, IT 강국 코리아가 지속되기 위해서는 그 토양이 되는 시스템, 즉 혁신 자본시장의 성공이 필수인 것이다.

지금까지 4차 산업혁명의 진행 양상, 관련 기술 혁신 동향, 미국과 중국 등의 대응, 산업과 투자 시장의 변화 전망 등을 살펴보았다. 또한 한국에서의 4차 산업 활성화를 위한 몇 가지 제언을 실었다.

다음 장부터는 투자자들의 판단에 실질적 도움을 주기 위해 4차 산업을 주도적으로 이끄는 대표 기업들을 소개하고자 한다.

2부

4차 산업 1등주 분석

1장

세계를 이끄는
미국의 4차 산업 1등 기업
FANG

The Best Stock of
The Fourth
Industrial Revolution

아마존닷컴
AMZN.US

amazon

아마존	
설립 연도	1995
상장일	1997. 3. 24.
주요 주주	제프 베조스 16.13%
대표자	제프 베조스
홈페이지	www.amazon.com

Key Data	
상장주식	미국
시가총액(십억 USD)	960.4
한화(조 원)	1,113.4
PER(2019E)	66.5
52주 최고/최저	2,050 / 1,307
현재 주가(USD)	1,951

* 기준일: 2019. 4. 26.

주 영업 구성	
온라인 리테일	90%

* 주: 2018년 말 기준

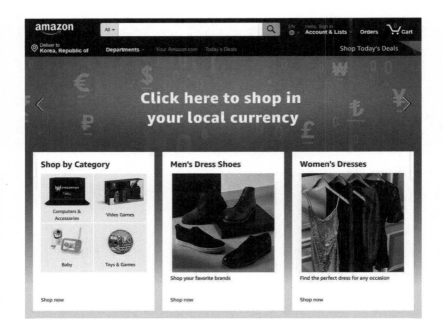

1. 세계 최대 온라인 리테일 기업이자 최대 클라우드 서비스 사업자

아마존닷컴은 세계 최대 온라인 리테일 기업으로 미국, 독일, 영국 등 주요 국가에서 온라인 리테일 시장 점유율 1위 사업자이다. 온라인 사이트를 통해 다양한 상품을 직접 판매하고 있으며, 외부 판매자가 판매할 수 있도록 오픈 마켓을 제공한다. 아마존은 2017년 8월에 오프라인 식료품 리테일 사업체인 홀푸드를 인수하여 오프라인 리테일 시장에도 진출, 온라인과 오프라인을 포괄한 복합 리테일 사업체로 사업 영역을 확대하고 있다.

아마존의 또 다른 주요 사업은 클라우드 컴퓨팅 서비스이다. 아마존의 클라우드 사업은 AWS가 맡고 있다. AWS는 2006년에 인프라 서비스 S3를 론칭하며 퍼블릭 클라우드 시장에 진출했다. AWS는 퍼블릭 클라우드 서비스 시장의 압도적인 1위 사업자로 인프라 서비스IaaS와 플랫폼 서비스PaaS를 제공한다.

2. 전자상거래와 클라우드 시장 고성장 지속 기대

글로벌 전자상거래 시장은 최근 수년 동안 가파르게 성장해왔으며 앞으로도 고성장을 지속할 것으로 예상된다. 글로벌 시장 전망 사이트인 스타티스타Statista는 글로벌 온라인 리테일 시장은 2016~2021년에 연평균 21% 성장하여 2021년 시장 규모는 5조 달러에 달할 것이라고 전망했다.

미국의 온라인 리테일 역시 탄탄한 성장세를 지속할 것으로 보인다. 미국 온라인 리테일 시장은 2016~2021년에 연평균 12% 성장하여 2021년에 7,000억 달러에 달할 것으로 기대하고 있다.

《월스트리트저널》 시장 추정치에 따르면 미국 온라인 리테일 시장에서 아마존의 점유율은 2018년 거의 50%에 육박했다. 온라인 리테일 시장이 높은 성장을 지속하고 아마존은 점유율을 향후 더욱 키울 것으로 전망되고 있다.

글로벌 클라우드 서비스 시장 역시 고성장을 지속할 것으로 예상된다. 기업들은 IT 시스템을 레거시legacy(기존 기술) 방식에서 디지털 시스템으로 전환하는 것을 최대 과제로 삼고 있다. 클라우드 서비스 초창기에는 주로 중소형 기업이 주요 고객이었다면 이제는 대기업들도 클라우드 서비스로 전환하는 속도가 빨라지고 있다. IT 업계는 현재 글로벌 클라우드

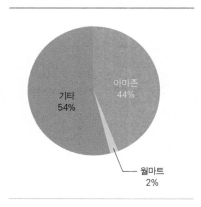

미국 온라인 리테일 시장 탄탄한 성장 지속

(십억 USD) ■미국 온라인 리테일 시장

자료: 아마존닷컴, 하나금융투자

미국 온라인 리테일 시장 점유율

기타 54%

아마존 44%

월마트 2%

자료: 아마존닷컴, 하나금융투자

시장 확대는 여전히 초기 단계이며 계속적으로 시장 규모가 커질 것으로 전망한다.

글로벌 IT 리서치 기관인 가트너는 퍼블릭 클라우드 시장이 2016~2021년에 연평균 29% 성장할 것으로 전망하고 있다. 아마존의 시장 점유율은 40%에 가까운 압도적인 1위 사업자이다. IT 리소스 중에서 서버, 스토리지 등 컴퓨팅의 기본 구성을 제공하는 인프라 서비스로 한정할 경우 아마존의 점유율은 45%를 넘는다. 클라우드 1위 사업자로서 높은 기술 경쟁력과 브랜드 파워를 바탕으로 클라우드 시장 확대의 대표 수혜 기업이 될 것으로 기대된다.

글로벌 퍼블릭 클라우드 시장 전망

자료: 가트너, 하나금융투자

퍼블릭 클라우드 시장 점유율

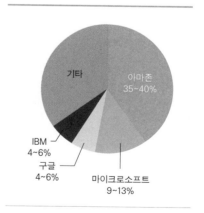

자료: 가트너, 하나금융투자

① 리테일

아마존의 사업은 크게 리테일과 클라우드로 나뉜다. 리테일 관련 사업이 전체 매출에서 89%를 차지하고 클라우드가 11% 비중이다. 매출액을 크게 북미 리테일, 해외 리테일, 클라우드로 나누면 각각 61%, 28%, 11% 비중이다. 사업 분야를 조금 더 구체적으로 나누면 온라인 직접 판매 비중이 매출액의 52%, 외부 판매자의 판매 수수료가 18%, 홀푸드 매장을 통한 오프라인 리테일이 8%, 클라우드가 11%, 프라임 회원제가 7%, 디지털 광고가 포함된 기타 사업부가 4% 비중이다.

온라인 리테일과 클라우드 사업이 고성장을 지속하면서 아마존은 수년 동안 매년 전년 대비 20~30%의 외형 성장을 이끌어왔다. 특히

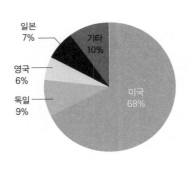

아마존 주요 사업별 매출 구성

기타 4%
클라우드 11%
프라임 회원제 7%
온라인 리테일 (직접 판매) 52%
외부자 판매 서비스 18%
오프라인 리테일 8%

자료: 가트너, 하나금융투자

아마존 지역별 매출 구성

일본 7%
기타 10%
영국 6%
독일 9%
미국 68%

자료: 가트너, 하나금융투자

2017년에 홀푸드 인수와 유료 회원제인 프라임 회원 수가 급등하면서 2017년 하반기에서 2018년 상반기에는 매 분기 30% 후반에서 40% 초반의 높은 성장을 기록했다. 2018년 4분기부터는 전년 동기에 홀푸드 매출이 이미 반영되었고 전자상거래 매출 성장 폭 역시 다소 떨어지는 추세여서 매출 증가 폭이 조금은 둔화될 것으로 전망된다.

그러나 아마존의 장기 성장 전망은 여전히 긍정적이다. 클라우드 사업부인 AWS가 여전히 고성장할 것이라는 기대를 받고 있고 최근 새로운 성장 동인으로 떠오른 디지털 광고 사업의 성장 잠재력이 높기 때문이다.

② 클라우드

클라우드 사업부인 AWS는 2018년 3분기에 매출액이 전년 동기 대비 46% 성장하여 여전히 높은 성장세를 이어가고 있다. 기업들의 클라우드

아마존 북미 리테일 매출액 & 성장률 추이

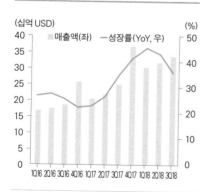

자료: 아마존닷컴, 하나금융투자

아마존 클라우드 매출액 & 성장률 추이

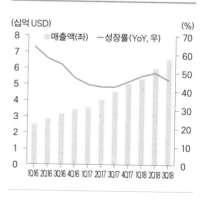

자료: 아마존닷컴, 하나금융투자

2부 4차 산업 15주 분석

전환 속도가 더욱 가속화될 것으로 기대되고, 특히 미국의 경우 기업들이 법인세 세제 개편 효과로 생긴 여유자금을 IT 디지털 전환에 투자할 것으로 예상되기 때문에 클라우드 시장 확대가 기대되며 이에 따라 1위 사업자인 AWS가 대표 수혜 기업이 될 것으로 전망된다.

4. 수익성 상승기 본격 시작

아마존의 최근 실적 추이에서 가장 긍정적인 부분은 본격적인 수익성 상승기에 진입했다는 점이다. 지난 수년 동안 물류와 운송 시스템에 적극적인 투자를 해왔기에 수익을 제대로 내지 못했으나, 2018년부터 그동안 투자해온 물류 창고와 운송 시스템 효과가 나타나기 시작했다. 물류와 운송 비용 효율성을 개선하면서 영업이익률 상승세를 이어가고 있다.

아마존은 온라인 리테일 사업에서 소비자들의 편의성을 최대한 높이고 가격 경쟁력을 가장 우선시하기 때문에 저마진 정책을 오랫동안 펼쳐왔다. 해외 사업의 경우 여전히 적자를 내고 있으며 북미 리테일 영업 마진은 3% 수준에 머물러왔다. 그러나 2017년 4분기부터 비용 효율성 개선 효과가 나타나기 시작하면서 북미 리테일 영업이익률이 상승하기 시작했다. 2018년 3분기에 북미 리테일 영업이익률은 6% 가까이 올라 최근 수년 내 최고치를 기록했다.

아마존 수익성 상승의 또 다른 주요인은 클라우드 사업부의 이익 확대 효과이다. AWS의 매출액 비중은 11%에 불과하지만, 영업이익에서 차지

**아마존 북미 리테일
영업이익 & 영업이익률 추이**

(백만 USD)

■ 영업이익(좌) ─ 영업이익률(우)

자료: 아마존닷컴, 하나금융투자

**아마존 클라우드
영업이익 & 영업이익률 추이**

(백만 USD)

■ 영업이익(좌) ─ 영업이익률(우)

자료: 아마존닷컴, 하나금융투자

하는 비중은 51%이다. 클라우드 영업 마진이 리테일에 비해 훨씬 높기 때문이다. AWS 역시 북미 리테일처럼 최근 여러 분기 연속 영업이익률 상승을 지속하고 있다. AWS의 영업이익률은 2017년에는 25% 미만이었는데 2018년 3분기에는 31.1%를 기록하여 처음으로 30%를 넘어섰다. 데이터 센터 비용 효율성 개선 효과가 수익성 상승의 주요인이다. 비용 효율성을 높이면서 AWS의 분기 영업이익은 2018년 3분기에 21억 달러를 달성, 처음으로 20억 달러를 넘어섰다.

5. 장기 주가 전망

아마존의 주가는 2015년부터 본격적으로 상승하기 시작했다. 2015년부터 클라우드 사업부의 개별 실적을 공개하기 시작했으며 클라우드 컴퓨팅 시장의 1위로서 시장 고성장의 수혜를 입고 실적이 큰 폭으로 개선되었기 때문이다.

2017년까지 사업 확장에 초점을 두었던 아마존은 2018년부터 수익성 개선에도 전략적으로 노력하기 시작하면서 수익성 상승기에 접어들었다. 2018년 하반기에 글로벌 경기 둔화에 대한 우려감이 크게 부각되며 주식 시장 전체적으로 하락장을 겪으면서 아마존 주가 역시 큰 폭으로 떨어졌으나 2019년에 들어와 아마존 주가는 다시 탄탄한 반등세를 이어오고 있다.

아마존은 글로벌 대표 장기 성장 기업으로서 중장기 최고 성장주이다. 온라인 리테일 매출액은 여전히 탄탄한 성장을 지속할 것으로 기대되고 클라우드와 디지털 광고 사업이 고성장을 이어가면서 아마존 전체 외형 성장을 이끌 것으로 전망된다.

디지털 광고 사업의 경우 현재 매출 규모는 크지 않지만, 아마존 리테일 사이트를 이용하는 많은 사용자가 아마존을 통해 제품 검색을 하고 있다는 점은 광고주들에게 크게 어필할 수 있는 요인이다. 더욱이 글로벌 광고 에이전시 기업들은 경쟁하는 광고 플랫폼이 많을수록 그들에게 유리하기에 구글, 페이스북에 이어 아마존을 제3의 경쟁사로 키우고자 전략적으로 광고 물량을 배정하고 있다. 이런 점은 아마존의 디지털 광고 사업에 유리하게 작용할 것으로 기대된다. 디지털 광고 매출액은 최근 세 분기 연속 세 자릿수 증가를 기록하고 있으며 앞으로도 높은 성장세가 기대된다.

아마존의 주가는 현재 2019E PER 66.5배에 거래 중이다. 아마존은

2019년부터 본격적으로 수익성이 높아지는 수익성 상승기를 이어갈 것으로 기대되고 있으며 2020년 예상치 기준으로 PER은 46배, 2021년 기준으로는 32배로 낮아진다.

아마존 매출액 & 성장 전망

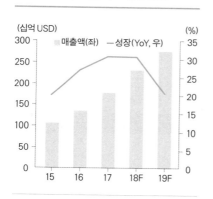

자료: 아마존닷컴, 블룸버그 시장 예상치, 하나금융투자

아마존 주당순이익(EPS) 전망

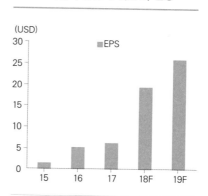

자료: 아마존닷컴, 블룸버그 시장 예상치, 하나금융투자

최근 주가 추이

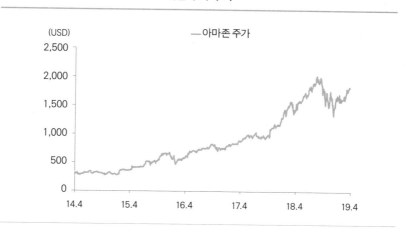

2부 4차 산업 1등주 분석

아마존의 수익성에 대한 전망이 긍정적인 것은 클라우드, 디지털 광고, 물류 서비스 사업 등 수익성이 높은 서비스 사업이 본격적으로 성장하면서 영업이익 기여도가 더욱 높아질 것으로 예상되기 때문이다.

글로벌 대표 성장주로서 향후 수년 동안 탄탄한 성장을 지속하고 이제 수익성도 꾸준히 상승할 것으로 예상되기에 아마존의 주가 역시 장기적으로 상승세를 지속할 것으로 전망한다.

6. 창업자 소개: 제프 베조스

아마존이 글로벌 대표 기업으로 빠르게 성장할 수 있었던 가장 핵심 요인은 창업자인 제프 베조스Jeff Bezos의 경영 철학과 그의 사업 비전이라 해도 과언이 아니다. 베조스의 핵심 경영철학은 무엇보다 고객을 가장 중요시하고 기술적 혁신을 통해 고객에게 최고의 쇼핑 환경을 제공하는 데 있다. 단기적인 수익 창출보다는 고객에게 가장 적합한 환경을 제공하고 장기적인 성장 전략을 달성하기 위해 적극적인 투자와 과감한 전략을 펼쳐온 점이 아마존의 성공 요인이라 할 수 있다.

제프 베조스의 이런 과감한 결정과 추진력은 그가 처음 아마존을 창립할 때부터 잘 드러난다. 미국 월스트리트에서 투자자로 탄탄대로를 걷던 베조스는 온라인 리테일의 성장 잠재력을 알아보고 다니던 안정적인 직장을 그만두고 과감하게 창업을 선택한다.

1995년 아마존의 수많은 지류支流와 엄청난 수량水量처럼 다양하고 많

은 물건을 파는 쇼핑몰을 만들자는 모토로 온라인 쇼핑몰 '아마존닷컴'을 세우고 처음에는 도서, 음반, 영상물 등 미디어 관련 제품을 판매하기 시작했다. 장기적인 사업 비전이 이미 뚜렷했던 베조스는 쇼핑몰의 판매 품목을 점차 확대해가며 실물 상품뿐만 아니라 앱, 게임 같은 디지털 콘텐츠로 서비스 영역을 넓혔다.

아마존을 경영할 때 베조스가 강조하는 것은 세 가지다. 고객이 가장 중심이며, 혁신적인 방식을 찾고, 장기적인 목표에 맞게 경영 전략을 세우는 것이다. 이러한 경영 철학을 바탕으로 고객들에게 가장 편리한 쇼핑 환경을 제공하고, 시장보다 항상 낮은 가격을 통해 가격 경쟁력을 유지하는 전략이 바로 아마존의 고속 성장의 원동력이다.

알파벳

GOOGL.US

Google

알파벳	
설립 연도	1998
상장일	2004. 4. 29.
주요 주주	블랙록 6.18%
대표자	레리 페이지
홈페이지	abc.xyz

Key Data	
상장주식	미국
시가총액(십억 USD)	886.1
한화(조 원)	1,027.3
PER(2019E)	22.3
52주 최고/최저	1,291 / 977
현재 주가(USD)	1,277

* 기준일: 2019. 4. 26.

주 영업 구성	
구글 광고	86%

* 주: 2018년 말 기준

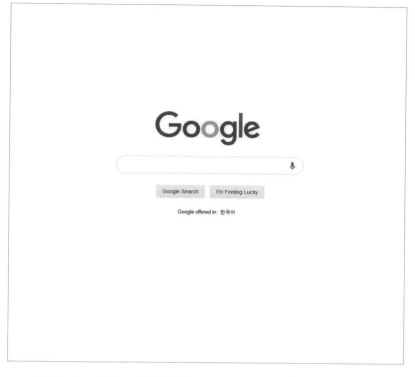

1. 세계 최대 인터넷 기업 구글의 지주회사

알파벳은 세계 최대 인터넷 기업 구글의 지주회사이며 바이오, 자율주행, 초고속 인터넷 서비스 등 다양한 첨단 기술 분야에 자회사를 통해 적극적으로 투자하고 있는 대표 기술 기업이다. 구글 외에 주요 자회사에는 바이오 분야의 칼리코Calico, 자율주행 분야의 웨이모, 초고속 인터넷 서비스 분야의 파이버Fiber 등이 있으며 여러 혁신 벤처기업에 대한 투자는 GV가 맡고 있다.

구글을 제외한 다른 자회사들은 중장기 성장 전략 차원으로 투자하고 있으며 실적 기여도는 아직 크지 않다. 알파벳의 매출액 중 99%가 구글에서 발생하고 있다. 구글은 글로벌 대표 검색엔진으로 전 세계 검색 관련 비중이 90%를 넘게 차지하고 있다. 검색 부문 압도적 점유율은 방대한 데이터 축적으로 이어지고 이는 인공지능 관련 분야에서 알파벳이 우위를 갖게 한다. 인공지능, 클라우드, 자율주행 등 향후 중장기 주요 성장 분야에 적극적으로 투자하고 있는 알파벳은 다양한 분야에서 두각을 나타내고 있다.

2. 빠르게 성장하는 모바일 광고 시장 점유율 1위

디지털 광고 시장 규모는 2019년에 3,000억 달러에 근접하고 2022년에는 4,000억 달러를 웃돌 것으로 전망되고 있다. 글로벌 디지털 광고 시장

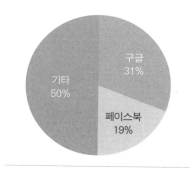

글로벌 디지털 광고 시장 점유율

구글
31%

페이스북
19%

기타
50%

자료: 이마케터, 《월스트리트저널》, 하나금융투자

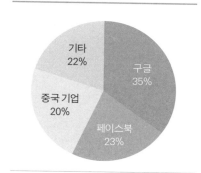

글로벌 모바일 광고 시장 점유율

기타
22%

중국 기업
20%

구글
35%

페이스북
23%

자료: 《월스트리트저널》, 하나금융투자

에서 구글은 31%를 차지하고 있으며 미국 시장의 경우 39% 비중이다. 미국 시장에서 구글과 페이스북은 각각 39%, 20%로 두 회사가 미국 시장의 60%를 점유하고 있다.

디지털 광고 중에서도 모바일 광고 시장이 빠르게 성장하고 있다. 2019년에는 모바일 광고가 전체 디지털 광고 시장에서 75% 이상을 차지할 것으로 전망되고 있다. 구글은 모바일 광고 시장에서 35% 점유율로 1위 사업자이다. 글로벌 휴대폰 80%가 안드로이드 운영체제를 사용하고 구글이 안드로이드 운영체제를 보유하고 있다는 점에서 모바일 광고 고성장은 지속될 것으로 기대된다.

구글이 미래 성장 동력으로서 적극적으로 투자하고 있는 핵심 분야는 인공지능 관련 사업이다. 선다 피차이Sundar Pichai 구글 CEO는 2017년 연례 개발자 회의에서 "20억 개의 안드로이드 기기가 매달 활성화되고 있으며, 유튜브 콘텐츠가 매일 10억 시간 시청되고, 구글 지도를 통해 찾는 거

지주회사 알파벳 구조

자료: 알파벳, 하나금융투자

알파벳 주요 사업별 매출 구성

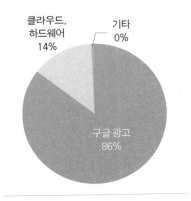

자료: 알파벳, 하나금융투자

리가 매일 10km라며 하루에도 수많은 데이터가 쌓이고, 이를 통해 가치 있는 비즈니스 재료로 만들어주는 도구가 인공지능"이라고 강조했다.

시장조사 업체 IDC에 의하면 전 세계 인공지능 시장은 2016년 80억 달러에서 2020년까지 연평균 56% 성장, 470억 달러에 이를 것으로 전망된다. 이처럼 빠르게 성장하는 인공지능 시장 속에서 가장 많은 데이터를 축적해나가는 알파벳의 경쟁력은 향후 더욱더 두각을 보일 것으로 전망된다.

① 디지털 광고

알파벳의 매출 구성은 구글의 디지털 광고가 전체 매출액에서 86%를 차지하고, 구글의 클라우드와 하드웨어, 서비스 사업이 13%, 기타 자회사가 약 1%를 차지하고 있다. 구글 서비스 사업은 구글 플레이, 유튜브 구독 관련 서비스 등이 포함되어 있다.

구글 광고 매출은 구글의 모바일 광고와 유튜브, 프로그래매틱 광고 (프로그램이 자동으로 이용자의 검색 정보를 분석해 이용자가 필요로 하는 광고를 띄워주는 기법)가 지속해서 높은 성장을 기록하면서 매 분기 전년 동기 대비 20%를 넘는 성장을 달성하고 있다. 클라우드, 하드웨어 등이 포함된 구글의 기타 사업은 구글의 공격적인 투자를 바탕으로 빠르게 성장하면서 2018년 2분기까지 7개 분기 연속 35% 넘는 고성장을 기록했다.

구글 광고 매출 & 성장 추이

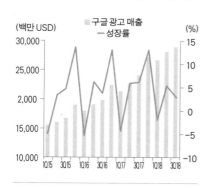

자료: 알파벳, 하나금융투자

광고 매출 중 트래픽 비중

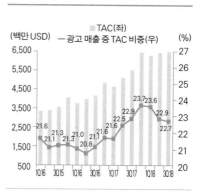

자료: 알파벳, 하나금융투자

2부 4차 산업 1등주 분석

알파벳 매출액은 2016~2017년 연속 20% 넘는 안정적인 고성장을 기록했으며 2018년에도 25% 가까운 성장을 달성한 것으로 보인다. 디지털 광고 시장 자체가 중장기적으로 꾸준히 성장하고 구글 역시 높은 점유율을 유지하고 있기 때문이다. 디지털 광고 중에서도 모바일 광고 성장세가 고무적이다. 구글 모바일 검색엔진과 크롬 브라우저에 대한 휴대폰 사용자들의 선호도가 높기 때문에 모바일 광고 시장에서 구글의 경쟁력은 막강하다. 모바일 광고 시장이 가파르게 성장하고 있으므로 구글의 모바일 광고 매출 고성장 역시 지속될 것으로 기대된다.

② 클라우드 등 기타 사업

구글의 성장과 관련해 또 주목할 점은 클라우드, 하드웨어 사업 등이 포함된 구글의 기타 사업 부문이다. 구글은 퍼블릭 클라우드 시장에서 1, 2위 사업자인 아마존과 마이크로소프트에 비해 점유율이 낮지만 막강

클라우드, 하드웨어 등 기타 사업 성장 추이

자료: 알파벳, 하나금융투자

AI 기반 하드웨어 라인업 강화

자료: 알파벳, 하나금융투자

한 자금력을 바탕으로 공격적으로 투자하고 있기에 클라우드 사업도 계속 확대될 것으로 기대된다. 특히 구글이 가지고 있는 인공지능을 바탕으로 한 기술 경쟁력을 다각도로 활용할 수 있다는 강점이 있다.

하드웨어 부분은 스마트폰, VR 기기, IoT 기기 등 다양한 분야에서 디지털 기기를 제작하고 있다. 그러나 하드웨어 투자는 단기적인 실적 기여를 기대하지 않는다. 구글이 가지고 있는 인공지능 생태계 구축을 통한 장기적인 시장 지배력 확대가 목적이다. 구글은 인공지능 소프트웨어와 하드웨어를 융합하여 구글이 가진 생태계를 더욱 확대할 것으로 기대된다.

글로벌 전체 휴대폰의 약 80%가 구글의 안드로이드 운영 시스템을 사용하고, 유튜브 등 동영상 플랫폼이 빠르게 성장하고 있으며, 구글 맵을 통한 광고 수익화가 일어나는 점 등을 고려해보면 디지털 광고 시장에서 구글의 외형 성장은 더욱 강화될 전망이다. 특히 인공지능 기술을 기반으로 구글이 축적하고 있는 방대한 데이터는 특정 대상을 타깃으로 한 광고 전략에 활용도가 높다는 점에서 최고의 광고 플랫폼으로서 구글 가치는 계속 상승할 것으로 기대된다.

4. 비용 증가세의 완화는 긍정적

알파벳은 매년 20% 넘는 구글 광고 사업의 견고한 성장을 바탕으로 안정적인 실적 추이가 기대된다. 최근 분기 실적 추이에서 보이는 긍정적인 점은 구글의 광고 매출 중 트래픽 유입 비용TAC(타 사이트 광고 수수료)

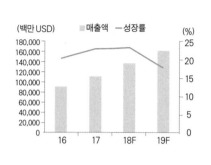

알파벳 전체 매출 및 성장 전망	알파벳 주당순이익(EPS) 전망

자료: 알파벳, 블룸버그 시장 예상치, 하나금융투자　　자료: 알파벳, 블룸버그 시장 예상치, 하나금융투자

이 차지하는 비중이 안정화되고 있다는 것이다. 구글은 공격적인 마케팅을 위해 타 사이트로부터 구글 검색창으로 트래픽 유입 증가를 위해 여러 파트너 기업과 트래픽 유입 계약을 체결해왔다. 이러한 전략으로 광고 매출 성장 속도가 높아진 장점도 있으나 트래픽 유입 비용 역시 크게 늘었다. 특히 2017년 후반에는 광고 매출에서 차지하는 트래픽 유입 비용 비중이 24% 가까이 상승해 비용 증가에 대한 우려를 낳았다. 하지만 2018년 들어와서 비중이 완화되면서 안정화를 보이고 있다.

5. 장기 주가 전망

　알파벳에 대한 중장기 주가 전망이 밝은 이유는 디지털 광고 시장에서의 견고한 실적을 바탕으로 안정적인 성장을 지속할 것으로 기대되며, 동시에 중장기 성장 잠재력이 가장 높은 차세대 혁신 기술 분야에서 뚜렷한 선두주자라는 점이다. 디지털 광고, 특히 모바일 광고 시장의 성장세는 향후 더욱 높아질 것이며 시장 점유율 1위 사업자인 알파벳(구글)이 대표 수혜 기업이다. 글로벌 전체 휴대폰 80%가 구글의 안드로이드 운영 시스템을 사용하고 구글 모바일 검색엔진과 크롬 브라우저에 대한 휴대폰 사용자들의 높은 선호도를 고려해보면 모바일 광고 시장에서의 구글의 경쟁력은 확고해 보인다.

최근 알파벳을 비롯한 주요 인터넷 기업들의 주가에 큰 영향을 주고 있는 이슈는 개인정보 보호 문제이다. 막대한 양의 개인정보를 다루게 되면서 개인정보 보호 관련 문제점이 언론에 드러나고 있고 노이즈가 발생하면서 주가 변동성이 높아졌다. 또한 개인정보 보호 관련 규제 필요성에 대한 목소리가 높아지고 있는 점 역시 리스크 요인이다. 그러나 알파벳 등 주요 인터넷 기업들이 개인정보 보호를 위해 기술적·인적 투자를 적극적으로 하고 있으며 자정 노력을 하고 있다는 점에서 우려는 점차 완화될 것으로 기대된다. 유럽과 달리 미국의 경우 개인정보 보호 규제 강화 가능성은 크지 않은 것으로 보인다.

현재 주가는 2019E PER 22.3배에 거래 중이다. 2019년에는 트래픽 획득 비용 증가 및 클라우드 시장 확대를 위한 적극적 투자로 EPS가 전년 대비 7% 성장에 그칠 것으로 예상된다. 중장기 성장 동력 확대를 위한 전략적 비용 증가로 보인다. 수익성은 2020년부터 다시 높은 증가세가 예상된다. EPS는 2020년과 2021년에 20%에 가까운 성장이 기대되고 있다.

알파벳은 막대한 자금력을 활용하여 미래 성장 동력에 적극적인 투자

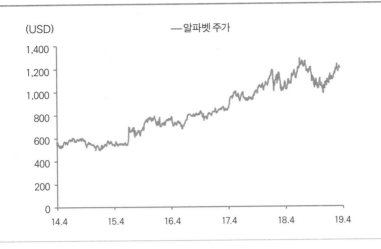

(USD)　　　　　　　　　—알파벳 주가

를 지속할 것으로 보이며 인공지능, 클라우드, 자율주행차 등 핵심 4차 산업 기술에서 기술 경쟁력을 바탕으로 시장 지배력을 더욱 강화할 것으로 전망된다. 인공지능, 클라우드, 자율주행차 등이 지금 당장 실적에 큰 기여를 하고 있지는 않지만 향후 2~3년 안에 해당 시장이 본격적으로 커지기 시작하면서 중장기적으로 높은 성장을 견인할 것으로 기대된다.

6. 창업자 소개: 래리 페이지

래리 페이지Larry Page는 구글의 창업자이자 알파벳의 최고경영자이다. 부모 모두 컴퓨터공학 교수인 환경에서 자란 페이지는 어려서부터 컴퓨터

에 관심이 높았고 초등학교 시절 학교에서 워드 프로세서를 사용하여 과제를 제출한 첫 학생이었다. '니콜라 테슬라'를 존경했던 레이 페이지는 미시간대학교에서 컴퓨터공학을 전공했으며 스탠퍼드 대학원에서 컴퓨터 사이언스 연구를 진행했다. 스탠퍼드 시절 구글 공동 창업자인 세르게이 브린Sergey Brin을 만나서 함께 웹 페이지의 가치를 매기는 방법에 대한 연구를 시작했으며, 이 프로젝트에 대해 처음에는 '백럽Back Rub'이라는 이름을 붙였다가 후에 구글로 바꾸게 된다.

래리 페이지의 경영 철학 핵심 중 하나는 벤처기업의 열정과 도전 정신으로 회사를 운영하고자 하는 점이다. 구글은 주식을 상장했을 때 차등 의결권을 채택, 외부와 투자자의 영향에 휘둘리지 않고 경영진의 의결권을 보장받았고, 래리 페이지의 경영 철학을 뚝심 있게 발휘할 수 있게 되었다. 단기적인 실적 증가에 초점을 맞추지 않고 벤처기업처럼 계속 도전하고 혁신 기술 개발을 중시하면서 구글은 항상 차세대 기술 분야에서 선두주자 자리를 차지하게 된다.

래리 페이지의 또 다른 중요 경영 철학은 소통이다. 구글의 소통 시스템인 'TGIFThanks God It's Friday'가 이를 잘 보여주는 대표적인 예다. 매주 금요일에 직원들이 모여서 각자의 생각과 불만을 말하고 서로 알아가는 소통의 자리다. 이러한 소통의 자리를 통해 새로운 아이디어가 생겨나고, 이것이 또한 새로운 비즈니스 모델로 이어지게 되면서 구글 문화에 중요한 요소로 자리 잡게 되었다. 구글은 현재 TGIF를 금요일이 아닌 목요일에 열고 있는데 전 세계 직원들이 아이디어를 제시할 수 있게 하기 위함이다.

래리 페이지는 언론에 자신을 드러내지 않는 조용한 성격이다. 그래서 다른 대표 IT 기업들의 창업자인 빌 게이츠, 스티브 잡스, 제프 베조스 등에 비해 비교적 덜 알려져 있다. 그러나 구글이 그동안 보여온 혁신적인 사업 방식, 도전적인 경영 전략, 소통이 중요시되는 기업 문화는 창업자이자 최고경영자인 래리 페이지가 이끌고 쌓아온 것이며, 래리 페이지야말로 이 시대의 대표적 혁신 아이콘 중 하나라는 점을 잘 보여준다.

페이스북
FB.US

facebook

페이스북	
설립 연도	2004
상장일	2012. 2. 1.
주요 주주	뱅가드 그룹 INC 7.18%
대표자	마크 저크버그
홈페이지	www.facebook.com

Key Data	
상장주식	미국
시가총액(십억 USD)	546.6
한화(조 원)	633.7
PER(2019E)	22.6
52주 최고/최저	219 / 123
현재 주가(USD)	191

* 기준일: 2019. 4. 26.

주 영업 구성	
디지털 광고	98.30%

* 주: 2018년 말 기준

1. 소셜 네트워크 서비스의 독보적 1위 기업

페이스북은 글로벌 소셜 네트워크 서비스 분야 독보적인 1위 기업이다. 페이스북 플랫폼뿐만 아니라 왓츠앱WhatsApp, 메신저Messenger, 인스타그램Instagram 등 페이스북이 가지고 있는 플랫폼들 모두 대표적인 소셜 네트워크 서비스이다. 페이스북의 월간 활성 사용자MAU 수는 22억 명으로 다른 경쟁사의 플랫폼과 비교할 수 없는 압도적인 규모이다. 페이스북뿐만 아니라 왓츠앱 15억 명, 메신저 13억 명, 인스타그램 10억 명으로 모든 플랫폼의 MAU가 최소 10억 명을 넘어섰다.

페이스북의 주요 사업은 소셜 네트워크 서비스 플랫폼의 막대한 가입자 수를 기반으로 다양한 광고 상품을 개발하고 광고주 수를 늘려 광고 수익을 증대시키는 것이다. 페이스북이 가진 4개의 대표 플랫폼 중에서 인스타그램은 이제 막 수익화가 시작되었으며, 메신저와 왓츠앱은 이들 플랫폼을 통한 수익 창출 시도가 아직 본격적으로 시작되지 않았다. 페이스북은 2019년부터 왓츠앱의 서비스를 다양화시켜 수익 모델을 확대할 계획이다. 이들 플랫폼이 보유하고 있는 막대한 가입자 기반을 고려해보면, 향후 적극적인 수익화 시도가 이루어지면서 높은 실적 기여도가 기대된다.

2. 모바일 광고 시장 성장 가속화 기대

디지털 광고 산업은 높은 성장을 이어오고 있다. 글로벌 디지털 광고 시장 규모는 2019년에 3,000억 달러에 근접하고 2022년에는 4,000억 달러를 넘어설 것으로 전망되고 있다. 글로벌 디지털 광고 시장에서 페이스북은 19%를 차지, 구글에 이어 점유율 2위다.

디지털 광고 중에서도 모바일 광고 시장이 빠르게 성장하고 있다. 2019년에는 모바일 광고가 전체 디지털 광고 시장에서 75% 이상을 차지할 것으로 예측되고 있다. 모바일 광고 시장에서 페이스북은 23%로 구글 35%에 이어서 점유율 2위 기업이다.

전체 광고 시장에서 디지털 광고가 차지하는 비중이 계속 늘어나고 있으며, 특히 모바일 광고에 대한 광고주의 수요는 더욱 높아지고 있다. 소셜 네트워크 서비스를 사용하는 사람들의 수가 점점 늘어나고 있고, 특히 젊은 세대의 경우 소셜 네트워크 서비스 사용률이 비약적으로 높아지고 있으므로 광고주들의 높은 관심을 받고 있다.

2018년 미국 기업의 광고 마케터들을 대상으로 한 설문 조사에서 디지털 플랫폼을 유료 광고 매체로 사용한 적이 있는 기업 중 94%가 페이스북을 유료 광고 매체로 사용하여 1위를 차지했으며, 인스타그램이 44%로 2위, 링크드인과 트위터가 각각 26%로 공동 3위를 기록했다. 페이스북의 두 핵심 플랫폼이 3위와 압도적인 차이를 벌리며 1위와 2위를 차지하고 있다. 또한 광고 마케터들은 향후 사용할 유료 광고 플랫폼으로 페이스북과 인스타그램을 가장 선호하고 있다.

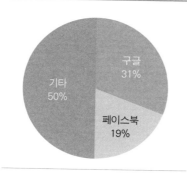

글로벌 디지털 광고 시장 점유율

구글
31%

기타
50%

페이스북
19%

자료: 이마케터, 《월스트리트저널》, 하나금융투자

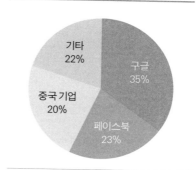

글로벌 모바일 광고 시장 점유율

기타
22%

중국 기업
20%

구글
35%

페이스북
23%

자료: 《월스트리트저널》, 하나금융투자

기업 마케터들이 사용한 유료 광고 플랫폼 비중

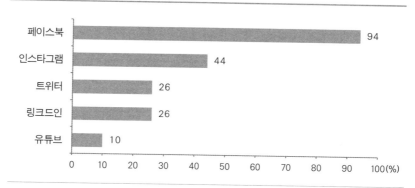

페이스북	94
인스타그램	44
트위터	26
링크드인	26
유튜브	10

0 10 20 30 40 50 60 70 80 90 100(%)

자료: 〈The State Of Social 2018〉, 하나금융투자

3. 사업 구성 및 매출 전망

페이스북의 사업 모델은 막대한 가입자를 기반으로 디지털 광고 상품을 다양하게 제공함으로써 수익을 창출하는 데 주력한다. 전체 매출의 98%를 광고 매출이 차지하고 나머지는 결제 및 기타 수수료로 구성되어

있다. 광고 매출은 세부적으로 모바일 광고와 PC 광고로 구분된다. 모바일 광고 매출이 빠른 속도로 증가해 전체 광고 매출에서 차지하는 비중이 2013년 45%에서 2017년에는 88%로 늘어났다. 모바일 광고 시장 자체가 빠르게 커지고 있고 페이스북의 시장 점유율도 높아지면서 모바일 광고 비중은 2018년 3분기에 페이스북 전체 광고 매출에서 91%까지 확대되었다. PC 광고 매출은 그 비중이 지속적으로 하락, 2013년 55% 비중에서 2018년 3분기 기준 8%로 줄어들었다. 지역별 매출 비중은 2018년 3분기 기준 미국 및 캐나다 49%, 유럽 24%, 아시아 18%, 기타 지역이 10% 순이다.

페이스북은 2018년 1분기까지 11개 분기 연속 어닝 서프라이즈를 기록했으며 2년간 분기 평균 거의 50%(YoYYear-on-Year)에 가까운 높은 매출 성장을 기록했다. 2018년 2분기에도 42%로 고성장 추이를 이어갔으나

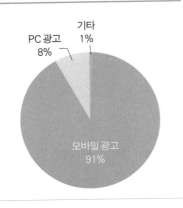

페이스북 광고 타입별 매출 비중

자료: 페이스북, 하나금융투자

페이스북 지역별 매출 비중

자료: 페이스북, 하나금융투자

3분기에는 33%로 외형 성장이 다소 주춤했다. 이는 주요 수익원 역할을 해온 페이스북 플랫폼의 사용자 수 증가 추이가 다소 완만해지고 유럽에서 개인정보 보호법이 2018년 5월 새롭게 발효되면서 일정 부분 영향을 주었기 때문이다.

최근 페이스북의 실적 성장 둔화는 사용자 개인정보 보호 이슈 및 가짜 사용자 계정을 없애는 페이스북의 자정 노력과 일정 부분 연관되어 있다. 2016년 미국 대선에서 페이스북의 사용자 개인정보가 공화당 진영의 미디어 업체 쪽에서 활용된 '캐임브리지 애널리티카Cambridge Analytica' 사건 발생 이후 인터넷 기업, 특히 소셜 네트워크 기업에 대한 규제 강화 목소리가 높아지고 있으며 페이스북 역시 적극적인 자정을 통해 사용자들의 신뢰도를 다시 얻기 위한 노력에 힘쓰고 있다.

이미 월간 활성 사용자 수가 22억 명을 넘어섰으며, 최근 여러 개인정보 이슈 등으로 일시적이지만 사용자들의 접속 시간 등이 줄어들고 페이스북이 가짜 계정을 적극적으로 없애는 등 여러 요인이 작용하면서 페이스북의 월간 활성 사용자 수MAU와 일간 활성 사용자 수DAU 증가는 최근 이전 분기들 대비 다소 줄어들었다.

최근 매출 성장 폭이 둔화되고 있고 2019년 역시 이러한 둔화 추이가 지속될 것으로 보인다. 그러나 2019년은 페이스북이 새롭게 재도약하기 위한 전환기이자 준비 기간이라 할 수 있다. 우선 페이스북 플랫폼에서 그동안 광고 성장을 이끌어왔지만 최근 성장 정체를 보이는 뉴스피드News Feeds 섹션 대신에 최근 성장성이 크게 부각되고 있는 동영상 섹션을 새로운 성장 분야로 확대할 계획이다. 또한 인스타그램과 왓츠앱 서비스를 적

페이스북 MAU 추이	페이스북 DAU 추이

 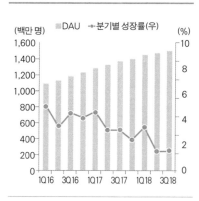

* 주: 전 분기 대비 성장
자료: 페이스북, 하나금융투자

* 주: 전 분기 대비 성장
자료: 페이스북, 하나금융투자

극 활용하여 다양한 수익 창출 방안을 마련할 계획이다.

인스타그램 성장 전망은 특히 긍정적이다. 페이스북 플랫폼은 10대를 비롯해 비교적 젊은 층 사용 비중이 작았던 것과 반대로 인스타그램은 젊은 층에서 큰 인기를 끌고 있기 때문이다. 특히 인스타그램 스토리 섹션을 통해 동영상 광고 등 다양한 광고 상품 개발이 이루어지면서 광고주들에게 좋은 반응을 얻고 있다.

인스타그램뿐만 아니라 왓츠앱의 실적 기여도 기대되고 있다. 페이스북은 왓츠앱을 기업들이 소비자들과 소통하는 채널로 이용하게 하고 그에 따른 수수료를 부과하는 서비스를 새롭게 론칭했다. 인스타그램 MAU가 10억 명, 왓츠앱 MAU가 15억 명을 넘어선다는 점에서 이러한 다양한 서비스 개발은 향후 실적 성장에 크게 기여할 것으로 전망된다.

개인정보 보호 이슈와 가짜 계정 등 여러 문제를 해결하기 위해 페이스북은 보안 기술과 인력에 적극 투자할 계획이다. 이는 단기적으로 비용 증가와 수익성 하락으로 이어질 전망이다. 그러나 장기적으로 긍정적 실적 추이를 이끌기 위한 단기적 비용 확대라 할 수 있다.

페이스북은 2019년에 영업 비용이 전년 대비 40~50% 증가할 전망이다. 보안 관련 비용 확대 및 AR·VR, 비디오 콘텐츠 등 중장기 성장 분야에 적극적으로 투자할 것으로 예상된다. 이러한 비용 증가는 단기적으로는 페이스북의 수익성을 약화시킬 수 있지만 미래를 위한 투자라는 점에서는 긍정적이다. 보안 관련 투자는 최근 문제가 되는 개인정보 해킹 등의 이슈에 대한 우려를 없앨 수 있을 것으로 기대된다. 페이스북은 2019년에는 내부적으로 목표하는 보안 수준을 달성할 것이라고 자신감을 보인다.

페이스북 매출액 & 성장 전망

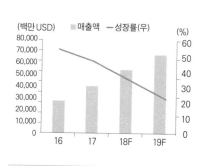

자료: 페이스북, 블룸버그 시장 예상치, 하나금융투자

페이스북 주당순이익(EPS) 전망

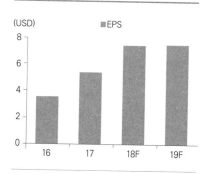

자료: 페이스북, 블룸버그 시장 예상치, 하나금융투자

2014년부터 꾸준하게 상승세를 이어오던 페이스북 주가는 2018년 초에 개인정보 보호 이슈가 크게 부각되면서 급락을 겪었다. 페이스북을 비롯한 소셜 네트워크 기업들이 사용자 개인정보 보호 관련 이슈로 부정적인 언론 노출이 잦아지면서 사용자 가입 추이에 부정적인 영향을 주었고 이는 바로 주가 하락으로 이어졌기 때문이다. 또한 유럽에 이어서 미국에서도 인터넷 기업들에 대한 개인정보 보호 관련 규제를 강화해야 한다는 목소리가 커지고 있다.

개인정보 보호와 관련해 페이스북은 적극적인 자정 노력을 펼치고 있으며 보안 기술과 인력 강화를 전략적으로 시행하고 있다. 2019년에는 인스타그램, 왓츠앱 등 인기 있는 플랫폼을 바탕으로 새로운 수익 모델을 만들면서 다시 실적이 반등하고 있다. 가입자 증가 역시 다시 회복하며 주가 반등세를 이어가고 있다. 개인정보 보호 이슈 관련 노이즈는 당분간 계속될 수 있으나 규제 강화 가능성은 크지 않은 것으로 보인다.

페이스북은 중장기 고성장 대표 기업이다. 모바일을 기반으로 한 소셜 네트워크 서비스 플랫폼 시장은 장기적으로 큰 폭으로 확대될 것으로 예상되며 페이스북이 가진 소셜 네트워크 서비스 대표 플랫폼들이 압도적인 위치를 차지하고 있기 때문이다.

모바일 플랫폼에서 사진과 동영상 섹션에 대한 수요는 계속 높아질 것으로 보이며 인스타그램이 대표 플랫폼으로서 지배력을 확고히 할 것으로 기대된다. 페이스북은 인스타그램에서 동영상 섹션을 가장 중요한

최근 주가 추이

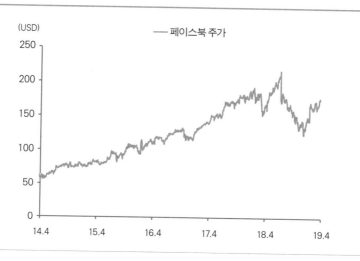

성장 동력으로 키우고 있다. 또한 인스타그램 플랫폼 안에서 쇼핑 등 여러 새로운 서비스를 론칭하여 수익화 방안을 더욱 다각화시키고 있다. 2018년부터 인스타그램의 실적 기여도는 빠르게 높아지고 있으며 향후에는 더욱 커질 것으로 기대된다.

페이스북의 주가는 현재 2019년 PER 23배에 거래 중이다. 2019년은 보안 기술 및 인력 강화를 위한 전략적인 비용 증가 시기로 EPS가 전년 대비 비슷한 수준에 머물겠지만 2020년에 17%, 2021년에는 22% 등 견고하게 성장할 것으로 기대되고 있다. 중장기 견고한 성장성과 안정적인 수익 증가를 고려해볼 때 중장기 주가 역시 상승세를 이어갈 수 있을 것으로 기대된다.

마크 저커버그Mark Elliot Zuckerberg는 어려서부터 프로그래밍 개발에 뛰어난 실력을 보였다. 그는 아버지 사무실 직원들의 커뮤니케이션을 돕는 애플리케이션을 개발했으며 고등학교 재학 시절에는 '시냅스 미디어 플레이어'라는 소프트웨어를 만들기도 했다. 인공지능을 활용해 사용자의 음악 감상 습관을 학습하는 음악 플레이어였다. 이를 보고 마이크로소프트에서 저커버그를 영입하고자 했으나 그는 이 제안을 거절하고 하버드에 입학했다.

마크 저커버그는 컴퓨터뿐만 아니라 인문학과 심리학에 대한 관심도 상당히 높았다. 고등학교 시절 서양 고전학 과목에서 두각을 나타내었고 대학 시절에는 〈일리아드〉와 같은 서사시를 즐겨 읽었다고 한다. 또한 대학에서 컴퓨터공학과 함께 심리학을 복수 전공했다. 그가 심리학을 공부한 이유에 대해 "사람들이 가장 흥미를 갖는 것은 다른 사람들"이라고 인터뷰에서 밝히기도 했다. 페이스북이 '커뮤니케이션'의 가장 혁명적인 플랫폼으로 자리 잡을 수 있었던 저력은 바로 저커버그의 사람에 대한 관심에서 시작된 것이라 할 수 있다.

페이스북의 전신은 학생들의 이미지를 통해 매력도를 측정하는 페이스매쉬Facemash로 친구들과의 일종의 장난에서 시작했다. 이후 2004년 하버드 학생들만 이용 가능한 일종의 인맥 관리 서비스로서 페이스북이 만들어졌고 나중에 전국 대학교, 고등학교 등으로 그 범위가 넓어졌다. 2006년에는 13세 이상이면 누구나 페이스북을 이용할 수 있게 되었다.

　페이스북 성공의 비결은 마크 저커버그의 철학과 연관이 깊다. 저커버그는 "무언가를 개선하기 위해서라면 그것을 깨뜨리는 것도 괜찮다"고 견해를 밝혀왔다. 그의 페이스북 프로필에 써놓은 관심 항목들도 이를 잘 드러낸다. "개방, 깨뜨리기, 혁명, 정보 흐름, 미니멀리즘, 별로 중요하지 않은 것은 모두 없애려는 욕망."

　다른 사람에 대한 관심이 많고 서로 소통하는 방법에 있어서 기존의 방식을 모두 깨뜨리고 새로운 플랫폼을 제시하여 커뮤니케이션의 혁명을 이끌어온 마크 저커버그의 성공 스토리는 바로 그의 철학에 뿌리를 내리고 있다. 저커버그의 이러한 철학은 페이스북이 항상 새로운 방식으로 서비스를 제공하고 혁신을 추구하는 것에서도 잘 드러난다.

넷플릭스
NFLX.US
NETFLIX

넷플릭스	
설립 연도	1997
상장일	2000. 4. 18.
주요 주주	캐피털 그룹 컴퍼니 INC 10.72%
대표자	리드 헤이스팅스
홈페이지	www.netflix.com

Key Data	
상장주식	미국
시가총액(십억 USD)	163.9
한화(조 원)	190.0
PER(2019E)	94.3
52주 최고/최저	423 / 231
현재 주가(USD)	375

* 기준일: 2019. 4. 26.

주 영업 구성	
동영상 스트리밍	96.10%

* 주: 2018년 말 기준

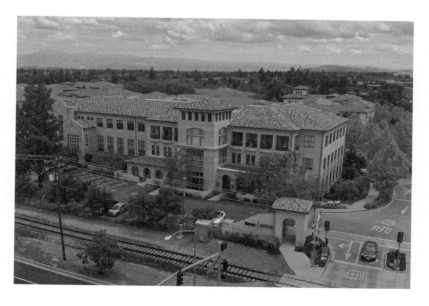

1. 글로벌 최대 온라인 스트리밍 기업

넷플릭스는 세계 최대 온라인 동영상 스트리밍 서비스 사업자로 중국을 제외한 세계 대부분의 국가에 진출해 있다. 스마트 기기 발달로 동영상 소비 방식이 변해 원하는 시간대에 원하는 장소에서 영화와 TV 프로그램을 즐길 수 있게 되면서 동영상 스트리밍 서비스 시장은 빠르게 커지고 있다. 이에 따라 그 선두주자인 넷플릭스의 위상은 더욱 확고해지고 있다.

넷플릭스 서비스의 핵심 경쟁력은 오리지널 콘텐츠 파워이다. 콘텐츠 제작에 적극적으로 투자하고 대형 히트작들을 계속 만들어내면서 넷플릭스의 브랜드 파워가 더욱 강화되고 있다. 〈하우스 오브 카드〉, 〈오렌지 이스 더 뉴 블랙〉, 〈괴이한 이야기〉 등 넷플릭스에서만 방영되는 인기 시리즈를 배출함으로써 가입자 증가를 이끄는 콘텐츠 파워가 넷플릭스의 핵심 경쟁력이다.

2. 동영상 스트리밍 산업, 성장 가속화 기대

OTTOver The Top 서비스란 인터넷을 통해 드라마나 영화 등의 다양한 미디어 콘텐츠를 가입자에게 직접 제공하는 서비스이다. 다양한 스마트 기기 발달에 따라 TV 시청 대신에 스마트 기기를 통한 콘텐츠 소비가 가능해지면서 OTT 산업이 빠르게 확대되고 있다. OTT 서비스는 다양한 디바이스와 운영체제를 통해 제공되기 때문에 편리함과 범용성이 강조되며 기존 콘텐츠 유통 구조를 바꾸며 시장을 확장하고 있다. 글로벌 OTT 시장은《방송영상산업 백서》에 의하면 2018년 약 33조 원으로 전망되고 있다. 전 세계적으로 스마트 기기의 보급과 이에 따른 생활 패턴 변화로 동영상 스트리밍 시장은 지속적으로 확대될 것으로 예상된다.

콘텐츠 유통 구조의 변화로 글로벌 '코드 커팅Cord Cutting' 현상이 확대되고 있다. 이것은 케이블 TV와 같은 기존 전통적인 유료 방송 시스템에 가입해 있는 사용자가 가입을 해지하고 인터넷 TV나 OTT 등 새로운 온라인·모바일 플랫폼으로 이동하는 것을 의미한다. 미국에서 넷플릭스의 가입자가 미국 유료 케이블 TV 가입자 수를 넘어서면서 코드 커팅 현상은 구체적 수치로 나타나고 있다. 미디어 관련 시장조사 업체 라이크만 리서치가 집계한 자료에 따르면 2017년 3월 미국 유료 케이블 TV 가입자는 4,861만 명을 기록해 5,085만 명의 유료 가입자를 확보한 넷플릭스에 추

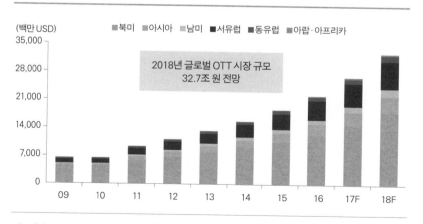

빠르게 성장하는 글로벌 OTT 시장

자료:《방송영상산업 백서》, 하나금융투자

월당했다. 이러한 현상은 미국뿐만 아니라 중국, 한국 등 아시아권에서
도 나타나고 있다. 정보통신정책연구원KISDI 자료에 따르면 2012년 대비
2017년 한국 유료 방송 서비스 해지율은 5.97%에서 6.86%로 증가했다.

넷플릭스는 유료 방송 대비 저렴한 가격, 차별화된 콘텐츠와 맞춤형 서
비스 제공으로 1위 사업자로서의 브랜드 파워를 이어가고 있다. 2017년
기준 시장조사 기관 컴스코어ComScore가 조사한 내용(복수 응답)에 따르면
OTT 서비스에 대한 선호도에서 넷플릭스가 약 74%, 유튜브가 54%, 아
마존의 '프라임 비디오'가 33%를 차지했다. 또한 센서타워의 조사 결과
2018년 3분기 기준 미국 내 월정액 기반 OTT 서비스 순위는 넷플릭스,
유튜브, HBO 나우HBO NOW, 훌루HULU, 스타즈Starz 순이었다.

글로벌 전체 인터넷 가입자 수는 중국을 제외하고 약 7억 명 정도로 예
측된다. 따라서 넷플릭스의 글로벌 침투율은 약 17%로 추정되고 있다. 하
지만 미국 시장에서의 침투율이 약 60%를 차지하고 있다는 점을 고려해
보면 해외 시장 침투율은 겨우 10% 정도로 보인다. 따라서 넷플릭스의 해
외 시장 가입자 증가 잠재력은 여전히 높다.

3. 사업 구성 및 매출 전망

넷플릭스 사업은 온라인 스트리밍 서비스와 DVD 대여 사업으로 나뉘
어 있다. 매출의 98%가 스트리밍에서 발생한다. 따라서 넷플릭스 성장에
서 가장 중요한 요소는 가입자 수 증가이다. 넷플릭스의 전체 가입자 수

는 2018년 3분기 기준 전년 동기 대비 26% 증가한 1.4억 명이며 유료 가입자 수도 25% 증가하며 1.3억 명을 돌파했다. 전 분기 기준으로는 각각 5% 늘어났다.

전체 가입자 추이

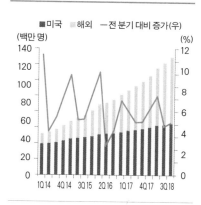

자료: 넷플릭스, 하나금융투자

유료 가입자 추이

자료: 넷플릭스, 하나금융투자

사업별 매출액 비중

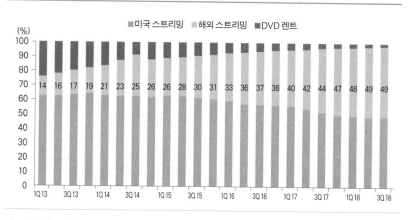

자료: 넷플릭스, 하나금융투자

넷플릭스의 미국 시장 침투율이 이미 60%를 기록하고 있기에 넷플릭스의 성장 전략은 해외 시장 확대에 초점이 맞추어져 있다. 현재 중국을 제외한 200여 국가에 진출했다. 최근 해외 시장 가입자 수가 빠르게 늘어나면서 전체 가입자와 유료 가입자에서 차지하는 해외 가입자 수의 비중은 각각 57%, 56%를 차지하게 되었다. 해외 가입자 수가 증가하면서 해외 스트리밍 매출은 2018년 2분기에 처음으로 미국 스트리밍 매출액을 넘어섰다.

앞으로 넷플릭스의 가입자 증가는 해외 시장 확대를 통해 탄탄하게 지속될 것으로 보인다. 넷플릭스는 해외 시장 중에서도 특히 아시아를 집중 공략할 계획이다. 최근 넷플릭스는 아시아에서 17개의 새로운 오리지널 시리즈를 출시하며 아시아 지역에서의 콘텐츠 투자 금액을 2배로 증가할 것이라고 발표했다. 일본, 대만, 태국, 인도, 한국 등에서 각국의 언어로 나라별 트렌드에 맞게 영화와 TV 프로그램을 제작하고 있다. 유럽과 비

인도에서 제작한 오리지널 콘텐츠

**한국 오리지널 콘텐츠
〈킹덤〉(2019년 1월 방송)**

자료: 넷플릭스, 하나금융투자

자료: 넷플릭스, 하나금융투자

교할 때 아시아는 넷플릭스가 가장 늦게 진출한 시장이며 아직 침투율이 매우 낮기 때문에 아시아에서의 시장 상승 잠재율은 매우 높다. 또한 아시아에서 제작된 콘텐츠는 아시아뿐만 아니라 다른 지역에서도 인기가 높다는 점이 확인되고 있다. 넷플릭스는 한국 시장을 타깃으로 한국에서 유명한 작가나 연출진과 계약을 맺고 드라마와 예능 프로그램 등 다수의 작품을 만들고 있다.

넷플릭스는 아시아 시장 중에서 인도 시장을 가장 큰 전략 시장으로 보고 있다. 13억 명 정도의 인구 대비 인터넷 사용자 비중은 아직 크지 않지만, 스마트폰과 인터넷 보급률이 최근 빠르게 증가하고 있다는 점에 비추어 가장 큰 잠재력을 가지고 있기 때문이다.

4. 수익성, 본격적으로 상승 시작

공격적인 투자와 해외 시장 확대로 인해 넷플릭스는 오랫동안 수익을 제대로 내지 못했다. 그러나 이제 본격적인 수익성 강화가 시작될 것으로 예상된다. 지난 몇 년간 적극적인 해외 시장 네트워크 구축을 어느 정도 완료했고 이제 가입자가 본격적으로 늘어나고 있기 때문이다. 넷플릭스의 영업이익은 2017년에 8.4억 달러를 기록했는데, 2018년에는 전년 대비 92% 증가한 16억 달러를 달성했고 2019년에는 62% 증가해 26억 달러를 넘어설 것으로 전망되고 있다.

분기별로 수익성의 변동은 있을 수 있다. 넷플릭스는 콘텐츠를 출시할

넷플릭스 매출액 & 성장 전망	넷플릭스 주당순이익(EPS) 전망

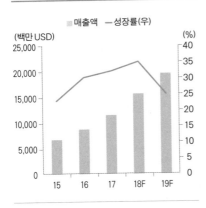

자료: 넷플릭스, 블룸버그 시장 예상치, 하나금융
투자

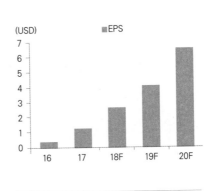

자료: 넷플릭스, 블룸버그 시장 예상치, 하나금융
투자

때 비용 구조를 고려하여 출시하기보다는 콘텐츠에 대한 시장의 요구와
가장 좋은 반응을 얻을 수 있는 적절한 시기에 맞춰 출시한다. 따라서 콘
텐츠 출시에 따라 마케팅 비용이 달라지며 분기 수익성 추이에 영향을
준다.

5. 장기 주가 전망

넷플릭스 주가에 가장 크게 영향을 주는 요인은 가입자 증가 추이다.
그동안 넷플릭스 주가가 가파른 상승세를 이어올 수 있었던 것은 유료 가
입자 수가 전년 대비 25% 넘게 증가했으며, 특히 해외 시장 가입자의 경
우 40% 넘는 가입자 증가 추이를 기록했기 때문이다. 향후에도 넷플릭스

의 주가 전망에서 가장 중요한 요인은 가입자 증가 속도이며 견고한 증가 속도를 이어갈 것으로 기대하고 있다.

넷플릭스 가입자 전망에 대해 긍정적인 이유는 해외 가입자 상승 잠재력이 크기 때문이다. 미국의 경우 넷플릭스의 침투율은 60%에 이르지만 해외 시장의 경우 아직 10% 수준이다. 또한 넷플릭스는 지난 수년 동안 적극적으로 해외 시장 배급망을 확보했고, 이제 그 효과가 본격적으로 나타날 것으로 기대되고 있다.

넷플릭스의 가입자 증가 전망에 대해 긍정적인 또 다른 이유는 넷플릭스가 그동안 입증해온 높은 오리지널 콘텐츠 경쟁력이다. 인기 있는 시리즈를 계속 배출하면서 넷플릭스의 브랜드 파워를 높이고 있다. 흥행뿐만이 아니라 최근에는 작품성도 크게 인정받고 있다. 2018년 미국 TV 드라마 시상식인 에미상Emmy Award에서 넷플릭스의 오리지널 콘텐츠는 23개 부문에서 수상, HBO와 함께 최다 부문 수상을 기록했다. 오리지널 콘텐츠에 힘을 쏟은 지 5년 만에 그동안 16년 연속 에미상 최다 부문 수상을 기록해온 HBO와 어깨를 나란히 하게 되었다. 전체 121개 부문 중 넷플릭스는 112부문, HBO는 108부문에 후보에 오르면서 후보 지명에서는 HBO를 누르기도 했다.

넷플릭스 주가는 현재 2019E PER 94배에 거래 중이다. 넷플릭스가 그동안 공격적으로 해외 시장 확대를 진행하면서 투자자들 역시 수익성보다는 성장성에 주목해왔다. 하지만 2018년부터 수익성 개선을 시작했으며 앞으로 본격적으로 수익성 상승기가 시작될 것으로 기대되고 있다. 넷플릭스는 2018~2021년 4년 동안 EPS가 연평균 70% 상승이 예상되고

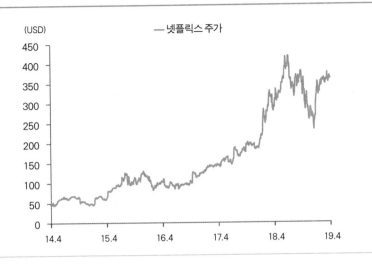

있다.

 글로벌 OTT 시장 성장 가속화가 계속될 것으로 보이고 1위 사업자인 넷플릭스가 가장 큰 수혜를 입을 것으로 보인다. 꾸준한 가입자 증가를 바탕으로 외형 고성장을 지속하면서 이제는 향후 수년 동안 수익성도 가파르게 상승할 것으로 기대되기에 넷플릭스의 중장기 주가 전망 역시 상승세가 계속 이어질 것으로 기대된다.

6. 창립자 소개: 리드 헤이스팅스

 리드 헤이스팅스Wilmot Reed Hastings Jr.는 1960년생으로 보든대학교에서

수학을 전공했으며 스탠퍼드대학교에서 컴퓨터공학 석사과정을 밟았다. 첫 커리어는 IT 기업 어댑티브테크놀러지에서 소프트웨어 디버깅 프로그램 개발 업무였다. 1991년에 소프트웨어 개발 툴을 만드는 퓨어소프트웨어를 설립했다. 6년 동안 퓨어소프트웨어를 빠르게 성장시킨 헤이스팅스는 퓨어소프트웨어가 래셔널소프트웨어에 인수된 후 1997년 넷플릭스를 창업했다.

넷플릭스를 창업하게 된 동기는 비디오를 빌려 보고 제때 반납하지 않으면 비싼 연체료를 내야 하는 점에 의문을 품고 인터넷을 통해 영화 대여와 감상을 할 수 있는 서비스를 만들기 위해서였다. 회사 이름 넷플릭스는 인터넷을 의미하는 'Net'과 영화를 의미하는 'flick'을 더한 것이다.

처음에는 고객이 인터넷을 통해 비디오나 DVD를 주문하면 회사에서 택배나 우편으로 회원에게 배달하는 서비스로 시작했다. 그 후 2007년 인터넷 스트리밍 사업으로 확장했다.

인터넷 스트리밍 서비스라는 아이디어를 생각해내고 실행으로 옮긴 헤이스팅스의 능력도 뛰어나지만, 넷플릭스의 성공을 이끈 가장 핵심적인 요소는 헤이스팅스가 '스토리'가 가지는 힘을 중요하게 여기고 콘텐츠 개발에 집중투자했다는 점이다. 기술 개발이 빨라질수록 콘텐츠 파워는 더욱 막강해진다. 즉 콘텐츠를 가진 기업이 기술을 얻었을 때 경쟁력이 더욱 높아지는 것이다. 넷플릭스는 이미 만들어진 영화나 TV 프로그램을 OTT 서비스를 통해 단순히 전달하는 전달자로서 머무는 것이 아니라 자체적으로 콘텐츠를 개발하는 데 집중해왔고 콘텐츠 강자로서 우뚝 섰다는 점을 가장 주목해야 한다. 재미있는 시리즈가 시작될 때마다 넷플릭스의 회원 가입자 수가 빠르게 급증한다는 점이 콘텐츠 파워를 생생하게 입증하고 있다.

2장

제2의 FANG을 노리는
미국의 1등 기업들

The Best Stock of
The Fourth
Industrial Revolution

애플
AAPL.US

애플	
설립 연도	1976
상장일	1980. 12. 12.
주요 주주	뱅가드 그룹 INC 7.14%
대표자	팀 쿡
홈페이지	www.apple.com

Key Data	
상장주식	미국
시가총액(십억 USD)	963.3
한화(조 원)	1,116.8
PER(2019E)	17.9
52주 최고/최저	233 / 142
현재 주가(USD)	204

* 기준일: 2019. 4. 26.

주 영업 구성	
아이폰	62.80%

* 주: 2018년 말 기준

　애플은 소비자 전자 제품, 컴퓨터 소프트웨어와 온라인 서비스를 설계·개발·판매하는 미국의 다국적 기술 회사이다. 주요 제품으로는 아이폰iPhone(스마트폰), 아이패드iPad(태블릿 컴퓨터), 아이맥iMac(데스크톱), 애플워치Apple Watch(스마트 워치), 애플 TV(스마트 TV), 홈포드HomePod(스마트 스피커)가 포함된다. 애플의 소프트웨어에는 맥Mac OS 및 iOS 운영체제, 아이튠즈iTunes 미디어 플레이어, 사파리Safari 웹 브라우저 등이 있다. 애플이 제공하는 온라인 서비스는 아이튠즈 스토어iTunes Store, iOS 앱스토어iOS App Store, 맥 앱스토어Mac App Store, 애플 뮤직Apple Music, 아이클라우드iCloud 등이다.

2. 글로벌 스마트폰 산업, 2019년은 2020년 성장을 위한 준비의 시간

　글로벌 스마트폰 판매량은 2011년 스마트폰의 태동기와 맞물려 고성장을 시작했다. 2013년 글로벌 스마트폰 출하량은 10억 대를 넘어서고 2016년에 15억 대를 초과했다. 하지만 2016년부터 시장이 포화 상태에 이르러 성장률은 한 자릿수 초반인 4%로 둔화되었고 2017년에는 3%를 기록했다. 선진 시장인 북미와 유럽의 경우 2011~2015년 두 자릿수 대의 성장률을 보였는데, 북미는 2016년 0%, 유럽은 2017년 −4%로 성장 정체와 역성장을 기록했다. 개발도상국 시장에 해당하는 중국은 단일 시장으

2부 4차 산업 1등주 분석

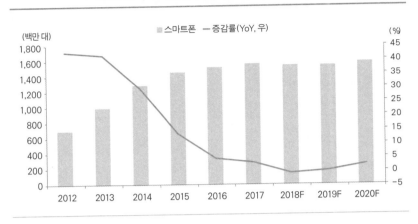

2018년 스마트폰 출하량은 전년 대비 역성장 전망

(백만 대) · 스마트폰 ─ 증감률(YoY, 우) (%)

자료: 카운터포인트, 하나금융투자

로 세계 최대 규모에 해당하는데, 2015년부터 성장률 2%로 빠른 속도로 성장률 둔화를 경험했다. 중국을 제외한 아시아 지역은 2016년부터 성장률 8%로 한 자릿수 성장률에 진입했지만, 2017년에도 6% 성장하고 있어, 상대적으로 성장률이 양호한 지역으로 판단된다.

글로벌 시장조사 업체 카운터포인트리서치Counterpoint Research의 최신 스마트폰 시장 전망 보고서에 따르면 2018년 스마트폰 시장 성장률은 −1.3%로 역대 최초로 마이너스 성장률을 기록한 것으로 분석되었다. 이는 이미 2017년 4분기에 판매량이 마이너스 성장률을 기록하며 어느 정도 예견되었으며 2018년 3, 4분기에도 이 추세가 지속된 것으로 보인다. 스마트폰의 태동기인 2011년부터 2017년까지 지속되었던 스마트폰 시장의 성장이 마침내 멈추게 된 것이다.

2018년과 2019년 스마트폰 판매량의 역성장이 예상되는 이유는 선진

아시아 스마트폰 출하량 및
전년 대비 성장률

자료: 카운터포인트, 하나금융투자

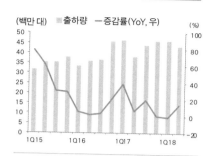

중동·아프리카 스마트폰 출하량 및
전년 대비 성장률

자료: 카운터포인트, 하나금융투자

시장에서 판매량의 역성장이 계속되고 있으며, 세계 최대 규모 시장에 해당하는 중국 시장의 성장률이 무뎌졌기 때문이다. 전체 휴대폰 대비 스마트폰 비중이 글로벌 평균 75%(2018년 상반기 기준)인 이들 지역에서는 스마트폰의 교체 주기가 늘어나며 시장 성장률의 증가가 저해되는 중이다.

한편 스마트폰의 글로벌 ASP(평균 판매 단가)는 근 2년간 미미하게 상승 중이다. IT 제품의 가격은 우하향하는 것이 일반적인데, 스마트폰은 다른 양상을 보였다. 북미와 중국의 평균 판매 단가 상승이 두드러지는데, 북미는 점유율 높은 애플의 가격 인상, 중국은 로컬 4대 업체의 전반적인 단말기 가격 인상이 주요인이다. 두 지역의 출하량 역성장 폭이 크게 나타나고 있는 원인 역시 평균 가격 상승과 밀접한 관계가 있다는 판단이다. 교체 주기의 장기화 원인이 구매를 고민하게 만드는 비싼 가격일 수 있다. 스마트폰 평균 가격(P)의 상승과 출하량(Q)의 역성장이 상호 영향을 주고 있는데, 결국 출하액(PXQ) 기준으로는 성장이 지속되고 있다. 2019년

글로벌 및 지역별 스마트폰 평균 판매 가격 추이

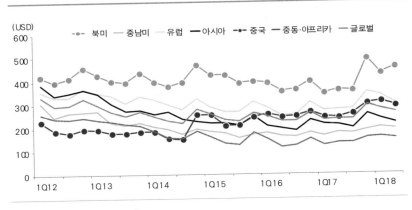

자료: 카운터포인트, 하나금융투자

에도 소비자 가격 저항과 물량 정체로 인해 출하액이 주춤할 것으로 전망한다.

다만 5G의 상용화와 '폴더블Foldable(접을 수 있는)'폰 물량 본격화가 예상되는 2020년에는 물량과 가격이 모두 증가하는 환경이 제공될 것으로 예상된다. 2019년은 2020년 성장을 위해 준비하는 해가 될 것으로 기대된다.

3. 사업 구성 및 매출 전망

애플의 사업 부문은 크게 아이폰, 맥(Portable & Desktop), 아이패드, 서비스, 기타 상품으로 나뉜다. 아이폰 매출이 회사 통틀어 가장 큰 비중인 63%를 차지하고 맥이 약 10%, 아이패드 7%, 서비스 매출 14%, 기타 상품 약 6% 비중이다. 기타 상품의 종류로는 아이팟, 액세서리, 아이튠즈 소프트웨어 및 서비스, 기타 음악 관련 상품과 서비스 등이 있다. 아이폰이 전체 매출액에서 차지하는 비중은 2009년 약 30%에서 2015년 66%로 크게 늘었고, 2018년 현재 약 63%이다. 반면 맥의 경우 2009년 약 32%에서 크게 줄어 2018년 현재 9.6% 수준의 비중을 차지하고 있다.

전체 매출액을 지역별로 세분화하면 북미 42%, 유럽 23.5%, 중국 19.5%, 일본 8%, 기타 지역 6.5% 등이다. 북미, 유럽, 중국 세 지역의 매출 비중이 합쳐서 85%를 차지하고 있다. 계절적으로 10~12월 분기에 연매출의 30~35%가 집중되는 경향을 보이는데, 이는 9월에 출시되는 신모델 효과로 초기에 많은 매출이 발생하기 때문이다.

애플은 아이폰 3G의 성공을 시작으로 2010~2012년에 걸쳐 매출액이 전년 대비 각각 52%, 66%, 45% 성장하는 기염을 토했다. 이후 한 자릿수

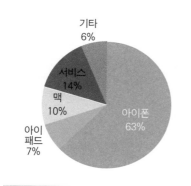

애플 사업 부문별 매출 비중

기타 6%
서비스 14%
맥 10%
아이패드 7%
아이폰 63%

* 주: FY 2018년 기준
자료: 애플, 하나금융투자

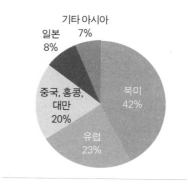

애플 지역별 매출 비중

기타 아시아 7%
일본 8%
중국, 홍콩, 대만 20%
북미 42%
유럽 23%

* 주: FY 2018년 기준
자료: 애플, 하나금융투자

성장을 보이다가 2015년에는 아이폰 6, 아이폰 6+를 통해 더 큰 화면을 원하는 시장의 니즈에 부응함으로써 다시 28%의 두 자릿수 매출 성장률을 기록했다. 2016년에는 역성장을 보이며 혁신성 실종 논란에 휩싸이기도 했으나, 이후 반등하여 무난한 매출액 추이를 이어가고 있다.

4. ASP 인상 전략

애플의 최근 실적 추이에서 가장 인상적인 점은 글로벌 스마트폰 판매 대수 성장이 둔화했음에도 실적 증가를 기록하는 것이다. 이는 애플 특유의 고가 전략 때문이다. 애플은 물량보다는 ASP의 인상에 집중하는 전략을 펼치고 있다. 2017년에 출시된 아이폰 8의 출고 가격은 699달러였으나 새로운 라인업으로 함께 출시된 아이폰 X는 999달러로 크게 상승했다. 2018년 출시된 아이폰 XS의 경우 999달러로 아이폰 X와 똑같지만, 함께

애플의 실적 추이(CY 기준)

(백만 대, USD, 백만 USD)

	2012	2013	2014	2015	2016	2017	2018	2019F	2020F
아이폰 판매량	135.8	153.5	192.7	231.5	215.4	215.8	206.3	185.5	189.7
아이폰 ASP	629	607	626	672	647	686	762	–	–
전사 매출액	164,687	173,992	199,800	234,988	218,118	239,176	261,612	256,362	270,959
전사 영업이익	54,901	48,491	59,366	71,155	59,212	64,259	67,970	62,448	67,918
전사 영업이익	33.3%	27.9%	29.7%	30.3%	27.1%	26.9%	26.0%	24.4%	25.1%

자료: 애플, 하나금융투자

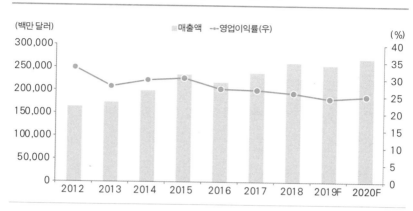

애플의 매출액, 영업이익률 추이

(백만 달러)

■ 매출액   ··●·· 영업이익률(우)

(%)

자료: 카운터포인트, 하나금융투자

출시된 아이폰 XS Max의 출고가는 무려 1,099달러로 1,000달러를 넘어섰다. 기업의 매출액은 결국 가격(P)×수량(Q)이다. 중저가폰 위주로 시장을 점유하고 있는 삼성전자, LG전자와 달리 프리미엄 스마트폰만 연간 1억 개를 넘게 판매하는 애플은 이 때문에 전체 출하량(Q)이 정체되어도 가격(P) 상승을 통해 높은 수익(P×Q)을 유지할 수 있다. 또한 서비스 매출 비중이 2016년 11%에서 2018년 14%로 확대되어 아이폰을 비롯한 하드웨어에 대한 의존도가 하락한 점도 긍정적인 실적 추이 요소 중 하나이다.

5. 장기 주가 전망

애플 주가는 2018년 9월 이후 연말까지 45%에 가깝게 급락한 후

2019년 연초 이후 현재까지 26% 상승하며 반등했다. 주가 급락의 이유는 신규 아이폰 수요에 대한 전망이 약화되고 판매 증가 폭이 과거 대비 큰 폭으로 떨어졌기 때문이다.

신규 아이폰에 대한 수요가 기대에 못 미치고 있으나 여전히 애플 주가에 대한 전망은 밝다. 애플은 스마트폰에 대한 전체적인 수요가 감소하고 있는 상황에도 프리미엄 폰으로서의 브랜드 이미지를 강화하며 가격 상승 전략을 펼쳐왔고, 이러한 ASP 상승 전략으로 아이폰 판매량 정체에도 불구하고 견고한 매출 성장을 이어가고 있다.

특히 애플 고객들의 브랜드 충성도가 높다는 점이 고무적이다. 미국에서는 아이폰에 대한 충성도 조사에서 최근 오히려 충성도가 더 높아지고 있다는 점에 주목해야 한다. 미국 내 스마트폰 사용자 1,000명을 대상으로 이루어진 모건스탠리의 최근 조사에 따르면 향후 12개월 안에 스마트폰을 교체할 가능성이 있는 애플 고객 중 92%가 재구매 계획을 가진 것으로 나타났다. 이것은 경쟁사와 비교할 때 현저하게 높은 수준이다. 또한 이 수치는 전해에 진행한 충성도 조사 결과 대비 6%p가량 증가한 수치이고, 아이폰 6 출시 이후 진행됐던 2015년 9월 조사 기록인 93% 이후로 가장 높다. 이러한 높은 고객 충성도는 애플의 자랑이자 고속 성장의 원동력이다.

글로벌 대표 투자자인 워런 버핏이 애플에 대한 투자 전망을 매우 긍정적으로 보는 첫 번째 이유 역시 바로 애플이 가지고 있는 높은 고객 충성도 때문이다. 이러한 고객 충성도를 바탕으로 하여 애플은 글로벌 IT 산업 내에서 가장 안정적이고 탄탄한 성장 추이를 이어갈 수 있을 것으로 전망된다.

현재 주가는 FY 2020년(2020년 9월 결산) PER 18배에 거래 중이다. EPS 는 FY 2019년에는 전년도 높은 기저로 크게 변화 없겠으나 FY 2020년부 터 본격적으로 두 자릿수 증가 추이를 시작할 것으로 예상된다. 애플이 향후 신규 성장 동력으로 전략적으로 키우고 있는 서비스 사업의 성장이 탄탄하게 지속할 것으로 기대되며 안정적인 수익 증가에 기여할 것으로 전망되고 있다.

높은 고객 충성도를 바탕으로 브랜드 가치는 계속 상승할 것으로 기대 되며, 안정적인 성장과 견고한 수익성이 향후 수년 동안 지속될 것으로 기 대되는 만큼 주가 역시 견고한 상승세가 이어질 것으로 전망된다.

최근 주가 추이

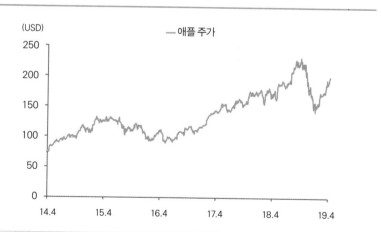

2부 4차 산업 1등주 분석

스티브 잡스Steve Jobs는 초등학교 시절 학교를 자주 빼먹는 비행 청소년 이었다. 하지만 '히스키트'라는 아마추어 전자공학 키트를 얻는 순간 인 생이 바뀐다. 그는 이때부터 전자 제품의 작동 원리를 익힌다. 1972년 포 틀랜드의 리드대학교에서 철학을 공부했으나 1학기만 수강한 후 중퇴했 으며, 1976년 친구 스티브 워즈니악Steve Wozniak과 함께 애플 컴퓨터를 설립 했다.

최초의 개인용 컴퓨터인 애플 1을 공개하고 1984년에는 IBM에 대항 해 그래픽 사용자 인터페이스를 탑재한 애플 리사를 내놓았다. 그러나 비 싼 하드웨어와 소프트웨어 비용으로 실패했다. 결국 잡스는 1985년 경영 에서 물러났다. 애플에서 물러난 잡스는 넥스트 사를 세워 세계 최초의

객체 지향 운영체제인 넥스트 스텝을 개발했고, 1986년에는 컴퓨터 그래픽 회사를 인수하고 이름을 픽사로 바꾸었는데, 이 회사는 후에 할리우드 최고의 애니메이션 기업이 된다. 1997년 넥스트가 애플에 인수되면서 스티브 잡스는 애플로 돌아와 그해 7월 CEO에 복귀했다. 당시 애플은 10억 달러의 적자를 내는 심각한 상황이었으나 잡스의 복귀와 함께 4억 달러의 흑자로 전환하게 된다.

스티브 잡스를 최고의 CEO로 만든 일등공신은 iOS로 무장한 모바일 기기라고 할 수 있다. 2007년 잡스는 아이팟 터치를 내놓으면서 불과 1년 만에 MP3 플레이어 시장을 석권했다. 그리고 아이폰과 아이패드를 연속으로 성공시키면서 애플을 소프트웨어와 하드웨어를 결합한 세계에서 가장 막강한 영향력을 가진 회사로 만들었다. 하지만 사업적인 성공과 더불어 병마가 찾아왔다. 스티브 잡스는 점차 건강이 나빠지자 2011년 결국 최고경영자 자리에서 물러났고, 같은 해 10월 5일 56세의 나이로 세상을 떠났다.

마이크로소프트
MSFT.US

마이크로소프트	
설립 연도	1975
상장일	1986. 3. 13.
주요 주주	뱅가드 그룹 INC 7.48%
대표자	사티아 나델라
홈페이지	www.microsoft.com

Key Data	
상장주식	미국
시가총액(십억 USD)	995.3
한화(조 원)	1,153.9
PER(2019E)	28.5
52주 최고/최저	131 / 92
현재 주가(USD)	130

* 기준일: 2019. 4. 26.

주 영업 구성	
윈도우즈 판매	38.30%

* 주: 2018년 말 기준

Surface Book 2
최상의 노트북에서 경험하는 최고의 성능.

Xbox One S
최고의 게임 시스템이자 4K 엔터테인먼트 시스템.

1. 글로벌 대표 하이브리드 클라우드 강자

세계 최대 소프트웨어 업체였으나 PC 출하량 둔화와 윈도우즈 OS의 점유율 감소로 성장 정체기를 겪었던 마이크로소프트는 클라우드와 모바일을 새로운 주력 사업으로 전환하는 데 성공하면서 글로벌 대표 클라우드 사업체로 재도약했다. 기존 소프트웨어 사업을 통해 굳건하게 다져온 기업용 고객 기반을 바탕으로 퍼블릭 클라우드 서비스와 동시에 기존 전통적인 IT 시스템을 활용할 수 있는 프라이빗 서비스를 동시에 제공할 수 있는 하이브리드 클라우드 서비스가 가능하다는 점이 마이크로소프트 클라우드 사업의 경쟁력이다.

기업 고객들이 퍼블릭 클라우드 서비스로 바로 전환하기보다는 기존 시스템과의 호환성을 높이고 보안 우려가 적은 하이브리드 클라우드 전략을 채택하는 수요가 예상보다 더 크고 오래 지속되고 있는 점은 마이크로소프트에 우호적인 사업 환경이다. 하이브리드 클라우드 전략과 탄탄한 기업 고객 기반을 통해 최근 마이크로소프트는 클라우드 시장 점유율을 높이면서 클라우드 1위 사업자 아마존과의 격차를 줄이고 있다.

2. 클라우드, IT에서 가장 빠르게 성장하는 산업

글로벌 클라우드 서비스 시장은 빠르게 성장하고 있다. 기업들이 IT 시스템을 기존의 레거시 방식에서 디지털 시스템으로 전환하는 것을 최대 과제로 삼고 있기 때문이다. 클라우드 서비스가 도입된 초기에는 자금 여력이 넉넉하지 않은 중소기업 혹은 스타트업들이 주요 고객이었으나 이제는 대기업들에서도 빠르게 발전하는 IT 기술에 적응하기 위해 클라우드 서비스를 채택하는 경우가 계속 늘어나고 있다. IT 업계의 경우 현재 글로벌 클라우드 시장 규모는 여전히 초기 단계이며 기업의 클라우드 전환 속도는 앞으로 더욱 빨라져 클라우드 산업의 고성장이 지속될 것으로 예상하고 있다.

글로벌 IT 리서치 기관 가트너에 따르면 퍼블릭 클라우드(IaaS와 PaaS 기준) 시장은 2016~2021년에 연평균 29% 성장이 기대된다. 마이크로소프트는 퍼블릭 클라우드 시장에서 아마존에 이어 2위 사업자로서 10% 초반 정도의 점유율을 차지하고 있는 것으로 추정된다.

기업들의 '멀티 클라우드' 전략, 즉 한 브랜드의 클라우드 서비스만 사

글로벌 퍼블릭 클라우드 시장 전망

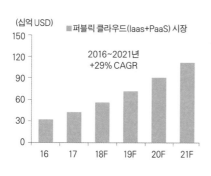

자료: 가트너, 하나금융투자

퍼블릭 클라우드 시장 점유율

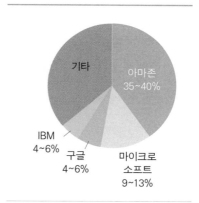

자료: 가트너, 하나금융투자

마이크로소프트 빅2로 약진

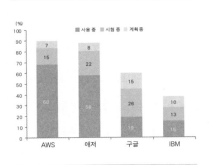

자료: 라이트스케일(Rightscale), 하나금융투자

퍼블릭 클라우드 사용률 추이

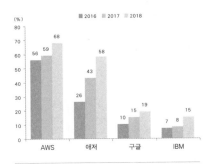

자료: 라이트스케일 서베이 2016-2018, 하나금융 투자

용하기보다는 여러 사업자의 서비스를 함께 사용하는 전략은 마이크로 소프트에 가장 큰 혜택을 주는 것으로 나타나고 있다. 아마존 대비 후발 주자이지만 최근 빠르게 성장하여 빅2로 약진한 마이크로소프트를 제 2서비스로 선호하는 경우가 많기 때문이다. 또한 마이크로소프트의 넓 은 기존 고객 기반과 고객과의 관계에서 탄탄하게 형성된 신뢰도를 바탕 으로 기업용 서비스 시장을 빠르게 확장하고 있다. 마이크로소프트의 퍼 블릭 클라우드 서비스인 애저가 클라우드 시장에서 가장 빠른 성장률 을 기록하고 있다. 또한 클라우드 서비스를 사용하는 기업 고객들을 대 상으로 하는 서베이는 마이크로소프트에 대한 기업 고객들의 선호도가 2017년부터 가파르게 높아지고 있다는 점을 확인시켜준다.

마이크로소프트의 사업은 크게 세 분야로 나뉜다. 윈도우즈 사업이 주력인 '퍼스널 컴퓨팅', 클라우드 인프라 서비스와 기존 전통적인 방식의 서버와 시스템 등을 제공하는 '인텔리전트 클라우드', 기존 오피스 소프트웨어와 클라우드를 통해 소프트웨어를 제공하는 SaaS 사업이 포함된 'P&BP' 사업이다.

주요 제품별로 사업 비중을 세분화해보면 MS 오피스와 클라우드 SaaS 서비스가 매출의 26% 비중을 차지하고 있으며, 클라우드 IaaS 서비스와 기존 전통적인 서버 제품이 24% 비중이다. 윈도우즈는 전체 매출에서 18%를 차지하고 있다.

사업부별 매출 구성

* 주: P&BP는 Productivity & Business Process
자료: 마이크로소프트, 하나금융투자

주요 제품별 매출 구성

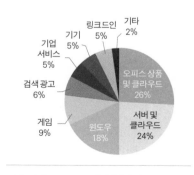

자료: 마이크로소프트, 하나금융투자

2부 4차 산업 15주 분석

① 인텔리전트 클라우드(IaaS + 기존 서버 사업)

마이크로소프트는 클라우드 서비스를 통해 견고한 성장을 이어갈 것으로 전망된다. 마이크로소프트 클라우드 사업의 강점은 우선 아마존과 달리 퍼블릭과 프라이빗 서비스를 모두 제공하는 하이브리드 전략이 가능하다는 점이다. 최근 하이브리드 서비스에 대한 기업들의 선호도가 높은 점은 마이크로소프트 클라우드 사업 수혜로 이어지고 있다.

두 번째는 인프라 서비스IaaS, 플랫폼 서비스PaaS, 소프트웨어 서비스SaaS 모두 제공하기에 종합적인 클라우드 사업자로서 시너지 효과를 내고 있다는 점이다. 아마존은 인프라 서비스와 플랫폼 서비스만을 제공하고 있는 반면, 마이크로소프트는 소프트웨어 서비스도 클라우드를 통해 제공하고 있기 때문에 인프라 서비스인 애저와 소프트웨어 서비스를 서로 연동시켜 운영하는 장점을 발휘할 수 있다.

세 번째는 기업용 고객 기반이 탄탄하게 형성되어 있어서 기존 고객들이 마이크로소프트를 통해 클라우드 서비스로의 전환을 채택하기 쉽다는 점이다. 또한 마이크로소프트는 클라우드 서비스에 다양한 인공지능 기반 기능을 지속해서 추가하면서 차별성을 더욱더 높이고 있다.

이러한 강점을 바탕으로 '애저'는 최근 여러 분기 동안 90%가 넘는 성장을 기록했다. 특히 애저의 프리미엄 서비스 매출액은 15개 분기 연속 세 자릿수 증가를 기록해왔다.

② 소프트웨어 사업(SaaS)

소프트웨어 제품을 클라우드 서비스로 제공하는 오피스 365와 다이내믹스365는 최근 분기(2018년 10~12월)에 각각 36%, 51%(YoY) 성장을 기록하며 클라우드 서비스 사업자로서의 성공적인 전환을 확인시켜주었다. 애저와 오피스365, 다이내믹스365 등을 모두 합한 '커머셜 클라우드' 매출액은 전년 동기 대비 47% 증가한 85억 달러를 기록해 커머셜 클라우드 분기 매출액으로는 처음으로 80억 달러를 넘어섰다. 또한 매출 고성장을 지속하는 동시에 수익성 역시 개선되고 있다. 커머셜 클라우드 매출총이익률은 62%를 기록, 처음으로 60%를 넘으며 최고치를 달성했다.

4. 개선되는 수익성

마이크로소프트의 최근 실적 추이에서 고무적인 점은 지난 몇 년 동안 지속되었던 수익성 하락이 끝을 내고 턴어라운드가 기대되고 있다는 것이다. 성장이 정체되고 손실을 내는 기존 레거시 사업들을 적극적으로 축소하고 동시에 신규 성장 동력 분야에서 비용 효율성을 높이면서 수익성 개선을 달성하고 있기 때문이다.

사업 부문 체질 개선과 수익성 개선 노력으로 총매출이익률, 영업이익률, 법인세·이자·감가상각비 차감 전 영업이익EBITDA 마진 등이 향후 수년 동안 꾸준히 상승세를 지속할 것으로 예상되고 있다. 특히 고무적인 점은 퍼블릭 클라우드 '애저' 수익성이 변곡점을 형성하고 있는 것으로 추정되는 것이다. 커머셜 클라우드 사업의 매출총이익률은 최근 실적 분기에서 62%를 달성하며 최고치를 기록했다.

마이크로소프트 매출액 & 성장 전망

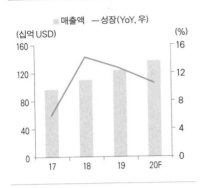

* 주: 회계연도(6월 결산) 기준. FY 2018년은 CY 2018년 6월 결산
자료: 마이크로소프트, 블룸버그 시장 예상치, 하나금융투자

마이크로소프트 주당순이익(EPS) 전망

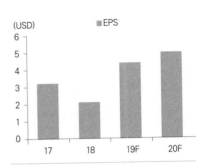

* 주: 회계연도(6월 결산) 기준. FY 2018년은 CY 2018년 6월 결산
자료: 마이크로소프트, 블룸버그 시장 예상치, 하나금융투자

5. 장기 주가 전망

마이크로소프트는 기존 레거시 IT 시스템 기반 사업이 정체를 겪으면서 주가 역시 2016년까지 수년 동안 횡보를 지속했다. 2017년부터 마이크로소프트가 클라우드 사업 확대에 주력, 성공하면서 주가가 본격적으로 상승세를 시작했다. 2019년 주가는 빠르게 반등하면서 2018년 하반기 하락분을 모두 회복하고 최고가를 기록하고 있다.

마이크로소프트 주가가 향후에도 수년 동안 장기적으로 상승세를 지속할 것으로 전망한다. 주요인은 고성장이 예상되는 클라우드 시장에서 마이크로소프트가 경쟁력을 높이면서 점유율을 더욱 높일 것으로 기대하기 때문이다.

아마존과 함께 클라우드 서비스 시장의 빅2를 형성하며 브랜드 파워를 키워가고 있는 마이크로소프트의 클라우드 사업 경쟁력은 퍼블릭과 프라이빗 클라우드 서비스를 동시에 제공할 수 있는 하이브리드 최강자라는 점이다.

몇 년 전에 시장에서 예상했던 것보다 하이브리드 클라우드에 대한 수요 증가는 더욱 오래 지속될 것으로 보이며 가장 큰 수혜 기업이 마이크로소프트가 될 것으로 전망된다. 월마트, 폭스바겐, 그랩 등 새로운 파트너들과 클라우드 서비스 계약을 체결하고 있으며, 인공지능 기술 개발에 대한 적극적인 투자는 마이크로소프트의 '애저' 경쟁력을 더욱 높일 수 있을 것이다.

주가는 현재 FY 2020년(2020년 6월 결산) PER 28배에 거래 중이다. 기존 저수익 사업 구조조정이 마무리되고 퍼블릭 클라우드 영업 레버리지 효과가 기대되면서 향후에는 수익성이 본격적으로 개선될 것으로 기대되고 있다. 지난 수년 동안 30%에 못 미쳤던 영업이익률은 2019년에는 32.6%, 2020년에는 33.6%, 2021년에는 34.8%로 꾸준히 상승할 것으로 예상되며 EPS 또한 향후 수년 동안 두 자릿수 증가를 달성할 것으로 전망되고 있다.

꾸준한 외형 성장과 함께 수익성도 턴어라운드가 기대되고 있고, 다른 대형 IT 기업 대비 실적 안정성 역시 높다는 점이 마이크로소프트를 더욱 돋보이게 하고 있다. 주가 역시 안정적으로 꾸준히 상승세가 지속될 것으로 기대된다.

최근 주가 추이

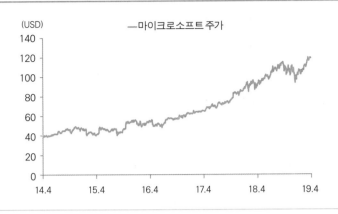

6. 창업자 소개: 빌 게이츠

마이크로소프트 창업자인 빌 게이츠Bill Gates는 학창 시절부터 컴퓨터 관련 프로그램을 다루는 데 두각을 나타냈고 남다른 승부사적 기질을 보였다. 어린 시절부터 직접 간단한 컴퓨터 게임을 만들기도 하고 학교 반편성 프로그램을 만들며 재능을 발휘했다. 게이츠는 19세에 하버드대학교를 자퇴하고 1975년 폴 앨런Paul Allen과 함께 마이크로소프트를 창립했다.

빌 게이츠는 PC 혁명을 이끈 기업가 중 가장 잘 알려진 인물 중 하나이다. 또한 승부사적 기질로 경쟁사를 이기고자 하는 그의 철저한 사업 전략은 때로는 외부로부터 과도하게 경쟁을 막는 전략으로 간주되며 비난을 받기도 했다.

빌 게이츠를 소개하는 타이틀로는 여러 가지가 있으나 '세계 최대 갑부'

는 가장 흔하게 사용되어온 표현 중 하나이다. 그는 1987년부터《포브스》가 선정한 세계 최대 갑부 리스트에 포함되었고, 1995~2017년 기간에는 4~5년을 제외하고 대부분 그해의 최대 갑부 1위로 선정되었다.

그러나 빌 게이츠의 명성을 가장 드높이는 타이틀은 그가 세계 최고 기부왕 중 하나라는 점이다. 보유한 재산을 자신이 세운 재단을 통해 기부하고 세계를 위한 여러 좋은 캠페인을 지원하고 있다. 자신의 재산 90% 이상을 자식들에게 물려주지 않고 기부하겠다고 공개적으로 밝히면서 '노블레스 오블리주noblesse oblige'를 직접 실천하고 있다.

2부 4차 산업 1등주 분석

엔비디아
NVDA.US

엔비디아	
설립 연도	1993
상장일	1998. 3. 6.
주요 주주	FMR LLC 8.09%
대표자	젠슨 황
홈페이지	www.nvidia.com

Key Data	
상장주식	미국
시가총액(십억 USD)	108.4
한화(조 원)	125.6
PER(2019E)	33.3
52주 최고/최저	293 / 124
현재 주가(USD)	178

* 기준일: 2019. 4. 26.

주 영업 구성	
GPU 설계 & 판매	83.80%

* 주: 2018년 말 기준

온라인샵

GeForce RTX 2060

RTX. It's On.

NVIDIA, Jetson Nano 발표

작고 강력한 성능의 NVIDIA CUDA X AI 컴퓨
터는 모든 AI 모델들을 실행합니다.

TITAN RTX

AI, 딥 러닝, 머신 러닝, 그리고 컨텐츠 제작
을 위한 가장 빠른 PC 컴퓨팅 경험을 선사
합니다.

엔비디아는 GPUGraphics Processing Unit나 SoCSystem on Chip와 같은 그래픽 처리 장치를 전문적으로 설계하는 기업으로 외장 GPU 시장을 70% 넘게 점유하고 있는 그래픽 카드 전문 업체이다. 멀티미디어 데이터를 빠르게 처리할 수 있는 프로세서 개발 업체로 시작한 후 3D 게임 시장이 성장하면서 고사양 그래픽 카드 수요가 늘어나 본격적으로 성장 궤도에 올랐다.

엔비디아가 단순히 게임용 고사양 그래픽 카드 전문 업체에 머물지 않고 인공지능 앱을 실행하는 슈퍼컴퓨터 기술 개발을 이끄는 대표 4차 산업 종목으로 부상할 수 있었던 것은 GPU를 단순히 멀티미디어용으로 쓰지 않고 컴퓨팅 기술을 한 차원 더 발전시킬 수 있을 것으로 예상했던 엔비디아 회장의 남다른 비전과 적극적인 기술 개발 덕분이다. GPU를 기반으로 한 컴퓨팅 기술이 발전하면서 인공지능 기술 역시 본격적으로 펼칠 수 있게 되었다. 아직 초기 단계에 있는 인공지능 칩 시장은 향후 엄청난 속도로 확장할 것으로 기대되고 엔비디아가 이 시장의 선두주자로서 대표 수혜자가 될 것으로 기대된다.

2. 게임과 데이터센터 시장, 중장기 고성장 지속 기대

엔비디아의 주요 시장 중 하나는 게임용 그래픽 카드 시장이다. 게임용 GPU 시장은 앞으로도 높은 성장을 지속할 것으로 기대된다. 새로운 게임

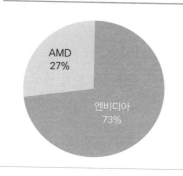

외장 GPU 시장 점유율	전체 GPU 시장 점유율

외장 GPU 시장 점유율

AMD 27%

엔비디아 73%

자료: 엔비디아

전체 GPU 시장 점유율

AMD 13%

엔비디아 19%

인텔 68%

자료: 엔비디아

콘텐츠가 계속 개발되고 있고, e스포츠eSports의 높은 인기가 지속되고 VR 게임 시장이 본격적으로 성장한다면 고성능 GPU 수요는 계속 늘어날 것으로 전망되기 때문이다. 고성능 GPU 시장에서 높은 경쟁력을 자랑하고 있는 엔비디아는 시장 확대의 가장 큰 수혜자가 될 것으로 기대된다.

전체 GPU 시장을 기준으로 할 때 엔비디아의 시장 점유율은 19%이다. 엔비디아는 내장 GPU는 만들지 않고 외장 GPU만을 만들고 있으며, 외장 GPU 시장에서는 73% 점유율을 차지하고 있다.

엔비디아 장기 성장의 핵심 동력은 인공지능 칩 시장이다. 인공지능 칩 개발이 가능할 수 있었던 것은 엔비디아가 2006년 개발에 성공한 GPU 아키텍처 CUDACompute Unified Device Architecture 덕분이다. CUDA는 일반 목적용 GPU인 GPGPUGeneral-purpose GPU의 연산을 위해 개발한 GPU 아키텍처이다. 그래픽 처리의 핵심 프로세서인 GPU를 병렬 연산 장점을 이용해 일반 데이터 처리에 사용되는 GPGPU로 개발했으며, CUDA는 GPGPU 수천 개를 병렬로 연결해 데이터 처리 능력을 슈퍼컴퓨터 수준으로 끌어올린 기술이다.

본격적으로 GPU 컴퓨팅 개발에 투자하면서 엔비디아는 2015년에 신경망 네트워크용으로 만들어진 프로세서를 출시, 딥러닝 분야에 진출하고 DRIVE PX2 론칭을 통해 자율주행차 기술 개발에서 한발 앞서게 되며 시장의 주목을 받게 되었다. 엔비디아는 2017년 딥러닝용 GPU 아키텍처인 볼타Volta를 출시하면서 인공지능 기술 개발 속도를 더욱 가속화시켰다. 현재 인공지능 칩 시장에서 엔비디아의 점유율은 90%가 넘을 것으로 추정되고 있다.

데이터센터 등 고성능 컴퓨팅을 필요로 하는 시스템은 향후 더 많은 데이터를 처리하게 될 것이며 컴퓨팅 속도는 더욱 가속화되는 시대가 되었다. 고성능 컴퓨팅 플랫폼에서 CPU의 한계가 명확해지며 GPU를 기반으로 하는 컴퓨팅 플랫폼이 더욱 발전하고 고성장 산업이 될 것으로 기대되고 있다. 엔비디아는 2022년 데이터센터 시장 규모 예상치를 300억 달러에서 500억 달러로 최근 상향 조정했다.

3. 사업 구성 및 매출 전망

① 게임향 GPU

엔비디아의 제품군은 크게 두 가지로 GPU와 모바일 프로세서인 테그라Tegra이다. GPU 매출이 84%로 압도적인 비중을 차지하고 있다. 엔비디아의 매출원은 적용되는 플랫폼에 따라 크게 다섯 가지(게임, 산업 전문가용, 데이터센터, 자동차, 기타)로 나뉜다. 게임향 매출액이 57%로 가장 큰 비중을 차지한다. 2016년부터 인공지능 시장이 성장하기 시작하면서 데이터센터향 매출액 비중이 큰 폭으로 늘어났다. 데이터센터향 비중은 2016년 12%에서 2018년에는 20%까지 확대되었다.

GPU 제품은 용도별로 주요 브랜드로 나뉘어 있다. '지포스GeForce'가 엔비디아의 가장 잘 알려진 대표 브랜드로 PC 게임용 GPU 제품을 포괄한다. 산업용 전문 분야의 3D CG 제작을 위해 더욱 특화되어 만들어진 GPU는 '쿼드로Quadro'이다. 컴퓨터 디자인, 비디오 에디팅, 특수 효과 및 여러 다양한 크리에이티브 분야의 디자인 전문가 용도로 제작되었다. 인공지능을 위한 딥러닝 프로세스에 필요한 GPU는 '테슬라Tesla'이다. 테슬라는 천문학적으로 높은 단위의 단순 연산을 빠르게 병렬 처리할 수 있는 일반 목적용인 GPU 브랜드이다.

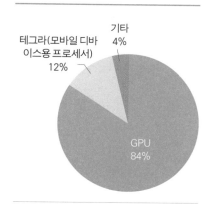

제품군에 따른 매출액 비중

테그라(모바일 디바이스용 프로세서) 12%
기타 4%
GPU 84%

자료: 엔비디아

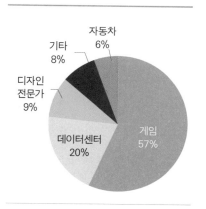

플랫폼에 따른 매출 비중

자동차 6%
기타 8%
디자인 전문가 9%
데이터센터 20%
게임 57%

자료: 엔비디아

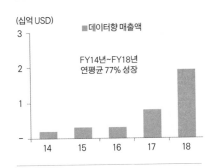

| 엔비디아 게임향 매출액 추이 | 엔비디아 데이터센터향 매출액 추이 |

엔비디아 게임향 매출액 추이

(십억 USD)
■ 게임향 매출액

FY14년~FY18년
연평균 38% 성장

* 주: 회계연도(1월 결산) 기준. FY 2018년은 CY 2018년 1월 결산
자료: 엔비디아

엔비디아 데이터센터향 매출액 추이

(십억 USD)
■ 데이터향 매출액

FY14년~FY18년
연평균 77% 성장

* 주: 회계연도(1월 결산) 기준. FY 2018년은 CY 2018년 1월 결산
자료: 엔비디아

엔비디아의 주요 성장 동력인 게임과 데이터센터는 고성장 추이를 지속해오고 있다. 게임은 엔비디아 매출액에서 57%를 차지하는 가장 큰 시장이다. 3D 온라인 게임, e스포츠의 인기가 상승하고 가상현실 게임이 등장하면서 고사양 GPU 수요가 폭발적으로 늘어나 엔비디아의 게임향 매출액은 FY 2014년~FY 2018년에 연평균 38% 성장했다.

② 데이터센터향 GPU

엔비디아의 데이터센터향 사업은 글로벌 클라우드 사업자의 데이터센터와 슈퍼컴퓨터 위주로 공급되고 있다. 아마존닷컴, 마이크로소프트, 구글, IBM, 알리바바 등 글로벌 대표 클라우드 서비스 사업자들이 엔비디아의 주요 고객이다. 특히 클라우드 서비스 사업자들이 데이터센터에 인공지능 기능을 추가하기 위해 적극적으로 투자를 계획하고 있다는 점에서 중장기 성장 전망이 밝다. 엔비디아의 데이터센터향 매출액은 FY

2014년 약 2억 달러였으나 4년 동안 연평균 77% 성장, FYFiscalYear 2018년 (CYCalendarYear 2018년 1월 결산)에는 19억 달러를 넘었다.

4. 꾸준한 수익성 상승 지속 기대

엔비디아의 실적 추이에서 고무적인 점은 높은 매출 성장과 함께 수익성 역시 큰 폭으로 증가하고 있다는 점이다. 엔비디아는 FY 2016년에 영업이익 9억 달러를 기록한 후 FY 2018년(CY 2018년 1월 결산)에는 32억 달러를 달성하며 2년 만에 영업이익이 4배 가까이 늘어났다. FY 2019년에도 영업이익이 전년 대비 50% 넘게 증가, 48억 달러를 달성할 것으로 전망된다. 영업이익률 역시 큰 폭으로 올랐다. FY 2017년에 28%였던 영업이익률은 FY 2019년에는 40%를 넘어설 것으로 예상되고 있다.

2018년 엔비디아는 새로운 GPU 아키텍처 튜어링Turing을 공개했다. 엔비디아는 튜어링이 엔비디아가 최근 10년 안에 개발한 최고의 기술적 성취라고 평가하고 있다. 튜어링의 최고 핵심 기술은 '레이 트레이싱Ray Tracing'으로 '광선 추적법'이라 불리는 기술이다. 이 기술은 광추적식 렌더링을 통해 광선이 물체에서 반사하는 모습을 시뮬레이션하여 색의 농담을 표현하는 기법이다. 레이 트레이싱 기술을 통해 그래픽 카드가 입체감을 더욱 실감 나게 표현할 수 있게 되었다.

엔비디아 매출액 & 성장 전망

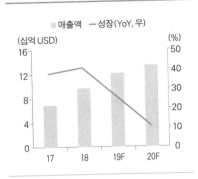

* 주: 회계연도(1월 결산) 기준. FY 2018년은 CY 2018년 1월 결산
자료: 엔비디아, 블룸버그 시장 예상치, 하나금융투자

엔비디아 영업이익 전망

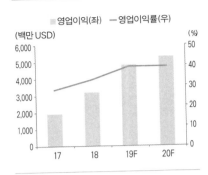

* 주: 회계연도(1월 결산) 기준. FY 2018년은 CY 2018년 1월 결산
자료: 엔비디아, 블룸버그 시장 예상치, 하나금융투자

5. 장기 주가 전망

엔비디아의 주가는 2016년부터 본격적으로 상승세를 시작했으며 2017년부터 2018년 중반까지 미국 종목 중 가장 빠른 속도로 주가 상승을 기록한 종목 중 하나이다. 주가 상승을 이끈 핵심 요인은 인공지능 칩 시장이 향후 큰 폭으로 성장이 예상되며 이 분야에서 엔비디아가 선두로서 크게 앞서 있기 때문이다.

2018년 중반 이후 엔비디아 주가는 큰 폭으로 급락을 겪었으나 2019년에 다시 반등세를 이어가고 있다. 주가 급락 요인은 암호화폐 채굴 관련 수요가 약해지면서 중저가 라인 게임향 GPU 재고가 크게 쌓이면서 판매에 영향을 주었기 때문이다. 2019년에 재고 이슈가 해결된 것으로 보이며 게임향 고가 라인업 판매가 2019년 하반기부터 본격적으로 늘어날 것으로 기대되고 있다.

엔비디아는 글로벌 반도체 산업의 대표 중장기 성장 기업이다. 게임과 데이터센터 등 주요 시장에서 엔비디아는 높은 기술 경쟁력을 가지고 시장을 넓혀갈 수 있을 것으로 기대된다. 특히 최근 공개한 튜어링을 기반으로 새롭게 론칭한 제품들의 실적 기여가 본격적으로 시작되면 엔비디아는 장기적으로 높은 성장 추이를 이어갈 수 있을 것으로 전망된다.

가장 기대되는 사업은 인공지능 칩 시장이다. 엔비디아는 인공지능 칩 시장에서 90% 넘는 점유율을 기록하고 있다. 앞으로 경쟁사의 시장 진출이 있다 하더라도 높은 기술 경쟁력과 선두 기업으로서 갖는 경쟁 우위를 바탕으로 경쟁사와의 격차를 유지할 수 있을 것으로 기대된다.

주가는 FY 2020년(2020년 1월 결산) EPS 예상치 기준 33배에 거래되고 있다. 중저가 게임향 재고 이슈로 FY 2020년 실적은 저점을 형성하고 턴어라운드할 것으로 예상된다. 게임향 고가 신규 라인업이 본격적으로 실적에 기여하는 FY 2021년에 EPS는 전년 대비 37% 성장하며 크게 반등할 것으로 기대되고 있다.

게임향 GPU 수요가 턴어라운드 할 것으로 예상되며 중장기 성장 동력이 될 자율주행 자동차 부문의 실적 기여도 2020년부터 시작될 것으로 기대되고 있다. 단기적으로 주가 변동성은 높을 수 있으나 중장기 성장을 이끌 것으로 기대되는 인공지능 칩 시장에서의 전망은 여전히 밝다는 점에서 장기적으로 주가 상승세가 지속될 것으로 기대된다.

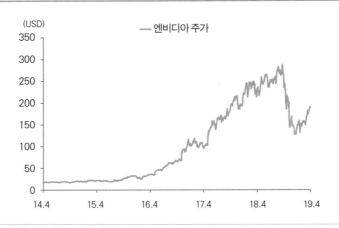

6. 창업자 소개: 젠슨 황

엔비디아의 창업자이자 최고경영자인 젠슨 황Jensen Huang은 반도체 설계 산업의 발전과 혁신, 성장에 큰 역할을 한 대표 기업인이다. 젠슨 황은 1963년 대만에서 출생했으며 가족들과 미국으로 이민하여 오리건주립대학교와 스탠퍼드대학교에서 전기공학을 공부했다. 대학 졸업 후 LSI로직 LSI Logic과 AMD에서 마이크로 프로세서 설계자로 일했으며, 1993년 엔비디아를 설립했다.

젠슨 황은 엔비디아 설립 이후 여러 번의 실패를 경험하기도 했다. 기업의 존폐 자체를 위협할 정도의 큰 위기도 겪었다. 엔비디아가 내놓은 첫 GPU 제품이 크게 실패했으나 실패를 겸허하게 받아들이고 이를 발판 삼아 새로운 시도를 통해 더 큰 성공을 일궈냈다.

　젠슨 황은 정직, 소통, 희생이 실패를 극복하는 힘이며 실패는 값진 교훈을 준다는 믿음을 가지고 계속 도전함으로써 더 크게 도약할 수 있다는 것을 엔비디아의 성공을 통해 입증해왔다.

　멀티미디어용 그래픽 카드 설계 회사에서 시작해 차세대 최고의 혁신 기술인 인공지능 칩 개발 선두주자로 엔비디아가 성장할 수 있었던 데에는 젠슨 황의 기술 개발을 향한 열정과 미래 혁신 기술을 알아보는 탁월한 안목이 크게 작용했다.

　게임용 고사양 그래픽 카드가 크게 성장할 때 이에 머물지 않고 인공지능 앱을 실행하는 슈퍼컴퓨터 기술 개발에 적극적으로 투자하는 과감한 결단이 없었다면 엔비디아의 지금의 위상과 성공은 없었을 것이다. 장기적인 비전을 가지고 혁신 기술을 개발, 투자하는 젠슨 황의 열정과 리더십은 엔비디아에 대한 기대감을 더욱 높이는 가장 큰 요인이다.

세일즈포스닷컴
CRM.US

세일즈포스닷컴	
설립 연도	1999
상장일	2000. 12. 18.
주요 주주	FMR LLC 11.63%
대표자	마크 베니오프
홈페이지	www.salesforce.com

Key Data	
상장주식	미국
시가총액(십억 USD)	128.6
한화(조 원)	149.1
PER(2019E)	61.7
52주 최고/최저	167 / 114
현재 주가(USD)	166

* 기준일: 2019. 4. 26.

주 영업 구성	
온라인 리테일	100%

* 주: 2018년 말 기준

세일즈포스닷컴은 고객관계관리CRM 소프트웨어 글로벌 1위 기업으로 모든 제품을 클라우드를 통해 제공하는 소프트웨어 서비스SaaS 대표 사업자이다. CRM 분야 기존 강자들인 SAP이나 오라클보다 시장에 늦게 진출했지만, 모든 서비스를 클라우드를 통해 제공하면서 기존 서비스와 다르게 혁신적인 플랫폼을 통해 빠르게 성장할 수 있었다.

세일즈포스는 기존 CRM 서비스 강자들의 지배력이 확고한 상황에서 1999년 뒤늦게 진출했으나, 2012년에 기존 1위였던 SAP을 누르고 글로벌 최대 CRM 사업자로 등극했다. 뒤이어 오라클, SAP 등도 클라우드를 통해 CRM 서비스를 제공하기 시작했지만, 세일즈포스의 성장세를 뒤따라가기에는 역부족이었다. 세일즈포스는 시장 점유율을 계속 넓혀 현재 20%를 넘고 있으며 2위와 3위 사업자들과 격차를 계속 넓히고 있다. FY 2018년(CY 2018년 1월 결산) 매출액이 100억 달러를 넘어서며 창립 후 가장 단기간에 매출액 100억 달러를 돌파한 소프트웨어 기업이 되었다.

IT에서 클라우드는 현재 가장 빠르게 성장하는 산업 중 하나이다. IT 리소스를 자체적으로 구축하지 않고 클라우드 서비스를 통해 렌털하여 사용하는 기업의 수가 점점 늘어나면서 클라우드로의 전환은 앞으로 더욱 빨라질 것으로 전망된다.

클라우드 서비스 시장은 제공되는 IT 리소스 타입에 따라 IaaS(인프라 서비스), PaaS(플랫폼 서비스), SaaS(소프트웨어 서비스)로 나뉜다. 아마존의 AWS, 마이크로소프트의 애저, 구글의 GCP 등은 모두 IaaS 서비스다. 클라우드 서비스 분야 중 가장 먼저 시장이 형성되어 2017년에 시장 규모가 700억 달러를 넘은 것으로 추정되는 SaaS 시장은 2017년에서 2022년까지 연평균 17%로 탄탄한 성장을 지속, 2022년에는 1,600억 달러 규모에 이를 것으로 전망되고 있다.

SaaS 시장은 CRM, ERP, 오피스 소프트웨어 등 다양한 소프트웨어 분야로 구성되어 있고 이들 분야 중 CRM은 가장 큰 규모(42% 비중)를 차지한다. CRM 클라우드 서비스 시장 규모는 2017년 318억 달러로 추정되며 2022년까지 연평균 18% 성장하여 2022년에는 715억 달러를 넘어설 것으로 전망되고 있다.

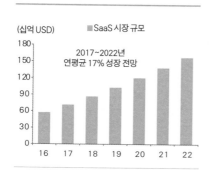

클라우 SaaS 시장 전망

(십억 USD) ■SaaS 시장 규모

2017~2022년
연평균 17% 성장 전망

자료: 가트너

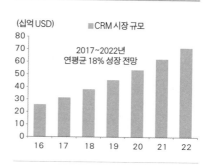

SaaS 분야 중 CRM 서비스 시장 전망

(십억 USD) ■CRM 시장 규모

2017~2022년
연평균 18% 성장 전망

자료: 가트너

클라우드 SaaS 시장 기업별 비중

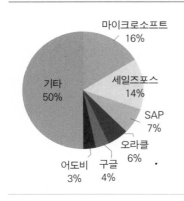

전체 CRM 시장 기업별 점유율

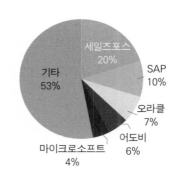

자료: 가트너

자료: 가트너

세일즈포스는 클라우드를 포함한 전체 CRM 소프트웨어 시장에서 20% 이상의 점유율을 차지하고 있는 CRM 1위 기업이다.

3. 사업 구성 및 매출 전망

세일즈포스는 기업 고객에게 영업, 서비스, 마케팅 등 고객 관리에 필수적인 소프트웨어를 제공한다. 세일즈포스의 제품은 크게 네 가지 타입으로 구성되어 있다. 영업 클라우드, 서비스 클라우드, 마케팅 & 커머스 클라우드, 플랫폼 클라우드이다.

영업 클라우드는 기업의 영업팀이 활용하여 고객과의 관계를 관리하고 생산성을 높이며 더 많은 계약을 체결하기 위한 솔루션을 제공한다. 서비스 클라우드는 고객 지원 서비스를 향상하기 위한 제품을 제공하며

세일즈포스 서비스 분야별 매출 비중

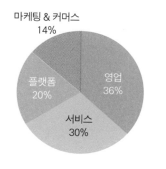

세일즈포스 서비스 분야별 매출 구성 및 성장 추이

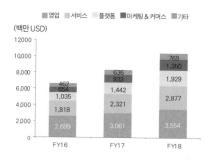

콜센터 소프트웨어에서 셀프 서비스 포털에 이르기까지 고객 지원을 총 망라한다. 플랫폼 클라우드는 비즈니스 프로세스의 효율성을 높이고 자 동화 등을 도와주는 플랫폼을 제공하는 서비스이다. 마케팅 클라우드는 디지털 마케팅 플랫폼을 제공한다.

기업과 산업의 IT 환경이 바뀌면서 기업의 내부 IT 시스템을 기존 레거 시 방식에서 디지털로 전환하는 작업이 기업의 최우선 과제 중 하나이다. 특히 기업들은 영업과 마케팅 분야에서 디지털화를 빠르게 이루고자 한 다. 이는 세일즈포스에 매우 긍정적인 사업 환경이 되고 있다.

클라우드 서비스로 전환하는 기업의 비중이 점점 높아지면서 세일즈 포스는 외형 고성장을 계속 이어갈 것으로 기대된다. 세일즈포스 매출액 은 FY 2018년(CY 2018년 1월 결산)에 처음으로 100억 달러를 넘어섰다. 세 일즈포스는 향후 견고한 성장 추이를 지속하면서 FY 2022년까지 매출

세일즈포스: 매출액 고성장 지속 기대

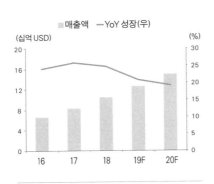

■ 매출액　— YoY 성장(우)

* 주: 회계연도(1월 결산) 기준
자료: 세일즈포스닷컴, 블룸버그 시장 예상치, 하나금융투자

세일즈포스: 이익 성장세 지속 기대

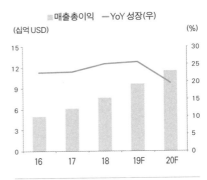

■ 매출총이익　— YoY 성장(우)

* 주: 회계연도(1월 결산) 기준
자료: 세일즈포스닷컴, 블룸버그 시장 예상치, 하나금융투자

을 연평균 21% 증가시켜 FY 2022년에는 220억 달러를 달성하겠다는 장기 목표를 세우고 있다. IT에서 가장 빠르게 성장하는 산업이 클라우드이며, 그중 SaaS 분야에서 가장 높은 성장세가 기대되는 기업이 세일즈포스이다.

4. 수익성 본격 상승기 시작

공격적인 사업 확장과 적극적인 기술 개발 투자로 비용이 늘어나면서 세일즈포스는 높은 매출 성장세와 비교해 이익 규모는 빠르게 증가시키지 못했다. 하지만 FY 2019년부터 본격적인 이익 성장을 기록할 것으로 전망되고 있다. FY 2018년에 조정 순이익으로 9.9억 달러를 기록한 세일

세일즈포스 순이익 추이

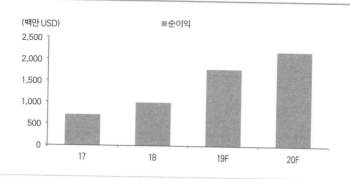

(백만 USD)　　　　　　■순이익

* 주: 회계연도(FY 2018년은 CY 2018년 1월 결산) 기준
자료: 블룸버그 시장 전망치

즈포스는 FY 2019년에 18억 달러를 달성하여 조정 순이익이 전년 대비 80% 증가할 것으로 예상되고 있다.

　매출액과 이익 못지않게 세일즈포스에 중요한 실적 지표는 향후 매출액으로 인식될 '잔여 계약 가치'다. 세일즈포스는 계약 기반으로 소프트웨어 서비스를 제공하는 SaaS 기업이기 때문에 남아 있는 계약의 가치가 미래의 성장 지표라 할 수 있다. 최근 실적 분기인 FY 2019년 2분기(CY 2018년 5~7월) 기준, 세일즈포스 '잔여 계약 가치'는 전년 동기 대비 36% 증가한 210억 달러를 기록했다. 최근 분기에 기록한 매출액 성장 폭 추이는 20%대이지만 '잔여 계약 가치' 증가폭은 지난 2개 분기 연속 36%를 기록, 향후 외형 성장 폭은 더욱 커질 것으로 기대된다.

세일즈포스는 2017년부터 가파른 주가 상승을 기록해왔다. 주가 상승의 주요인은 기업의 디지털 전환이 빠르게 일어나고 있으며 세일즈포스가 대표 수혜주이기 때문이다.

최근 기업 CEO들을 대상으로 한 조사에서 나타난 현재 기업들이 최우선 과제로 삼고 있는 점은 IT 시스템의 디지털 전환이다. 기술 발전이 빠르게 일어나고 있는 현시대에 기술 업그레이드 혜택을 놓치지 않기 위해서는 디지털 전환이 중요하며, 특히 기업들은 고객과 관련된 분야에서 디지털 전환이 가장 필요하다고 여기고 있다. 기업들의 디지털 전환은 세일즈포스에 가장 우호적인 성장 요인이다. 기업들이 영업, 고객 지원, 마케팅 등 핵심 업무에 클라우드 서비스를 활용하는 추세가 더욱 커질수록 세일즈포스가 가장 큰 수혜자가 될 것으로 보인다. 특히 미국의 경우 세제 개편으로 기업들이 자금 측면에서 여유가 생기면서 디지털 전환에 많은 부분을 할당할 것으로 전망된다.

고무적인 점은 대기업들도 디지털 전환에 적극적으로 투자하고 있다는 것이다. 이는 세일즈포스의 최근 계약 규모 추이에서도 잘 드러난다. 세일즈포스의 계약 규모는 더 커지고 기간은 더 길게 늘어나고 있다.

또한 고객 관리 소프트웨어가 과거에는 단순히 고객 데이터를 모아서 유지·관리하는 수준이었다면 이제는 훨씬 더 많은 작업을 수행하며, 특히 인공지능 기능이 추가되면서 업무의 효율성 개선에서 과거와는 비교하기 어려운 효과를 보인다. 금융과 헬스케어 등 더욱 다양한 산업에서

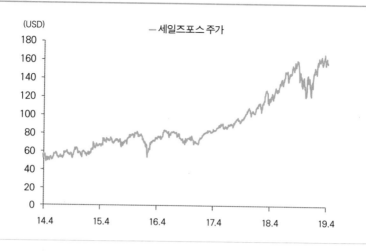

(USD) — 세일즈포스 주가

디지털화된 고객 관리 소프트웨어에 대한 수요가 늘어나고 있다.

주가는 FY 2020년(2020년 1월 결산) EPS 예상치 기준 62배에 거래 중이다. 수익성이 빠르게 개선될 것으로 기대되면서 FY 2021년, FY 2022년 예상치 기준 PER 배수는 각각 46배, 36배로 떨어진다. 디지털 전환의 대표 수혜주로서 성장성뿐만 아니라 향후에는 높은 이익 증가 역시 기대되고 있다.

현재 기업과 산업에서 일어나고 있는 변화는 장기적으로 세일즈포스에 매우 긍정적인 성장 요인이 될 것이다. 세일즈포스가 글로벌 소프트웨어 기업 중 가장 성장성이 높은 이유이며 주가 역시 상승세를 장기적으로 지속할 것으로 기대하는 이유이다.

2부 4차 산업 1등주 분석

6. 창업자 소개: 마크 베니오프

세일즈포스 창립자이자 최고경영자는 마크 베니오프Marc Benioff이다. 어릴 때부터 컴퓨터에 관심이 많고 개발 욕구가 컸던 베니오프는 15세 때 '저글링을 하는 법'이란 프로그램을 만들어 판매하기까지 했다. USC 대학 시절 애플에서 인턴으로 일하면서 스티브 잡스로부터 크게 감명을 받은 베니오프는 IT 프로그램 개발에 더욱 큰 관심을 갖게 된다. 졸업 후 오라 클에 입사, 첫해에 '올해의 신입사원'이 되고 3년 후에 부사장으로 초고속 승진을 이루어낸다.

오라클에서 13년간 일하면서 영업, 마케팅, 상품 개발 등 다양한 사업 부에서 능력을 발휘하며 승승장구하던 마크 베니오프는 1999년 세일즈 포스를 세우고 소프트웨어를 인터넷을 통해 디지털 서비스 타입으로 제 공하는 사업을 시작한다. 이런 혁신적인 사업 방식으로 베니오프는 클라 우드의 선구자라는 타이틀을 얻게 된다.

마크 베니오프는 클라우드를 통해 소프트웨어만 제공하는 데 그치지 않고 고객이 직접 자신이 사용할 소프트웨어·웹을 클라우드 플랫폼에서 개발할 수 있게 했다. 이것이 플랫폼 서비스이다. 소프트웨어를 개발할 수 있는 도구와 플랫폼을 서비스 타입으로 제공한다는 의미의 'Platform as a Service(서비스로 제공되는 플랫폼)'라는 용어를 처음으로 만들어낸 장본인 역시 베니오프이다.

3장

뜨겁게 떠오르는
중국의 BAT와
일본 소프트뱅크

The Best Stock of
The Fourth
Industrial Revolution

알리바바
BABA.US

알리바바	
설립 연도	1999
상장일	2014. 9. 19.
주요 주주	소프트뱅크 28.80%
대표자	마윈
홈페이지	www.alibabagroup.com

Key Data	
상장주식	미국
시가총액(억 USD)	4,162
한화(조 원)	476
PER(FY 2020.3E)	23.1
52주 최고/최저	211.12 / 129.77
현재 주가(USD)	159.85

* 기준일: 2019. 6. 10.

주 영업 구성	
전자상거래	85%

* 주: 2017년 말 기준

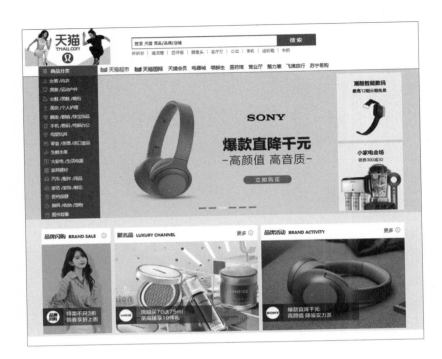

　알리바바는 1999년 중국 항저우에 설립된 중국 최대 규모의 전자상거래 기업이다. 2016년 동남아시아 최대 전자상거래 플랫폼인 '라자다Lazada' 인수를 시작으로 글로벌 전자상거래 시장으로 지배력을 확장 중이며 클라우드 서비스, 인공지능 기술 등 4차 산업 영역과 모바일 결제, 온·오프라인을 통합한 신유통newretail 사업 등 온라인 기반의 새로운 소비 영역들을 개척하고 있다.

　항저우 지역 영어 교사였던 창업자 마윈은 인터넷 기술이 앞으로 중국의 작은 기업들을 글로벌 시장에서 경쟁할 수 있는 기술 혁신과 경쟁력 강화로 이끌 것이라는 믿음을 가지고 있었으며, 18인의 창립 멤버와 함께 소형 수출 기업가들을 위한 B2B 전자상거래 플랫폼을 설립했다. 마윈은 "가난보다 무서운 것은 꿈이 없는 삶"이라 말하며 어떤 좌절에도 굴하지

알리바바 매출액 구조

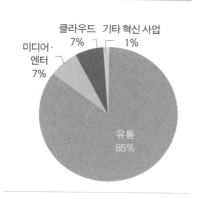

자료: 알리바바, 하나금융투자

알리바바 주요 주주 현황

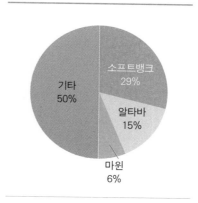

자료: 알리바바, 하나금융투자

2부 4차 산업 16주 분석

않는 강한 신념과 목표를 가지고 있었으며, 설립 15년 만에 이베이eBAY를 넘어서 전 세계 2위 전자상거래 업체로 성장시켰다.

① 유통

최근 10년간 중국 전자상거래 시장은 10배 규모로 빠르게 성장했다. 중국의 전자상거래 시장 규모는 2017년 말 기준 29조 위안(한화 약 4,680조 원)으로 전 세계에서 가장 거대한 시장을 형성하고 있다. 최근에는 3선 이하 중소형 도시 소비층이 중국 온라인 쇼핑 시장의 새로운 소비 세력으로 부상하며 성장을 견인하고 있다. 알리바바는 이러한 중소형 도시의 신규 수요층을 확보하며 견조한 성장세를 지속하고 있으며, 실제로 2018년 1~8월 알리바바 전자상거래 신규 고객의 70%는 중국의 중소형 도시에서 유입되었다.

알리바바의 매출의 85%를 차지하고 있는 유통 사업 부문은 중국과 글로벌 전자상거래, 신유통, 글로벌 물류 사업 등을 포함하고 있다. 알리바바는 C2C 플랫폼인 '타오바오Taobao'와 B2C 플랫폼인 '티몰Tmall'을 통해 광고 수입과 수수료 수입을 창출하고 있으며, 글로벌 진출 오프라인 유통으로의 확장을 통해 성장 동력을 확보 중이다.

알리바바는 중국 B2C 전자상거래 시장 점유율 53%로 독보적인 지배력을 보유하고 있다. 알리바바의 뒤를 이어 2위인 징동JD은 32%를 점하고 있으며 3~4위인 브이아이피숍Vipshop과 쑤닝Suning.com의 점유율은 모두 3%에 불과한 상황이다. 최근 5년간 알리바바와 징동 상위 두 기업의 점유

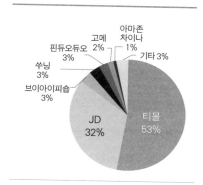

알리바바 vs. 징동 연간 활성 이용자 수 추이

자료: 알리바바, 징동, 하나금융투자

2017년 중국 B2C 전자상거래 시장 점유율

자료: 알리바바, 하나금융투자

알리바바 중국 유통업 지분 투자 현황

투자 시기	투자 기업	보유 지분
2016.01	싼장쇼핑	32%
2016.05	쑤닝	20%
2017.01	인타임리테일	74%
2017.05	롄화 슈퍼마켓	18%
2017.09	뉴 화두	10%
2017.11	선아트 리테일	36%
2018.02	이지홈	15%
2018.02	어러머	50%

* 주: 2018년 9월 말 기준
자료: 하나금융투자

율은 꾸준히 상승하며 양강 구도를 굳히고 있다.

알리바바는 2016년 동남아시아 최대 전자상거래 기업인 라자다를 인수하며 해외 진출을 본격화했으며, 글로벌 물류 플랫폼인 '차이냐오Cainiao'와 글로벌 직구 플랫폼인 '알리익스프레스AliExpress' 설립을 통해 글로벌 사업을 확장해왔다. 글로벌 유통 매출은 최근 3년간 7배 규모로 빠르게 성장했고 전체 유통 사업 내 매출 비중은 13%로 확대되었다.

중국 내에서는 적극적인 오프라인 유통업체 인수와 온·오프라인이 결합된 신유통 상점 확장을 통해 중국 유통 시장 트렌드를 이끌어가고 있다. 2016년 중국 최대 가전 유통 체인인 쑤닝Suning.com 지분 인수에 이어 2017년 중국 최대 슈퍼마켓 체인인 선아트Sunart 지분을 인수하며 중국의 전통 유통업 강자들을 흡수하기 시작했고, 전통 유통 기업에 알리바바의 빅데이터와 사물인터넷 기술을 접목해 혁신적인 유통 기업으로 변모시키고 있다. 2016년 론칭한 신유통 대형 마트 '허마셴셩Hema Xiansheng'은 무인 계산 시스템, 신선 식품 배송 등을 통해 온·오프라인의 장점을 유기적으로 결합했으며, 2018년 3분기까지 총 77개 점포를 오픈해 중국 소비자의 니즈를 충족시키고 있다.

② 클라우드 서비스

알리바바는 중국 퍼블릭 클라우드 시장 점유율 1위로 중국 클라우드 산업을 주도하는 선도 기업이다. 2009년 클라우드 사업에 정식 진출해 최근 10년간 매년 100% 이상의 가파른 외형 성장을 이어왔다. 알리바바의 IaaS 시장 점유율은 47.6%의 압도적인 시장 지배력을 보유하고 있으며

2017년 클라우드 매출 규모 기준으로 글로벌 시장에서는 아마존, 마이크로소프트, IBM에 이어 4위를 차지하고 있다.

클라우드 사업의 핵심 역량인 데이터센터의 경우 글로벌 19개 리전region(복수 데이터센터)에 총 52개 데이터센터를 보유하고 있으며, 2018년 3분기에만 600개 이상의 클라우드 서비스를 추가하며 빅데이터 분석, 보안, 사물인터넷 서비스 등 다양한 클라우드 기반 서비스를 제공하고 있다. 현재 중국 식약국CFDA, 중국 공안국PSB, CCTV 등 공공 기관을 비롯해 웨이보Sina Weibo, 중국석화Sinopec, 필립스Philips, 시세이도Shiseido, 네슬레Nestle 등 다양한 기업 고객에 클라우드 서비스를 제공하고 있다. 중국 500대 기업의 40%, 중국 상장기업의 50%가 알리클라우드를 이용 중이다. 중국 내 클라우드 수요 증가와 유료 고객 증가로 최근 5년간 알리바바 클라우드는 매년 100%대의 높은 매출 성장률을 기록했으며 점진적인 이익 개선세를 시현하며 흑자 전환을 앞두고 있다.

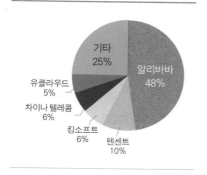

중국 퍼블릭 클라우드(IaaS) 시장 점유율

- 알리바바 48%
- 기타 25%
- 텐센트 10%
- 킹소프트 6%
- 차이나 텔레콤 6%
- 유클라우드 5%

자료: 알리바바, 하나금융투자

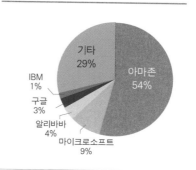

글로벌 퍼블릭 클라우드(IaaS) 시장 점유율

- 아마존 54%
- 기타 29%
- 마이크로소프트 9%
- 알리바바 4%
- 구글 3%
- IBM 1%

자료: 알리바바, 하나금융투자

알리바바 클라우드 사업 매출액 규모

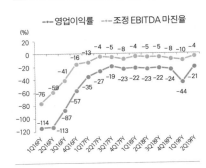

자료: 알리바바, 하나금융투자

알리바바 클라우드 사업 이익률 추이

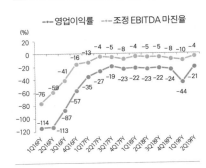

자료: 알리바바, 하나금융투자

③ 온라인 금융

알리바바는 글로벌 1위 핀테크 기업인 자회사 앤트파이낸셜Ant Financial
을 통해 다양한 온라인 금융 사업을 영위 중이다. 앤트파이낸셜은 모바일
결제 시스템 '알리페이Alipay'에서 시작해 자산 관리, 보험, 온라인 은행, 대
출 등 종합적인 금융 서비스를 제공하는 중국의 대표 핀테크 기업으로 성
장했다.

중국 온라인 결제 시장 규모

자료: 윈드, 하나금융투자

중국 온라인 결제 시장 점유율

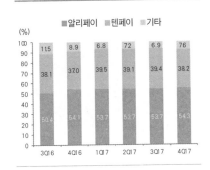

자료: 애널리시스(Analysis), 하나금융투자

알리페이는 알리바바의 C2C 전자상거래 플랫폼인 타오바오 거래의 3자 담보 역할을 위해 2004년 설립되었으며, 3년 만에 중국 신용카드 이용자 수를 넘어서는 5,000만 명의 이용자를 확보하며 중국의 대표 온라인 결제 플랫폼으로 자리 잡았다. 현재 전자상거래 플랫폼 외에 교통, 의료, 여행, 상점 등 각종 온·오프라인 영역에서 보편적인 결제 수단으로 이용되고 있으며, 중국의 요우커遊客(중국인 여행객) 수요를 중심으로 중국을 포함한 37개 국가와 지역에서 서비스를 제공하고 있다. 2018년 1분기 기

앤트파이낸셜 글로벌 금융 기업 협력 및 투자 현황

연도	투자·협력 기업	국가	투자·합작 유형	브랜드명	사업 영역
2014	페이방	오스트레일리아	합자회사 설립		글로벌 결제
2015	페이티엠	인도	시리즈 A, 시리즈 C, 전략적 투자	페이티엠	결제
2015	케이뱅크	한국	공동 설립		인터넷 은행
2016	어센드머니	태국	시리즈 A, 전략적 투자	어센드머니	결제·온라인 대출
2016	M-Daq	싱가포르	전략적 투자		글로벌 증권 거래
2016	퍼스트 데이트	태국	전략적 협력		글로벌 결제
2016	BNP 파리바 SA	프랑스	전략적 협력		글로벌 결제
2017	카카오 페이	한국	전략적 투자	카카오 페이	결제
2017	글로브 텔레콤	필리핀	시리즈 A	지캐시	결제
2017	이엠텍	인도네시아	합자회사 설립	DANA	결제
2017	헬로페이	싱가포르	인수	알리페이	결제
2017	알리페이 HK	홍콩	설립	알리페이 HK	결제
2017	CIMB	말레이시아	합자회사 설립	터치앤드고	결제
2018	TMB	파키스탄	45% 지분 투자	이치파이사	중소기업은행

자료: 하나금융투자

준 알리페이의 연간 활성 이용자 수는 8.7억 명으로 글로벌 결제 서비스 기업인 페이팔PayPal을 넘어 글로벌 최대 결제 플랫폼으로 성장했다.

알리페이의 성공 이후 알리바바는 다양한 온라인 금융 사업에 진출했으며, 글로벌 업체와의 협력과 투자를 통해 해외로 사업 영역을 확대하고 있다. 전자상거래와 결제 서비스를 통해 축적한 이용자의 거래 및 신용 빅데이터를 기반으로 자산 관리(위어바오余额宝), 소액 대출(화베이花呗, 지에베이借呗), 보험(중안보험众安保险), 은행(왕상은행网商银行) 등으로 사업을 확장하며 중국의 온라인 금융 산업을 주도 중이다. 또한 2014년 오스트레일리아 결제 서비스 업체 페이뱅Paybang과의 합자회사 설립을 기점으로 2015~2018년 총 14개 글로벌 결제·은행 등 금융 기업을 대상으로 협업 또는 투자를 진행하며 글로벌 진출을 가속화하고 있다.

④ 기타 혁신 사업

알리바바의 혁신 사업 부문은 알리바바의 빅데이터, 인공지능 기술을 기반으로 음성인식 하드웨어 제품인 '티몰 지니Tmall Genie'와 위치 정보 서비스를 제공하는 'AMAP'을 중심으로 매출을 창출하고 있다. 스마트 스피커 티몰 지니는 2017년 7월 출시 이후 1년 만에 판매량 500만 대를 기록하며 소비자로부터 좋은 반응을 얻었으며, 앞으로 알리바바의 사물인터넷과 스마트 홈 생태계 확장을 위한 핵심 하드웨어 제품이 될 것으로 보인다.

그 외 알리바바는 중국 커넥티드 카 시장 공략을 위해 자회사인 오토나비AutoNavi와 인공지능 기반 최적화 길 안내 소프트웨어인 'AMAP'을 출시행다. AMAP은 중국 최대 위치 기반 서비스 플랫폼으로 AMAP을 통해 알리바바는 위치 기반 빅데이터, 교통 상황 빅데이터, 사용자 빅데이터, 애플리케이션 빅데이터 등 4차 산업 생태계 조성에 핵심적인 빅데이터를 축적할 수 있는 중요한 수단이 되고 있다.

3. 사업 실적 & 추이

FY 2019년 2분기(2018년 7~9월) 매출액과 순이익은 각각 852억 위안 (YoY +55%), 200억 위안(YoY +13%)을 기록했으며, 순이익은 '국가 핵심 소프트웨어 기업 리스트' 복귀로 정부 법인세 10% 우대 정책이 적용되며 시장 예상을 웃돌았다. 영업이익률은 클라우드와 기타 혁신 사업 이익률 개선으로 전 분기 대비 개선되었으나 어러머Ele.me와 차이냐오 재무제표 연

알리바바 매출 및 영업이익 추이

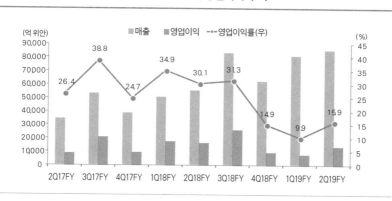

자료: 알리바바, 하나금융투자

중국 전자상거래 매출 추이

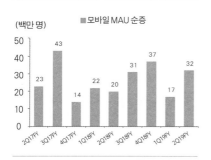

자료: 알리바바, 하나금융투자

알리바바 전자상거래 모바일 MAU 추이

자료: 알리바바, 하나금융투자

전자상거래 모바일 MAU 순증 규모

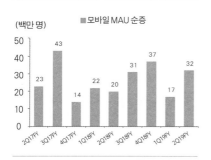

자료: 알리바바, 하나금융투자

전자상거래 연간 활성 이용자 수 순증 규모

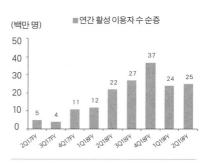

자료: 알리바바, 하나금융투자

결, 신유통과 라자다 사업 확장, 유쿠Youku 콘텐츠 투자로 전년 동기(30%) 대비 하락한 16%를 기록했다. 중국 전자상거래 매출은 460억 위안(YoY +27%)으로 전년도 높은 기저와 매크로 환경 영향으로 인해 둔화되었으나 모바일 MAU는 YoY 20% 이상의 견조한 성장을 유지했다. 클라우드 매출은 고부가가치 서비스 기반의 믹스 개선과 유료 고객 수 증가로 YoY 91%의 고성장 지속했으며 조정 EBITDA 마진율은 최근 4개 분기 대비 개선된 −4%를 기록했다.

　알리바바는 다음 분기인 FY 2019년 3분기 매출액 가이던스를 기존 수치 대비 4~6% 하향 조정한 37.5억~38.3억 위안(YoY +50~+53%)으로 제시했다. 2018년 하반기 중국 경기 둔화와 산업 규제 강화, 10월 신규 출시한 타오바오 추천 인터페이스의 수익화 보류 영향을 반영해 중국 전자상거래 사업 부문 실적을 보수적으로 추정했다.

4. 재무제표

알리바바 연간 주요 재무제표

(단위: 백만 KRW, %, 배)

	FY 2018	FY 2019	FY 2020.3E	FY 2021.3E
매출	41,985,413	62,516,953	86,755,636	113,760,545
증가율(%, YoY)	55.3	48.9	38.8	31.1
영업이익	11,628,335	9,470,013	14,318,709	19,840,211
증가율(%, YoY)	41.7	−18.6	51.2	38.6
순이익	10,752,444	14,579,945	13,966,595	19,110,330
증가율(%, YoY)	44.2	35.6	−4.2	36.8
기본 EPS	4,204	5,632	5,279	7,197
증가율(%, YoY)	40.5	34.0	−6.3	36.3
ROE	19.9	20.4	16.4	17.5
PER	45.1	58.3	23.1	18.0
PBR	8.1	6.4	4.4	3.6

* 주: 회계연도 기준
자료: 블룸버그, 하나금융투자

	알리바바	인터파크
시가총액	475조 6,072억 원	1,853억 원
매출액	62조 5,170억 원	5,285억 원
순이익	14조 5,799억 원	-67억 원
PER(배)	23.1	19.2
PBR(배)	4.4	1.1
ROE(%)	16.4	6.1

＊주: 알리바바 매출 및 순이익은 FY 2019, PER·PBR·ROE는 FY 2020.3 전망치 기준, 인터파크 매출 및 순이익은 CY 2018, PER·PBR·ROE는 CY 2019 전망치 기준

5. 장기 주가 전망

알리바바의 주가는 신유통, 글로벌 전자상거래, 클라우드 등 신사업 고성장으로 2017년 연간 95%의 높은 수익률을 기록했다. 2018년 하반기 CEO 마윈의 사임 이슈와 전자상거래법 시행으로 인한 규제 리스크로 2018년 연말까지 알리바바 주가는 고점 대비 52% 조정받았으며, PER 45배에서 23배 수준으로 낮아졌다. 다만 최근 발표된 FY 2019년 3분기(2018년 10~12월)의 견조한 실적을 통해 산업 규제와 펀더멘털에 대한 부정적인 정서는 해소되었으며, 2019년 연초 이후 주가도 32% 상승하며 반등에 성공했다.

또한 FY 2018년 3분기(차이냐오)와 FY 2019년 1분기(어러머) 적자 사업부 통합으로 인한 기저 효과로 중국 유통 사업 부문의 이익 하방 압력은 점차 완화될 전망이다. 최근 알리바바 이익 악화의 원인인 오프라인 유

최근 주가 추이

자료: 블룸버그, 하나금융투자

통, 클라우드 등 신사업 영역은 최근 분기 실적 기준 전년 대비 각각 2.5배, 2배의 가파른 외형 성장을 기록했으며 생태계 확장을 통한 펀더멘털 개선 가시성을 높이고 있다.

60억 달러 규모의 자사주 매입도 주가에 긍정적인 이슈로 남아 있다. 2018년 9월 발표된 자사주 매입 계획에 따라 2019년 1월 29일 기준 총 60억 달러 중 16억 달러를 매입했으며 향후 44억 달러 규모의 자사주 매입이 추가로 남아 있다. 알리바바의 중국 온·오프라인 유통 시장에서의 압도적인 지배력, 클라우드와 글로벌 사업의 성장 잠재력을 감안했을 때 중장기적 관점에서의 투자 매력이 매우 높다고 평가한다.

2부 4차 산업 1등주 분석

마윈馬雲은 중국 기업인의 롤모델로서 신화적인 인물로 꼽히고 있다. 1964년 중국 저장성 항저우에서 태어났다. 그는 집념이 매우 강한 인물이었다. 영어 공부를 위해 매일 아침 호텔에 가서 외국인들과 직접 대화를 한 이야기는 유명하다.

항저우사범대학을 졸업한 후에는 영어 교사 생활을 했다. 사업가로서 처음에 설립한 회사는 하이보海博라는 통역 회사였다. 1999년 3월 항저우에 알리바바를 설립했다. 중국의 작은 기업들이 글로벌 시장에 진출할 발판을 마련한다는 비전으로 B2B 플랫폼을 만든 것이다. 알리바바는 마윈의 강력한 비전과 집념, 끈기와 도전에 크게 힘입었다.

마윈은 꿈을 강조한다.

"이상과 끈기는 결코 사람을 배신하지 않는다. 가난보다 더 무서운 것

은 이상이 없는 것이다. 이상이 없으면 미래도 희망도 없기 때문이다. 스스로 무엇을 하고 싶은지 모르는 사람이 가장 불행한 사람이다. 이상이 있다면, 또 스스로 무엇을 하고 싶은지 정확히 알고 있다면 그 어떤 고통도 감내할 수 있다. 그리고 가장 마지막에 웃는 자가 될 수 있다."

마윈은 2014년 아시아 최고 부자로 등극했고, 2015년에는 모교에 1억 위안을 기부했으며, 2018년 은퇴를 선언하고 경영자 자리를 내려놓았다.

텐센트홀딩스
0700.HK

Tencent 腾讯

텐센트홀딩스	
설립 연도	1998
상장일	2004. 6. 16.
주요 주주	MIH TC Holdings Limited 33.17%
대표자	마화텅
홈페이지	www.tencent.com

Key Data	
상장주식	홍콩
시가총액(억 HKD)	32,656
한화(조 원)	489
PER(2019E)	30.7
52주 최고/최저	422.40 / 251.40
현재 주가(HKD)	343.00

* 기준일: 2019. 6. 10.

주 영업 구성	
부가가치 서비스	65%
광고	17%

* 주: 2017년 말 기준

텐센트홀딩스(이하 텐센트)는 1998년 11월 중국 선전에서 현 마화텅 회장과 장즈동 부회장이 설립한 IT 회사로서 중국 소셜 네트워크 서비스와 온라인 게임 1등 기업이다. 1999년 텐센트는 중국 인터넷 시장 초기 중국 국민 메신저 'QQ'를 통해 시장 선점에 성공했으며 스마트폰 보편화에 따른 인터넷 모바일화 트렌드 속에 모바일 메신저 위챗을 출시해 중국 SNS 시장을 독점했다.

이후 텐센트는 메신저를 통해 구축한 유저와 데이터베이스를 기반으로 다양한 부가 서비스를 제공하며 비즈니스 수익화에 성공했다. 2003년 시작한 온라인 게임 서비스 사업에서는 QQ 메신저가 보유한 유저 풀과 한국을 포함한 글로벌 우수 게임 작품의 중국 내 퍼블리싱을 통해 흥행에 성공하며 기존 PC 게임 강자인 넷이즈를 넘어서며 시장 지배력을 확대했다.

2011년 이후 텐센트는 모바일 메신저 위챗과 위챗의 간편 결제 서비스 위챗페이를 바탕으로 초기 모바일 결제 및 송금, 오프라인 결제, 음식 배달, 전자상거래에서부터 재테크, 보험, 은행 등 금융 서비스에 이르기까지 다양한 서비스 생태계를 구축했으며 최근에는 클라우드, 인공지능 기술 등 중국 4차 산업혁명을 선도하는 글로벌 ICT 기업으로 성장했다.

주요 주주는 창업자인 마화텅과 마화텅이 보유 중인 어드밴스 데이터 서비스Advance Data Services, 남아공 미디어 업체 내스퍼스Naspers, JP 모건 등이며 차등의결권을 통해 CEO 마화텅이 경영권에 높은 영향력을 행사하고 있다.

텐센트홀딩스 주요 서비스 분야

자료: 텐센트홀딩스, 하나금융투자

텐센트 대주주 구분

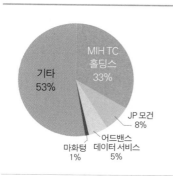

자료: 윈드, 하나금융투자

텐센트 매출 비중 추이

자료: 텐센트홀딩스, 하나금융투자

① 게임

텐센트 게임 사업부는 전체 매출의 37%를 담당하는 핵심 사업부로서 QQ 메신저와 위챗의 독보적인 소셜 네트워크 영향력과 공격적인 인수합병을 통해 2003년 게임 시장에 진출한 이후 빠르게 성장했다. 텐센트는 사업 초기 다양한 온라인 게임 서비스를 자체 플랫폼 QQ.com에서 제공하며 단일 QQ 메신저와 다수 게임 계정 간 연계를 통한 편리한 접근성을 기반으로 빠르게 게임 유저를 확보했다. 또한 국내 게임 개발 업체 넥슨의 RPG 게임 '던전앤파이터'와 스마일게이트의 FPS 게임 '크로스파이어' 등 우수 게임 작품을 중국 내에서 퍼블리싱해 흥행에 성공하며 기존 중국 PC 게임 강자인 넷이즈와 양강 구도를 형성했다.

텐센트는 게임 인하우스 R&D 투자와 경쟁력 있는 게임 판권 확보로 중장기 성장성을 확보해나가고 있다. 지난 2015년과 2016년 '리그오브레전드'의 라이엇 게임즈Riot Games와 모바일 게임 '클래시오브클랜' 게임 제작사 슈퍼셀Supercell을 인수했으며, 최근에는 한국 펍지 주식회사의 배틀그라운드 PC 게임의 중국 독점 퍼블리싱 계약을 체결했다. 또한 텐센트는 2016년 이후 매 분기 5~8개 모바일 게임을 신규 출시하며 중국 모바일 게임 시장을 주도하고 있다. 2018년 텐센트는 iOS 상위 20위 매출 순위권 내 10개 게임을 안정적으로 유지하고 있으며 중국 게임 매출 40% 이상을 점유하는 독보적인 시장 지배력을 구축했다.

중국 게임 시장 분류별 규모

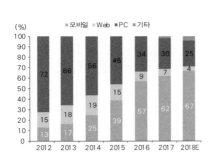

자료: 아이리서치(iResearch), 하나금융투자

텐센트 중국 게임 시장 점유율(2017년)

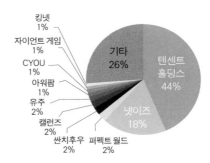

자료: 각 사 연간 보고서, 하나금융투자

② 소셜 네트워크 플랫폼

텐센트는 1999년 중국 인터넷 시장 초기 PC 기반의 QQ 메신저 출시를 통해 시장 선점에 성공했다. 2011년 모바일 메신저 위챗 출시 후 텐센트는 QQ 메신저와 위챗을 각각 PC와 모바일 버전에 특화된 메신저가 아닌 상호 경쟁하는 전략을 통해 경쟁력을 강화했다. 텐센트 SNS 플랫폼 QQ

텐센트 SNS 플랫폼 월간 사용자 수 추이

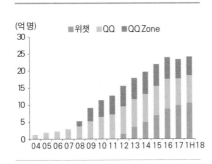

자료: 윈드, 하나금융투자

위챗 및 QQ 메신저 연령별 사용자 비중

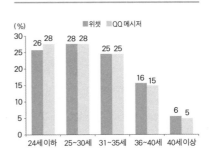

자료: 아이리서치, 하나금융투자

월간 사용자 수는 2004년 9,440만 명에서 2017년 말 23.3억 명으로(QQ 메신저, QQ Zone, 위챗 합계) 빠르게 증가했으며 중국 최대 소셜 네트워크 서비스 플랫폼으로 성장했다. 이 플랫폼을 통해 확보한 대규모 유저 풀은 게임뿐만 아니라 전자상거래, 광고, 결제 시스템 등 기타 텐센트 사업의 중요한 원천이 되고 있다.

③ 광고

텐센트의 광고 매출은 '텐센트 뉴스', '텐센트 비디오' 등 미디어 플랫폼을 통한 미디어 광고와 9억 명 이상의 평균 이용자 수를 보유 중인 위챗을 통한 소셜 광고 매출로 이루어지고 있다. 현재 텐센트 광고 사업의 매출 비중은 17%이다. 2017년 3월 조직 개편을 통해 광고 사업에 주력하고 있어 향후 광고 매출 기여도 확대가 기대된다. 소셜 광고의 경우 카카오톡의 카카오 스토리와 유사한 위챗 모멘트 이외에도 공식 계정, 미니 프로그램 등 소셜 네트워크 플랫폼에서 차별화된 가격 정책과 광고 노출 횟수 증가

중국 동영상 플랫폼 톱3 활성 이용자 수

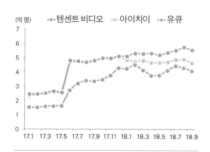

자료: 윈드, 하나금융투자

중국 뉴스 앱 활성 이용자 수 추이

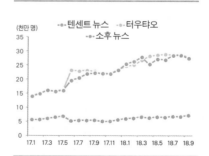

자료: 윈드, 하나금융투자

를 통한 광고 매출의 성장 잠재력이 높으며 향후 매출 기여를 지속적으로 확대해나갈 것으로 예측된다.

④ 결제 시스템

중국의 모바일 결제 시장은 알리바바 알리페이의 독점적 시장 구도였다. 그러나 2016년 이후 위챗페이의 홍빠오紅包(디지털 머니 선물 서비스)가 인기를 끌며 점유율을 빠르게 확보하면서 양자 경쟁 구도로 변한 상황이다. 2018년 1분기 모바일 결제 거래액 기준으로 알리페이가 50%, 위챗페이가 41% 점유율을 차지하고 있으나 모바일 결제 및 송금, 오프라인 결제 분야에서는 소셜 네트워크 서비스 플랫폼을 기반으로 한 위챗페이가 비교 우위에 있다.

결제 서비스 사업은 텐센트에 직접적인 이익 기여는 미미한 수준이다.

중국 모바일 결제 시스템 시장 점유율

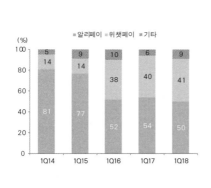

■알리페이 ■위챗페이 ■기타

(%)	1Q14	1Q15	1Q16	1Q17	1Q18
기타	5	9	10	6	9
위챗페이	14	14	38	40	41
알리페이	81	77	52	54	50

자료: 아이리서치, 하나금융투자

텐센트 금융 사업

	자체 보유	지분 투자
은행(대출)		WeBank
보험	WeSure	중안보험 HTLIC Aviva
증권	Tencent PORTFOLIO 텐센트 증권	CICC FUTUS
펀드	Tengan fund	HowBuy
재테크	Tenpay 웨이황금	GaoTeng
신용평가	Tencent Credit	
기타 금융	블록체인 Finance Cloud	

자료: 텐센트 자료 정리, 하나금융투자

하지만 소셜 네트워크 서비스 플랫폼과 텐센트 기타 사업의 연계를 통한 시너지 확대로 이어지고 있다. 현재 유저 데이터를 기반으로 전자상거래 (징둥), 차량 공유 서비스(디디추싱), 음식 배달(메이퇀뎬핑) 등에서 확대되어 은행(대출), 보험, 증권, 펀드, 재테크, 신용평가, 기타 금융 7개 분야에 진출하며 온라인 금융 생태계를 구축해나가고 있다.

⑤ 클라우드

클라우드 분야에서는 알리바바 대비 시장 지배력은 낮은 수준이다. 그러나 텐센트가 비교 우위에 있는 게임, 비디오 영상 등의 분야를 기반으로 빠르게 성장하고 있다. 중국 클라우드의 산업별 비중은 게임 분야가 약 80%를 차지하고 있다. 텐센트는 알리바바보다 늦은 2012년에 클라우드 사업에 진입했음에도 QQ.com과 소셜 네트워크 플랫폼이 보유한 데이터 등을 통해 해당 분야의 경쟁력을 구축했다. 2016년 중국 IaaS 퍼블릭 클라우드 시장 점유율은 7.3%에서 2017년 10.3%로 빠르게 상승했다.

텐센트는 클라우드 분야에 계속 투자를 확대하고 있다. 2018년 상반기에만 2017년 연간 수준(17.9억 달러)에 달하는 16.3억 달러 CAPEX_{Capital} Expenditures(자본적 지출)를 집행하며 클라우드 사업 확장에 대한 강한 의지를 보였다. 최근 초저가 전략으로 중국 국영 이동통신 업체들을 제치고 정부 프라이빗 클라우드 입찰에 성공했으며, 5월에는 DHC 소프트웨어(002065.SZ, 금융 서비스 클라우드)에 12.7억 위안, 선전선샤인테크Shenzhen Sunline Tech(300348.SZ, 의료 서비스 클라우드)에 3.9억 위안을 투자하며 전략적 파트너십 확대와 지분 투자를 통한 클라우드 사업 확장을 추진하고 있다.

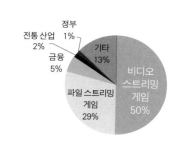

중국 클라우드 산업별 비중(2017년)

- 정부 1%
- 전통 산업 2%
- 금융 5%
- 기타 13%
- 비디오 스트리밍 게임 50%
- 파일 스트리밍 게임 29%

* 주: 클라우드 서비스 기반의 게임은 비디오 스트리밍과 파일 스트리밍(픽셀 스트리밍)으로 나뉨
자료: 텐센트 연구원, 하나금융투자

중국 IaaS 퍼블릭 클라우드 시장 점유율 (2017년)

- 마이크로소프트 애저 5%
- 차이나 유니콤 5%
- IBM 3%
- 화웨이 1%
- 유클라우드 6%
- AWS 6%
- 진산원 7%
- 차이나 텔레콤 8%
- 텐센트 11%
- 알리바바 48%

자료: IDC, 하나금융투자

⑥ 기타 혁신 사업

텐센트는 핵심 사업 이외에도 인공지능, 음성인식을 포함한 인공지능 기술과 금융, 의료 등의 분야에 지속적인 투자 및 연구개발을 통해 중장기적 신성장 동력을 확보해나가고 있다. 2017년 4분기 기준 교통수단, O2O, 신소매 등 산업의 600개 이상 기업에 투자하고 있으며 그중 다수 기업이 홍콩, 미국 등 지역에 상장하며 투자에 성공했다. 또한 현재 중국 및 미국 지역의 4개 인공지능 연구소를 통해 인공지능과 게임, 콘텐츠, 소셜 네트워크 서비스, 리테일, 헬스케어 등 산업과의 시너지 효과를 위한 연구개발에 주력하고 있다. 이것은 텐센트가 중국 4차 산업혁명의 핵심 인터넷 기업으로 성장하는 데 중요한 자산이 될 것으로 판단한다.

텐센트 지분 투자 주요 기업

업종	최초 투자 일시	투자 건수	총투자 규모 (십억 USD)	투자 대상 기업
교통수단	2013년	36	26.9	우버, 디디추싱, 테슬라, 올라, 모바이크
O2O	2010년	33	13.3	메이투안, 퉁청 트래블, 홈링크
게임	2005년	83	13.0	슈퍼셀, 액티비전 블리자드, 라이엇, 시산쥐
신소매	2015년	5	10.0	완다, 용휘마트, 하이란그룹
금융	2011년	27	9.2	CICC, 푸투증권, 이신그룹
전자상거래	2010년	32	5.8	징동, 웨이핀후이, 메이르유센
콘텐츠·미디어	2011년	95	3.1	또우위, 후야, 웨이잉스다이
의료	2014년	36	2.6	GRAIL, 위닥터, 하오닥터
스마트 부품	2013년	29	1.2	웨이징 과학, 에센셜 프로덕츠
교육	2014년	19	0.5	VIPKID, 위엔푸다오, 신동방
기업 서비스	2012년	28	0.4	-
SNS	2010년	31	0.3	스냅챗, 하이크, 카카오, 콰이쇼우
인공지능	2017년	1	-	ObEN

자료: 블룸버그, 하나금융투자

3. 사업 실적 & 추이

　2018년 이후 텐센트의 게임 실적은 중국 게임 수익화 관련 승인(판호 발급)을 담당하는 중국신문출판광전총국의 조직 개편 작업과 승인 업무 중단으로 인해 둔화세를 보이고 있다. 2018년 3분기 게임 실적도 중국 정부의 신규 게임 승인 중단으로 인해 예상대로 부진했으나 광고와 기타 사업부 실적 호조로 시장 예상을 뛰어넘는 실적을 기록했다. 매출액은 806억 위안(YoY +24%, QoQ +9%), 영업이익은 279억 위안(YoY +23%, QoQ +28%)으로 톱 라인 성장은 둔화했지만, 게임 사업 부진과 결제 사업부 비부금 축소 영향에도 영업이익이 전 분기 대비 크게 반등하며 영업이익률은 전년 동기 수준인 35%로 회복되었다.

게임 매출은 258억 위안(YoY −4%, QoQ +2%)으로 전년 대비 마이너스 성장을 기록했으나 2018년 3분기 10개 신규 게임과 왕자영요 실적 기여로 모바일 게임 매출은 전 분기 대비 11% 반등했다. 웨이신 모멘트와 미니 프로그램 광고 노출 횟수 증가로 소셜 광고 매출(YoY +61%, QoQ +19%)이 고성장하며 분기 실적을 지탱했다. 모바일 결제 거래량의 견조한 증가세(일평균 거래량 YoY +50%, 오프라인 상점 일평균 거래량 YoY +200%), 위챗페이 홍콩 서비스 개시로 인해 기타 사업 부문 매출(YoY +69%, QoQ +16%)도 양호한 성장을 보였다. 클라우드 매출도 전년 대비 2배 확대, 전 분기 대비 두 자릿수의 성장률 기록하며 분기 실적을 견인했다.

텐센트홀딩스 매출 및 영업이익 추이

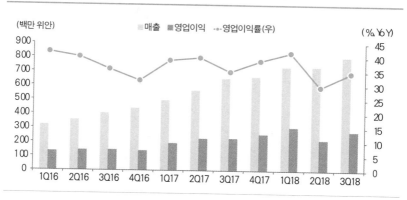

자료: 텐센트홀딩스, 하나금융투자

텐센트 연간 주요 재무제표

(단위: 백만 KRW, %, 배)

	2017	2018	2019E	2020E
매출	39,816,471	52,019,227	67,757,660	85,865,813
증가율(%,YoY)	49.9	30.6	30.3	26.7
영업이익	14,175,742	15,370,338	20,947,131	24,564,027
증가율(%,YoY)	53.2	8.4	36.3	17.3
순이익	11,975,420	13,095,555	16,202,000	19,336,831
증가율(%,YoY)	66.7	9.4	23.7	19.3
기본 EPS	1,272	1,387	1,677	1,997
증가율(%,YoY)	66.1	9.0	20.9	19.1
ROE	33.2	27.2	24.4	24.1
PER	44.5	33.1	30.7	24.6
PBR	12.5	8.1	6.8	5.4

자료: 하나금융투자

한국 기업 비교

	텐센트홀딩스	카카오
시가총액	488조 6,971억 원	10조 3,418억 원
매출액	52조 192억 원	2조 4,170억 원
순이익	13조 956억 원	479억 원
PER(배)	30.7	73.5
PBR(배)	6.8	1.9
ROE(%)	24.4	2.8

* 주: 매출 및 순이익은 2018년 연간 기준, PER·PBR·ROE는 2019년 전망치

텐센트는 온라인 게임 매출 고성장에 기반해 2017년 연간 114%의 주가 수익률을 기록했다. 2018년 1분기 중국 정부의 조직 개편 작업으로 인해 신규 게임에 대한 정부 승인이 전면 중단되었고, 하반기에는 미성년 보호를 위한 게임 셧다운제가 도입되며 중국 게임 업종 전반에 주가 급락을 야기했다. 텐센트의 매출도 신규 게임의 승인 중단으로 인해 2018년 1분기 전년비 48% 성장에서 2분기 30%, 3분기 24%로 둔화되며 주가도 2018년 초 고점 대비 88%로 큰 폭으로 조정받았다.

지난 2018년 12월 정부 승인 작업이 재개되며 텐센트의 주가도 연초 이후 27% 급등했다. 신규 게임의 순차적인 승인 획득과 함께 텐센트의 게임 실적도 2019년 2분기를 기점으로 정상화될 전망이다.

또한 텐센트는 리그 오브 레전드LoL:League of Legend를 개발한 라이엇 게

최근 주가 추이

자료: 블룸버그, 하나금융투자

2부 4차 산업 16주 분석

임즈의 대주주이자 배틀로열 게임 포트나이트Fortnite를 개발한 에픽 게임 즈Epic Games의 최대 주주이며, 그 외 슈퍼셀, 넷마블 등 글로벌 톱 게임사의 지분을 보유하고 있다. 글로벌 게임사와의 안정적인 협력 관계를 통해 장기적으로 게임 경쟁력을 확보했다고 평가하며, 핵심 사업인 게임 사업의 견조한 성장성을 기반으로 중장기 주가 모멘텀도 유효할 전망이다.

6. 창업자 소개: 마화텅

텐센트의 창업자이자 CEO인 마화텅马化腾은 1971년 광둥성 산터우시에서 태어났으며, 선전대학교 컴퓨터공학과를 전공했다. 대학교 졸업 후 통신회사 룬쉰潤迅에서 무선호출기 개발 엔지니어로 일했으나 무선호출기의 시장 퇴출로 1998년 대학 동창 장즈둥張志東과 함께 텐센트를 창업했다.

당시 PC 기반의 인터넷 메신저가 각광받고 있었는데 이스라엘 스타트업 'ICQI Seek You'와 미국 업체 AOL의 인스턴트 메신저를 모방한 QQ 메신저를 출시하며 지금의 텐센트를 만들었다. 이런 모방 전략에 대해 마화텅은 "모방은 부끄럽지 않다. 새로운 창조로 이어지기 때문이다"라는 신념을 표현했다.

QQ 이용자가 늘면서 회사 도약의 필요성을 느꼈지만 자금을 쉽게 확보할 수 없었다. 그러던 중 글로벌 IT 뉴스 회사인 IDG와 홍콩 부동산 재벌 리커싱李嘉誠으로부터 각각 110만 달러의 투자를 받아 몸집을 키웠다. 닷컴 버블이 꺼지던 시기 투자자 이탈 등으로 어려움을 겪었지만 유료화

모델 도입으로 위기를 돌파하며 부흥의 전기를 마련했다. 이후 모바일 메신저, 소셜 네트워크 서비스, 인터넷 검색, 온라인 게임 등으로 사업 영역을 확장하며 현재의 텐센트를 일구었다.

마화텅은 자신의 성공 비결로 철저한 현지화 전략을 꼽는다. 그는 "보편적 IT 서비스를 중국 현실에 맞게 잘 구현해내는 것이 최고의 성공 비결"이라고 이야기한 적이 있다. 마화텅은 텐센트의 모든 서비스를 직접 이용해보는 현장형 경영자이다. 프로그래머 출신이라는 강점을 충분히 살려 자사 서비스를 점검하고 보완하는 데 열정을 쏟는다.

마화텅은 인수합병을 진행하면서 '소유하되 간섭하지 않는다'는 원칙을 견지했다. 라이엇 게임즈나 슈퍼셀을 인수한 후에 이 두 회사의 경영에 전혀 개입하지 않았다. 자본을 지원하면서 운영은 자체적으로 하도록 배려했다. 외국 기업이 중국 기업 텐센트의 문화에 눌려 창의적인 사고와 개발이 막히는 것을 방지하기 위해서였다. 이런 철학을 가지고 인수합병에 공격적으로 나서고 있다. 우리나라 대표 IT 기업 카카오의 지분을 대거 사들이기도 했다.

2019년 3월 《포브스》가 발표한 세계 부자 명단에서 388억 달러로 중국 최고의 부자로 이름을 올렸다.

바이두
BIDU.US

바이두	
설립 연도	2000
상장일	2005. 8. 5.
주요 주주	리옌훙 16.10%
대표자	리옌훙
홈페이지	www.baidu.com

Key Data	
상장주식	미국
시가총액(억 USD)	391
한화(조 원)	46
PER(2019E)	22.6
52주 최고/최저	274.00 / 106.80
현재 주가(USD)	111.76

* 기준일: 2019. 6. 10.

주 영업 구성	
온라인 광고	86%

* 주: 2017년 말 기준

	百度一下

百度

把百度设为主页　　关于百度　　About Baidu　　百度推广

©2019 Baidu 使用百度前必读　意见反馈　京ICP证030173号　京公网安备 11000002000001号

바이두는 2000년 1월에 설립된 중국 내 최대 검색엔진 회사이다. 2018년까지 바이두의 중국 검색엔진 시장 점유율은 평균 70%로 중국에서 가장 영향력 있는 검색엔진으로 자리 잡았다. 바이두의 매출 대부분은 온라인 광고를 통해 창출된다. 최근에는 4차 산업혁명에 맞춰 'All in AI' 전략을 내세우며 대대적으로 인공지능에 투자를 확대하고 있다. 이를 통해 스마트 스피커, 자율주행 미니 버스 '아폴롱' 출시 등 인공지능 사업 영역에서 눈에 띄는 성과를 이루어내고 있다.

주요 주주로는 창업자 리엔훙과 영국의 자산운용사 베일리 기포드 Baillie Gifford가 있다. 차등의결권에 따라 리엔훙은 55% 투표권을 보유하면

바이두 주요 서비스 영역

자료: 바이두, 하나금융투자

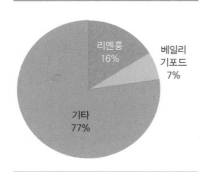

바이두 대주주 현황	바이두 매출 비중 추이

바이두 대주주 현황: 리엔훙 16%, 베일리 기포드 7%, 기타 77%

자료: 바이두, 하나금융투자

바이두 매출 비중 추이 (%) — 바이두 코어, 아이치이

	2015	2016	2017	1H2018
아이치이	8	16	20	24
바이두 코어	92	84	80	77

자료: 바이두, 하나금융투자

서 실질적으로 바이두를 경영하고 있다.

2. 사업 구성 및 매출 전망

① 온라인 광고

2017년 중국 온라인 광고 시장 규모는 3,884억 위안(약 63조 원)으로 최근 3년 연평균 36% 성장률을 기록하며 여전히 고성장세를 지속 중이다. 바이두는 중국 검색엔진 시장 점유율 70% 이상을 유지하며 절대적인 지배력을 보유하고 있으며, 온라인 광고 매출은 2010년 대비 10배 규모로 성장했다.

바이두 광고 매출의 견조한 성장세는 바이두의 검색과 뉴스 피드의 연계 효과 강화에 기인한다. 빅데이터 기반의 '다이내믹Dynamic 광고'와 최적

클릭당 비용 지불Optimized Cost Per Click 방식의 광고 출시 등이 검색과 피드 플랫폼의 수익화 확대에 크게 기여했다. 바이두의 뉴스 피드 플랫폼의 콘텐츠 증가, 동영상 콘텐츠 비중 확대는 뉴스 피드뿐만 아니라 전반적인 바이두 앱 이용 시간 확대로 이어지고 있다. 그 외 바이두의 소셜 커머스 플랫폼 '바이두뉘미百度糯米', 소셜 네트워크 서비스 플랫폼 'BJH百家号' 등 플랫폼과 바이두 뉴스 피드를 연계시키는 알고리즘 도입으로 바이두 앱 트래픽은 견고한 증가세를 유지하고 있다.

2018년 9월 기준 바이두 뉴스 피드 플랫폼 '바이지아하오Baijiahao' 사용 시간은 YoY 68% 증가했으며, 콘텐츠 게시자 수는 150만 명으로 연초 대비 50만 명 증가했다. 2018년 출시한 동영상 뉴스 피드 플랫폼인 '하오칸Haokan'은 9월 기준 DAU 1,200만 명으로 6~9월에만 500만 명이 증가하며 중국 앱 성장률 1위를 차지했다.

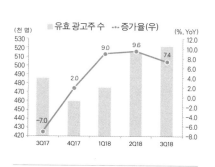

중국 온라인 광고 규모 추이

바이두 유효 광고주 추이

자료: 아이리서치, 하나금융투자

자료: 바이두, 하나금융투자

2부 4차 산업 1등주 분석

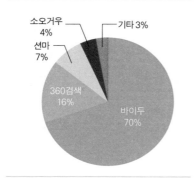

검색엔진 시장 점유율(2018년)

소오거우 4%
셴마 7%
360검색 16%
바이두 70%
기타 3%

자료: 스탯카운터(StatCounter), 하나금융투자

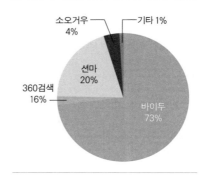

모바일 검색엔진 시장 점유율(2018년)

소오거우 4%
셴마 20%
360검색 16%
바이두 73%
기타 1%

자료: 스탯카운터, 하나금융투자

② 아이치이

아이치이iQIYI는 중국판 넷플릭스로 불리는 동영상 스트리밍 플랫폼으로 2018년 3월 미국 증시에 상장했다. 중국 온라인 스트리밍 시장은 바이두의 아이치이, 텐센트의 텐센트 비디오Tencent Video, 알리바바의 유쿠Youku가 독점하고 있는데 그중 아이치이는 글로벌 인기작 판권 확보와 자체 제작 경쟁력을 기반으로 중국 시장 내 가장 많은 유료 이용자 수를 확보하고 있다. 2018년 기준 아이치이의 월간 이용자 수는 4.9억 명으로 2위인 텐센트 비디오와 3위인 유쿠의 4.6억 명, 4.1억 명을 근소한 차이로 앞서나가고 있다. 2017년 아이치이 매출은 YoY 55% 증가한 174억 위안을 기록하며 50% 이상의 견조한 성장세를 유지하고 있으며, 유료 회원 매출을 지속적으로 확대해나가고 있다.

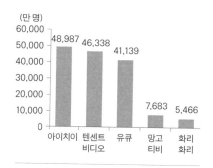

중국 스트리밍 기업 월간 사용자 수

(만 명)

- 아이치이: 48,987
- 텐센트 비디오: 46,338
- 유큐: 41,139
- 망고 티비: 7,683
- 화리화리: 5,466

주: 2018년 3월 기준
자료: 아이치이, 하나금융투자

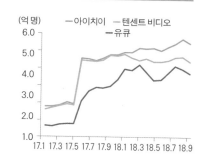

중국 3대 동영상 플랫폼 활성 이용자 수 비교

(억 명) — 아이치이 — 텐센트 비디오 — 유큐

17.1 17.3 17.5 17.7 17.9 18.1 18.3 18.5 18.7 18.9

자료: 윈드, 하나금융투자

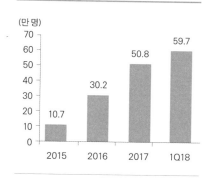

아이치이 유료 회원 수

(만 명)

- 2015: 10.7
- 2016: 30.2
- 2017: 50.8
- 1Q18: 59.7

자료: 아이치이, 하나금융투자

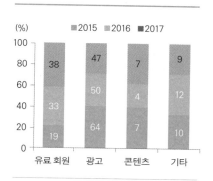

사업별 매출 비중 추이

(%) ■2015 ■2016 ■2017

	2015	2016	2017
유료 회원	19	33	38
광고	64	50	47
콘텐츠	7	4	7
기타	10	12	9

자료: 윈드, 하나금융투자

③ 인공지능

바이두는 지난 2017년 'All in AI' 전략을 발표했다. 인공지능에 승부를 걸겠다는 포부이다. 이에 따라 음성인식 기술 '듀얼 OS_{DuerOS}'와 자율주행 플랫폼 '아폴로 프로젝트' 중심의 인공지능 사업에 주력하고 있다. 2017년 11월 연례 컨퍼런스 '바이두 월드_{Baidu World}'에서 듀얼 OS 2.0을 공개했으며, 2017년 말까지 130개 협력 업체와 스마트 TV, 스마트폰, 스토리텔링 장난감, 스마트 가전 등 50개 이상의 듀얼 OS 기술 적용 제품을 출시했다. 2017년 11월 바이두 듀얼 OS 기술을 탑재한 첫 음성인식 스피커 '레이븐 H Raven H'를 내놓았고, 2018 CES Consumer Electronics Show에서 스크린을 탑재한 '리틀 피시 VS1 Little Fish VS1', '셍글드 Sengled' 스마트 램프 스피커, 조명 및 프로젝터의 기능이 탑재된 '포핀 알라딘 PopIn Aladdin' 등 음성인식 스피커 3종을 추가로 공개하며 하드웨어 제품 출시를 이어가고 있다.

바이두는 자율주행 기술에서도 적극적인 연구개발과 투자를 진행 중이다. 2017년 4월 바이두는 자율주행 프로젝트인 '아폴로 프로젝트'를 출시했다. 아폴로 프로젝트는 바이두가 완성차 업체에 소프트웨어와 하드웨어 시스템을 결합해 자체적인 AV 시스템을 신속하게 구축할 수 있도록 지원하는 '완전 개방형 자율주행' 프로젝트로 완성차(킹롱, 다임러, 포드), 부품 업체(보쉬 Bosch), 라이다(벨로다인 Velodyne), 반도체(엔비디아, 인텔, NXP), 지도(톰톰 TomTom), 자율주행 시스템(모멘타 Momenta) 등 각 분야를 대표하는 100개 이상의 기업들이 파트너 사로 참여하고 있다. 한국 기업으로는 현대자동차가 여기에 참여했다. 바이두의 아폴로 프로젝트는 우버, 닛산 등이 선택한 폐쇄적인 플랫폼이 아니다. 파트너 사와의 적극적인 협력을 통한 공생을 추진하고 있으며, 이는 구글의 안드로이드 전략과 유사하다고 볼 수 있다.

2017년 프로젝트 출시 이후 버전 1.0을 시작으로 지속적인 연구개발과 업그레이드를 통해 2018년 7월 자율주행 주차, 무인 자율주행 배달, 무인 자율주행 셔틀 서비스가 탑재된 버전 3.0을 발표했다. 바이두는 킹롱버스

중국 최초 자율주행 차량 '아폴롱' 양산	바이두, 인공지능 하드웨어 수익화 지속 중

자료: 바이두, 하나금융투자	자료: 바이두, 하나금융투자

와 협력해 아폴로 3.0이 탑재된 14인승 자율주행 미니버스 '아폴롱Apolong' 양산에 성공했다. 킹롱버스를 시작으로 BYD와 2020년 3단계, 소콘Sokon과 2020년 3단계, 2021년 4단계 자율주행 차량을 출시할 예정이다. 이 분야에서 2018년을 기점으로 본격적인 수익화 단계에 진입할 것으로 전망된다.

3. 사업 실적 & 추이

바이두의 2018년 3분기 매출액은 282억 위안(YoY +20%)으로 가이던스와 시장 예상에 부합했으며 순익은 124억 위안(YoY +56%)으로 예상치를 10% 이상 넘었다. 3분기 비핵심 사업부인 금융 사업부 '두샤오만 DUXiaoman'과 해외 사업부 '글로벌 DUGlobalDU' 매각으로 인한 지분 매각 이익 반영으로 기타 수익이 YoY 108% 증가하며 예상보다 높은 이익 성장을 기록했다. 광고 매출을 포함한 바이두 코어Core 매출은 216억 위안(YoY

+18%, QoQ +8%)으로 중국 경기 둔화와 각종 산업 규제로 인해 전 분기 대비 성장률이 저조했다. 사업부 매각으로 인한 2.5억~3.0억 위안 매출 감소 영향을 고려하면 과거 평균 수준의 견조한 성장을 유지한 것으로 판단된다. 영업이익률은 아이치이 및 뉴스 피드 관련 콘텐츠 투자 비용이 YoY 73% 증가하며 전년과 전 분기 대비 5%p 하락한 16%를 기록했다.

동영상 플랫폼 아이치이도 유의미한 성장을 이루었다. 2018년 3분기 유료 구독자 수 8,070만 명을 기록하며 유료 회원 매출이 광고 수입을 넘어섰고 활성 이용자 수 5.5억 명을 돌파하며 3대 동영상 스트리밍 플랫폼 중 1위를 차지했다. 인공지능 사업 수익도 가파른 성장 중이어서 2020년부터 의미 있는 수익화 단계에 진입할 전망이다.

바이두 매출 및 영업이익 추이

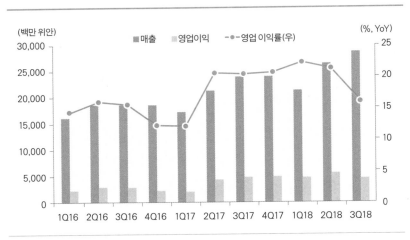

자료: 바이두, 하나금융투자

바이두 연간 주요 재무제표

(단위: 백만 KRW, %, 배)

	2017	2018	2019E	2020E
매출	14,202,536	17,014,623	18,954,931	21,891,727
증가율(%, YoY)	15.2	19.8	11.4	15.5
영업이익	2,627,693	2,583,544	710,936	1,886,297
증가율(%, YoY)	49.6	-1.7	-72.5	165.3
순이익	3,064,776	4,586,996	1,397,817	2,361,310
증가율(%, YoY)	50.7	49.7	-69.5	68.9
기본 EPS	8,826	13,144	4,273	6,921
증가율(%, YoY)	50.5	48.9	-67.5	62.0
ROE	17.6	19.8	6.7	8.7
PER	37.3	20.3	22.6	15.2
PBR	4.6	2.3	1.6	1.5

자료: 블룸버그, 하나금융투자

한국 기업 비교

	바이두	네이버
시가총액	45조 5,069억 원	18조 7,887억 원
매출액	17조 146억 원	5조 5,869억 원
순이익	4조 5,870억 원	6,488억 원
PER(배)	22.6	32.1
PBR(배)	1.6	3.0
ROE(%)	6.7	10.4

* 주: 매출 및 순이익은 2017년 연간 기준, PER·PBR·ROE는 2019년 전망치

바이두의 주가는 시장 예상보다 견고한 온라인 광고 매출 성장을 기반으로 2017년 연간 40%의 주가 수익률을 기록했다. 2018년 하반기 미·중 무역 전쟁으로 인한 중국 증시 조정과 게임, 전자상거래 등 산업 규제로 인한 광고 매출 둔화 우려가 확산되며 2018년 고점 대비 바이두의 주가는 68% 조정받았으며, 역사적 PER 밴드 최하단에 위치해 밸류에이션 매력이 매우 높다는 판단이다.

2019년 바이두의 광고 실적은 중국 경기 회복, 전년도 집중 규제 산업의 펀더멘털 개선과 함께 견조한 성장을 지속할 전망이다. 실제로 최근 2018년 4분기에도 바이두의 유효 광고주 수(YoY +15%)는 최근 3년 중 가장 높은 성장률을 기록하며 바이두 광고에 대한 견조한 수요가 입증된 바 있다. 그 외 신규 출시한 하오칸Haokan, 췐민Quanmin 등 쇼트 클립short clip 플

최근 주가 추이

자료: 블룸버그, 하나금융투자

랫폼의 광고 매출 잠재력도 높아 보인다. 2018년 4분기 바이두의 쇼트 클립 플랫폼인 하오칸과 퀀민은 중국 쇼트 클립 이용자 수DAU,MAU 증가율 1, 2위를 차지했고, 퀀민의 DAU는 4분기에만 400만 명이 증가했다. 중국의 쇼트 클립 플랫폼 MAU는 5억 명으로 최근 고성장 중이며, 바이두는 쇼트 클립 앱을 추가로 출시해 지배력 확대와 광고 매출 창출을 도모할 계획이다. 바이두의 광고와 아이치이를 포함한 핵심 사업의 고성장, 인공지능 사업의 수익화 단계 진입으로 중장기적인 주가 리레이팅이 전망된다.

6. 창업자 소개: 리옌훙

1968년 산시성에서 공장 노동자의 넷째 아들로 태어난 리옌훙李彦宏 은 엘리트 유학생 출신이었다. 베이징대학교 정보관리학원을 졸업하고 미국 뉴욕주립대학교 버펄로 컴퓨터학과 석사 과정을 밟았다. 1997년 29세 나이에 당시 새로운 개념의 검색 알고리즘을 설계해 첫 번째 특허를 미국에서 출원했고, 이듬해 작성한 〈질적 검색엔진을 향하여〉라는 논문은 구글 창업자 래리 페이지가 페이지 랭크 특허 문서에서 인용할 만큼 높은 평가를 받았다. 하지만 학업을 중단하고 다우존스에서 경제 뉴스를 취재하는 기자로 활동했다. 실리콘밸리로 자리를 옮겨 인포시크의 수석 엔지니어로 일했다. 이 회사가 디즈니에 인수되자 귀국을 결심했다.

리옌훙은 1999년 12월 중국으로 돌아왔다. 그는 인터넷 검색 업체에 승부를 걸기로 했다. 그 당시 중국 인터넷 사용자 수는 900만 명에 불과

했다. 하지만 검색 사이트는 300개가 넘었다. 이런 상황에서 또 검색 업체를 만드는 것은 무모한 도전으로 보였다. 그러나 리옌훙은 대학 동창인 동업자인 쉬융_{徐咏}과 함께 120만 달러의 자금을 투자받아 바이두를 설립했다. 그의 나이 31세 때였다.

바이두는 중국적인 검색엔진이다. '바이두_{百度}'라는 이름 역시 중국의 시구 중 "眾里尋他千百度(수많은 사람 중에서 수없이 찾았다)"에서 착안해 붙였다고 한다. 사랑하는 이를 간절히 찾는 마음을 검색 과정에 비유한 것이다. 로고인 파란색 곰 발바닥은 누구나 흔적을 남긴다는 의미를 담고 있다.

바이두는 소규모로 출발했다. 주력 사업은 기존 검색 사이트에 검색엔진을 제공하는 일이었다. 10명의 직원이 작은 사무실에서 시스템 개발에 열중했다. 2001년 바이두 검색 기술을 사용하는 포털이 80%에 육박하자 독자적인 플랫폼을 구축하기로 결심하고 투자자들을 설득해서 바이두닷컴의 문을 열었다. 이후 지속적인 성장을 이루었는데 2010년 구글이 중국에서 철수한 것이 바이두에 큰 수혜가 되기도 했다.

리엔홍은 기술을 중시하고 리더십과 혁신 추구 성향이 강한 경영자이다. 일찍이 미국을 경험해 글로벌 시장에 대한 통찰이 강한 것 역시 강점이다. 최고의 인재를 얻기 위해 노력을 아끼지 않으며 지식 탐구에 대해 강한 열정을 보인다.

리엔홍은 젊고 스마트하다. 그래서 바이두는 격식을 중요하게 여기는 여느 중국 기업과는 달리 출퇴근 시간과 복장 등이 자유로운 문화를 지니고 있다. 그는 성공을 꿈꾸는 젊은이들에게 이렇게 조언한다.

"한 가지 일에 미쳐라. 그래야 남들이 해내지 못한 것을 할 수 있다."

소프트뱅크
9984.JP

≡ SoftBank

소프트뱅크	
설립 연도	1981
상장일	1994. 7. 22.
주요 주주	손정의 21.01%
대표자	손정의
홈페이지	softbank.com

Key Data	
상장주식	일본
시가총액(십억 엔)	12,718.1
한화(조 원)	132.0
PER(2019E)	10.5
52주 최고/최저	12,090 / 6,803
현재 주가(USD)	11,555

* 기준일: 2019. 4. 26.

주 영업 구성	
일본 통신	35%

* 주: 2018년 말 기준

1. 글로벌 대표 테크 지주 그룹으로 재도약

소프트뱅크 그룹은 여러 자회사를 통해서 통신과 인터넷 분야의 다양한 사업을 진행하고 있는 일본의 대표적인 4차 산업 지주회사다. 소프트웨어와 IT 관련 서적 유통 업체로 시작했던 소프트뱅크는 1996년 야후와 함께 야후 재팬을 세우면서 기반을 다지고, 2000년 이후 다수의 M&A를 통해 일본과 미국에서 통신 서비스 사업을 키우는 데 주력해왔다.

일본의 국내 통신업과 미국 통신 사업(스프린트), 야후 재팬이 소프트뱅크 전체 매출액의 83%를 차지한다. 소프트뱅크는 2016년 영국의 대표 반도체 기업 암홀딩스Arm Holdings를 인수하고, 2017년에는 세계 최대 IT 투자 펀드인 '비전 펀드'를 론칭하며 차세대 혁신 기술 분야의 유망 기업을 발굴해 적극적으로 투자하고 있다. 향후 제2, 제3의 비전 펀드 론칭을 계획하고 있으며, 글로벌 대표 테크 지주 그룹으로 재도약하는 것을 목표로 하고 있다.

2. 세계 최대 테크 투자 펀드인 비전 펀드

소프트뱅크가 4차 산업 대표 기업인 이유는 성장성이 높은 다양한 혁신 기술 분야에서 앞서나가는 기업들을 발굴하여 적극적으로 투자하고 있기 때문이다. 2017년 5월, 소프트뱅크는 인공지능, 로봇, 클라우드 등 미래 혁신 기술과 신규 유망 기술에 적극적인 투자를 위해 사우디아라비아의 국부 펀드와 함께 930억 달러 규모의 '비전 펀드'를 출범했다. 미래 혁신 기술 시대를 이끌 뚜렷한 비전을 가진 스타트업이나 신규 유망 기업에 주로 투자할 예정이지만, 대형 기업이더라도 미래 전략적인 큰 규모의 투자가 필요하다면 투자 대상이 된다.

사우디아라비아의 국부 펀드(450억 달러)와 함께 비전 펀드 조성에 참여한 또 다른 주요 투자자에는 아랍에미리트 투자 기업 무바달라(150억 달러), 애플(10억 달러), 퀄컴, 팍스콘, 샤프 등이 포함되어 있다. 소프트뱅크 비전 펀드가 확보한 투자 규모는 총 977억 달러이며 이 중 소프트뱅크는 처음 펀드 출범 당시 상정한 280억 달러와 이후 추가로 약속한 45억 달러를 포함한 총 325억 달러를 담당한다.

비전 펀드는 출범 이후 다수의 미래 혁신 기술 기업에 투자해오고 있다. 비전 펀드에서 투자한 주요 기업으로는 암홀딩스, 엔비디아, 위워크

비전 펀드 투자 자금 내용

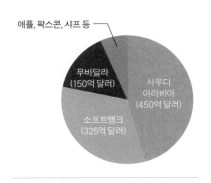

자료: 소프트뱅크, 무바달라,《월스트리트저널》

비전 펀드가 투자한 주요 기업들

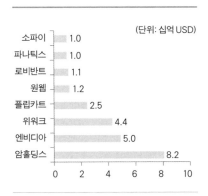

* 주: 10억 달러 이상 투자된 기업 기준
자료: 레코드 데일리(Recode Daily)

WeWork, 플립카트Flipkart, 원웹OneWeb 등이 있다. 암홀딩스는 소프트뱅크가 비전 펀드에 출자할 자금 중 82억 달러 상당을 현물 출자 방식으로 암홀딩스 주식으로 조성했다. 암홀딩스에 이어서 높은 투자금을 받은 기업은 엔비디아이다. 인공지능 칩 시장에서 선두를 차지하며 향후 높은 성장 가능성이 기대되기 때문이다. 위워크는 기업들에 빌딩을 렌털해주며 여러 기업이 작업장을 공유할 수 있도록 도와주는 부동산 기업이다. 원웹은 미국 플로리다에 위치한 스타트업으로 위성을 통해 인터넷 서비스를 제공하는 기업이다.

3. 사업 구성 및 매출 전망

소프트뱅크 그룹의 주요 자회사는 소프트뱅크 코프(일본 통신), 스프린트(미국 통신), 야후 재팬, 암홀딩스 등이다. 매출액 비중은 35%이지만 영업이익 비중의 65%를 차지하는 일본 통신 사업 자회사 소프트뱅크 코프는 이동통신 서비스를 제공하고 휴대폰 판매, 브로드밴드 서비스 등을 제공하는 일본 3위 통신 업체다. 소프트뱅크는 2013년에 스프린트를 인수하며 미국 통신 시장에 진출했다. 야후 재팬은 인터넷 광고, 전자상거래 및 회원제 서비스를 제공하는 인터넷 기업이며 매출액 중 9% 비중을 차지한다.

일본 통신 사업은 안정적인 이익을 창출하고 견고한 현금 흐름을 유지하면서 소프트뱅크에 캐시카우cash cow 역할을 하고 있다. 소프트뱅크의

사업 분야별 매출액 비중

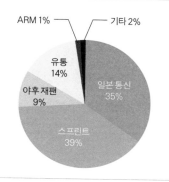

ARM 1%
기타 2%
유통 14%
야후 재팬 9%
일본 통신 35%
스프린트 39%

자료: 소프트뱅크, 하나금융투자

사업 분야별 영업이익 비중

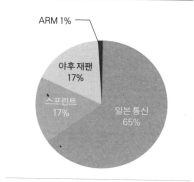

ARM 1%
야후 재팬 17%
스프린트 17%
일본 통신 65%

자료: 소프트뱅크, 하나금융투자

소프트뱅크 그룹 연간 매출액 & 성장 전망

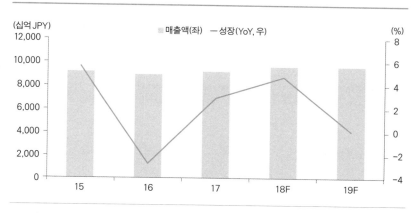

(십억 JPY)　　　　■ 매출액(좌)　── 성장(YoY, 우)　　　(%)

*주: 회계연도(3월 결산) 기준
자료: 캐피털 IQ(Capital IQ) 시장 전망치, 하나금융투자

일본 통신 사업에서 주목할 점은 2018년 12월 19일 일본 통신 사업 자회
사인 소프트뱅크 코프를 도쿄증권거래소에 상장한 것이다. 상장 규모는
약 2.4조 엔이다. 상장 후 소프트뱅크는 일본 통신 사업체에 약 66.5% 지

분을 보유하게 된다. 상장으로 조달된 자금의 상당 부분을 향후 혁신 기술 기업에 투자하기 위해 활용하여 글로벌 최대 기술 그룹으로 도약하는 전략을 본격화할 것으로 기대된다.

소프트뱅크 그룹의 대표 자회사들인 미국과 일본의 통신 기업들이 소속된 시장이 저성장 시장이기 때문에 소프트뱅크 전체 매출액 흐름세 역시 고성장 추이는 아니지만 안정적이며 꾸준한 흐름을 유지하고 있다. 가장 최근 분기 실적인 FY 2018년 2분기(CY 2018년 7~9월)에 소프트뱅크 매출액은 2.4조 엔을 기록, 전년 동기 대비 7% 증가했다. FY 2018년(CY 2019년 3월 결산) 연간 기준, 시장에서는 소프트뱅크 매출액이 전년 대비 5% 증가할 것으로 기대하고 있다.

4. 비전 펀드의 높은 이익 기여

소프트뱅크는 최근 분기 실적에서 비전 펀드의 높은 이익 기여로 시장 기대치를 넘어서는 어닝 서프라이즈를 시현했다. FY 2018년 2분기에 전체 영업이익은 7,057억 엔으로 전년 동기 대비 78% 증가했다. 이는 비전 펀드가 영업이익 3,925억 엔(+385%, YoY)을 기여했기 때문이다.

비전 펀드의 이익 기여는 혁신 기술 기업에 대한 적극적 투자를 통해 테크 지주 그룹으로 전환하려는 소프트뱅크의 전략이 성공적으로 진행되고 있음을 확인시켜준다.

비전 펀드는 인도 전자상거래 1위 기업 플립카트 지분 20%를 월마트에 매각하며 60% 투자수익률을 달성했다. 플립카트 지분 매각으로 비전 펀드는 약 13억 달러 이익을 기록했다. 비전 펀드가 투자한 엔비디아, 위워크, OYO 등에 대한 투자 평가 이익 역시 큰 폭으로 증가했다. 소프트뱅크 단독으로 투자했으나 향후에 비전 펀드로 이전할 예정인 우버, 그랩 등에

소프트뱅크 영업이익 & 성장 추이

(단위: 백만 JPY, %)

	1Q17	2Q17	3Q17	4Q17	1Q18	2Q18
영업이익 (비전 펀드 제외)	374,044	314,557	223,801	88,418	475,049	313,233
YoY 성장	17	-4	-21	-9	27	0
비전 펀드 영업이익	105,229	81,009	50,189	66,554	239,944	392,490
전체 영업이익	479,273	395,566	273,990	154,972	714,993	705,723
YoY 성장	50	21	-3	60	49	78

* 주: 회계연도(3월 결산) 기준
자료: 소프트뱅크, 하나금융투자

비전 펀드: 영업이익 분기별 추이

(단위: 백만 JPY)

	1Q17	2Q17	3Q17	4Q17	1Q18	2Q18
실현 투자 이익						146,682
미실현 평가 이익	106,871	87,465	56,772	94,867	245,802	257,557
이자 & 배당 이익			3,744	2,376	1,409	1,198
영업비용	-1,642	-6,456	-10,327	-30,689	-7,267	-9,656
영업이익	105,229	81,009	50,189	66,554	239,944	392,490

* 주: 회계연도(3월 결산) 기준
자료: 소프트뱅크, 하나금융투자

자료: 하나금융투자

대한 투자 가치 역시 상승세를 이어나가고 있다.

비전 펀드의 이익 기여는 앞으로도 지속될 것으로 기대된다. 비전 펀드가 투자한 혁신 기술 기업 대부분이 각 분야 선두 업체로서 향후 고성장을 이끌 것으로 기대되고 있기 때문이다. 또한 소프트뱅크는 비전 펀드를 통해 단순히 투자 이익만을 추구하는 것이 아니라 비전 펀드에 속한 각각의 혁신 기술 기업들과 파트너십을 맺고 시너지를 창출하는 것을 목표로 하고 있다.

5. 장기 주가 전망

최근 소프트뱅크의 주가 상승세를 이끌어온 중요 요인은 비전 펀드를 통해 소프트뱅크가 글로벌 테크 지주 그룹으로서의 높은 잠재력을 확인

해주었다는 점이다. 소프트뱅크의 비전 펀드는 예상보다 훨씬 빠르게 영업이익에 기여하고 있다. 손정의 회장을 중심으로 다양한 혁신 기술 분야의 대표 유망 기업들을 투자 대상으로 발굴하여 수익을 창출하는 탁월한 능력을 입증하고 있다.

소프트뱅크는 향후 제2, 제3의 비전 펀드를 계속 만들어나갈 계획이다. 비전 펀드를 통해 비단 투자 수익만을 달성하는 것이 아니라 비전 펀드에 포함된 다양한 기술 기업들과 협력을 통해 시너지를 창출할 것으로 기대되는 점이 고무적이다.

소프트뱅크의 향후 주가 추이에 영향을 줄 중요한 요인 중 하나는 소프트뱅크의 미국 통신 자회사인 스프린트와 T-모바일의 합병 허가 여부이다. 미국 3위 통신 사업자인 T-모바일의 모기업인 도이치 텔레콤과 소

최근 주가 추이

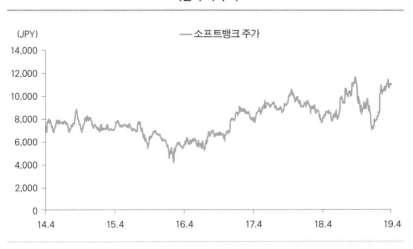

프트뱅크는 스프린트와 T-모바일 합병을 결정했다. 미국 통신 사업이 2019년부터 본격적으로 5G 시대를 개막하면서 막대한 네트워크 투자가 필요해졌기에 합병을 통한 경쟁력 개선과 시너지 효과를 거두기 위해서다. 합병 후 소프트뱅크는 합병된 기업의 지분 27%를 보유할 계획이다. 합병이 성사될 경우 소프트뱅크는 그동안 부담으로 작용했던 이자 발생 부채 규모는 26%, 이자 비용은 50% 줄어들 것으로 예상된다. 미국 규제 당국은 2019년에 합병 허가 여부를 결정할 것으로 보인다.

소프트뱅크 주가는 현재 2019E PER 10배에 거래되고 있다. 비전 펀드의 수익 기여가 예상보다 빠르게 진행되면서 밸류에이션 매력도를 높이고 있다. 글로벌 혁신 기술 기업에 대한 전방위적인 투자의 실적 기여도는 장기적으로 더욱 높아질 것으로 기대되며, 스프린트와 T-모바일 합병 허가 가능성이 점차 높아지고 있다는 점 역시 긍정적이다. 두 기업의 합병 허가는 주가에 큰 상승 모멘텀을 가져다줄 수 있을 것으로 전망된다.

6. 창업자 소개: 손정의

재일 한국인 3세인 손정의(일본명 손 마사요시) 회장은 16세에 미국으로 건너가 UC버클리에서 경제학과 컴퓨터공학을 전공했다. 졸업 후 일본으로 돌아와 개인용 컴퓨터가 대중화될 것이라는 확신으로 소프트웨어 유통회사 '소프트뱅크'를 1981년에 설립했다. 공격적인 사업 방식을 통해 소프트뱅크 창업 4년 만에 일본 소프트웨어 시장의 60%를 점유했다.

　손정의 회장은 장기적 산업 트렌드를 분석하는 탁월한 능력과 과감한 결단으로 적극적인 사업 전략을 펼치면서 사업 영역을 빠르게 넓히고 기업 규모를 키울 수 있었다. 특히 손정의 회장은 유망 기업을 발굴하는 데 뛰어난 감각을 가지고 있으며 남들보다 빠르게 투자하는 결단력을 보이면서 중요한 기업들을 인수했다. 그는 야후 재팬, 스프린트, 암홀딩스 등을 인수하며 IT와 통신 산업에서 소프트뱅크의 규모를 확장하고 경쟁력을 확고히 해왔다.

　손정의 회장은 개인 인생과 기업의 경영 철학에서 다섯 가지 요소를 중요시한다. 목표를 높게 가지고, 과거가 아니라 미래를 바라보며, 비전과 열정을 중요시하고, 인맥이 경쟁력이며, 사업 전략에서 10년 이상 미리 보고 준비하는 것이다.

　손정의 회장은 소프트뱅크를 글로벌 최대 기술 지주회사로 키우겠다는 목표를 세우고, 혁신 기술 분야의 다양한 유망 기업을 발굴하고 투자하는 데 가장 주력하고 있다. 그가 투자에 있어 가장 중요시하는 기술 테마는 인공지능이다. 앞으로 인공지능이 미래 기술을 이끌 핵심 기술이며 인공지능 기술 기업에 투자하는 것이 바로 미래에 투자하는 방법이라 보고 있다.

부록

반드시 주목해야 할
차세대 4차 산업 1등주 30선

차세대 1등주 30선

	기업명	국가	산업	기업 가치(원)	기업 소개
1	우버	미국	차량 공유 서비스	비상장	-글로벌 대표 차량 공유 서비스 네트워크 기업 -차량 공유, 음식 배달, 자전거, 오토바이 공유 등을 전 세계 785개의 대도시에서 운영 중
2	페이팔	미국 (나스닥)	디지털 결제	131조	-글로벌 대표 디지털 결제 처리 사업자 -온라인 결제와 모바일 결제가 빠르게 성장하고 있는 글로벌 결제 트랜드의 대표 수혜 기업 -활성 사용자 계정 수가 2.5억 개
3	어도비 시스템즈	미국 (나스닥)	콘텐츠 제작& 마케팅 소프트웨어	150조	-사진, 영상 콘텐츠 제작에 필요한 툴을 클라우드를 통해 제공하는 소프트웨어 기업 -디지털 마케팅 서비스 사업 확대 대표 수혜 기업
4	비자	미국 (뉴욕)	전자결제 서비스	380조	-글로벌 전자결제 서비스 1위 사업자. 장기적으로 현금 사용이 감소하고 전자 결제가 꾸준히 늘어나는 추세의 대표 수혜 기업 -모바일 결제 증가, P2P 송금 확대, 매장에서 비접촉 카드 사용 가속화 등 장기적으로 긍정적인 성장 요인 다수
5	지멘스	독일 (프랑크푸르트)	스마트 팩토리	112조	-글로벌 최대 스마트 팩토리 장비/소프트웨어 사업자이며 최대 의료 이미징 장비 업체 -'마인드스피어' 애플리케이션을 통해 IIoT(산업용 사물인터넷) 상용화 최전방에 위치
6	바이오젠	미국 (나스닥)	바이오	53조	-알츠하이머, 다발성경화증과 같은 중추신경계(CNS) 질환 치료제 분야 점유율 세계 1위 기업 -중추신경계 분야는 질병 이해도가 낮아 신약 개발 속도가 늦은 분야로 해당 분야 특화는 미래에 큰 경쟁력
7	삼성전자	한국 (코스피)	IT 하드웨어	312조	-세계 최대 종합 반도체 업체 -4차 산업혁명에 필수적인 컴퓨팅의 발전에 따라 반도체의 역할은 확대될 전망 -5G 사업(모뎀칩, 통신장비)에 대한 로드맵 역시 긍정적
8	카카오	한국 (코스피)	인터넷	10조	-국내 최대 메신저 플랫폼 '카카오톡' 기반 게임, 광고, 모빌리티 등 다양한 서비스 제공 -빅데이터 및 인공지능을 통해 차별화된 공유 경제 모델 및 카카오 페이와 같은 금융 서비스 제공 전망
9	네이버	한국 (코스피)	인터넷	20조	-국내 최대 인터넷 및 모바일 플랫폼 'NAVER', 'LINE'을 필두로 다양한 서비스 제공 -간편결제, 커머스, 검색 등을 통해 축적된 빅데이터 보유 및 4차 산업 관련 로보틱스 등 다양한 투자 지속 중

10	LG 디스플레이	한국 (코스피)	IT	8조	-글로벌 최대 디스플레이 패널 업체 -5G 시장 성장에 따른 전장디스플레이 및 홈·상업용 디스플레이 시장 성장 수혜 전망 -자율주행 자동차 시장 성장에 따른 전장 OLED 패널 매출 증가 전망
11	슈나이더 일렉트릭	프랑스 (파리)	전력장비	55조	-글로벌 스마트 빌딩 및 에너지 관리 선두 업체 -데이터센터용 UPS 통합 솔루션·엔지니어링 선두 업체 -5G 상용화 후 사물인터넷 등 활성화 되면서 전력 사용 증가 시 에너지 효율 관리 수요 증가로 수혜 기대
12	웨이스트 매니지먼트	미국 (나스닥)	바이오 에너지	50조	-북미 최대 주거용·상업용·산업용 폐기물 관리 서비스제공 -미국에서 5개의 대형 매립지, 102개의 재활용 폐기물 선별 시설, 314개의 바이오에너지 발전 시설을 보유 및 운영 중
13	일루미나 (Illumina)	미국 (나스닥)	의료기기·서비스	57조	-글로벌 유전자 분석 시장 1위 기업으로 유전자 해석에 필요한 장비, 소모품, 소프트웨어 판매 -새로 개발하는 노바섹(NovaSeq)은 인간 게놈 전체를 해석하는 데에 드는 비용을 100달러 미만으로 낮춰 앞으로 더 큰 수요를 창출할 것으로 전망
14	인튜이티브 서지컬 (Intuitive Surgical)	미국 (나스닥)	의료기기/서비스	76조	-최초로 상용화된 수술 로봇인 다빈치 서지컬 시스템(da Vinci Surgical Sytem)을 필두로 수술용 로봇 시장 점유율 80%의 선두주자 -수술 분야가 비뇨기, 산부인과에서 일반 외과로 넓어지면서 점유율 확대가 앞으로 더 이어질 것으로 보임
15	딥마인드	미국 (알파벳 자회사)	인공지능	비상장	-2010년에 세워진 영국의 인공지능 기술 기업으로 현재는 알파벳의 자회사 -뉴럴 네트워크 개발 기업으로 인공지능, 머신러닝 등의 기술 개발 선두 기업
16	로퍼 테크놀로지스	미국 (뉴욕)	복합 기업	41조	-미국 소재 산업·의료용 이미징 장비, 소프트웨어 선두 업체 -무선인식(RFID) 기술 글로벌 선두 업체
17	야스카와 전기	일본 (도쿄)	산업용 로봇	11조	-글로벌 산업용 로봇 2위 업체 -모션 컨트롤, 로봇공학, 시스템 엔지니어링 및 관련 부품 적용에 있어서 글로벌 최고 기술력 보유
18	딜리버리 히어로	독일 (프랑크푸르트)	운송	10조	-글로벌 온라인 음식 주문 및 배달 서비스를 제공 -유럽, 중동, 아프리카, 아시아, 아메리카 등 40개국에서 운영

부록 반드시 주목해야 할 차세대 4차 산업 1등주 30선

19	부킹 홀딩스	미국 (나스닥)	온라인 예약 서비스	95조	−온라인 여행 예약 서비스 글로벌 1위 기업 −부킹닷컴, 프라이스라인, 카약, 아고다, 호텔스 컴바인 등 온라인 예약 서비스 대표 플랫폼 다수 보유
20	익스 피디아	미국 (나스닥)	온라인 여행 서비스 결제	21조	−글로벌 온라인 여행 서비스 결제 사이트 −Expedia.com, HomeAway 등 숙박, 항공 할인 예매 −글로벌 여행 수요 증가 수혜
21	JD	중국 (나스닥)	전자상거래, 스마트물류	50조	−중국 2대 전자상거래, 물류서비스 기업. 스마트 물류 선도 −AGV(Automated Guided Vehicle), 로봇 팔, 무인 지게차 등 10여 개 종류의 로봇이 책임지는 세계 최초 100% 무인 창고 운영
22	아이 플라이텍 (iFLYTEK)	중국 (선전)	인공지능	12조	−중국 AI 음성인식 기술의 선도 기업 −중국 음성인식 기술 시장의 70%를 점유 중이며 동시통역, 의료, 교육, 가전, 자동차 등 다양한 산업 영역에 적용 중
23	냅인포 (Navinfo)	중국 (선전)	자율주행	6조	−중국 1위 내비게이션용 전자지도 제작 업체 −스마트기기, 자율주행 차량에 전자지도 및 실시간 교통 정보 서비스를 제공 −자율주행 관련 정밀지도 사업에 대규모 투자 진행 중
24	핑안 헬스 (Pingan Health)	중국 (홍콩)	헬스케어	7조	−중국 최대 온라인 헬스케어 플랫폼으로 인공지능에 기반한 의료 컨설팅, 약품 배달, 진료 예약 서비스를 제공 −2021년까지 중국 전역에 빅데이터와 인공지능 기술을 활용한 무인 진료소 수십만 개를 설치할 계획
25	DJI	중국	드론	14조	−세계 1위 드론 제조 업체, 민간용 드론 매출 비중이 80% 차지 −DJI를 선두로 중국 드론 업체가 글로벌 드론 시장을 선도 중이며, 중국 총생산량의 70%를 해외로 수출 중 −DJI의 글로벌 고가 드론 시장(1,000~1,999 달러) 점유율은 87%로 상위 기술력 보유
26	유비테크 (UBtech)	중국	첨단제조	5조	−2012년 중국 선전에 설립된 로봇 연구개발 및 제조 업체 −B2B 로봇 크루저(Cruzr), 교육용 로봇, 장난감 로봇 등 제조 −자체 개발한 OS(운영 시스템) ROSA와 클라우드 시스템을 탑재, 핵심 기술을 기반으로 꾸준한 로봇 성능 개선 및 확장 기대

27	Face++	중국	인공지능	3조	-얼굴인식(Face Detection) 기술 제공 플랫폼 업체 -알리페이(Alipay)의 얼굴인식 결제, 디디(Didi)의 운전자 신원확인 시스템 등 기술 제공 업체 -정부가 주요 고객 층인 스마트 보안 매출 비중이 44%로 가장 크며, 2019년 50% 상회할 전망
28	센스타임 (Sense time)	중국	인공지능	2조	-안면인식, 컴퓨터 비전, 딥러닝 등 기술 연구개발 유니콘 기업 -2014년 설립되어 소프트뱅크, 알리바바로부터 전 세계 AI 스타트업 중 최대 규모로 투자 유치를 받은 기업 -얼굴인식 소프트웨어 외에 자율주행, 증강현실 관련 소프트웨어를 개발 중
29	캠브리콘 (Cambricon)	중국	인공지능	1조	-중국 인공지능 반도체 유니콘 기업으로 딥러닝 신경망 처리장치(NPU) 등 개발 중 -스마트 단말기, 클라우드용 AI 칩 등 딥러닝 전용 칩 상용화에 성공 -2020년까지 중국 고성능 스마트 칩 시장 30% 점유 목표
30	DT드림 (DTdream)	중국	클라우드	1조	-클라우드 및 빅데이터 기술 연구개발 및 제공 -중국 인터넷+ 정책과 함께 저장, 장쑤, 허난 등 지방정부와 협력하며 스마트 도시 건설 프로젝트 진행 중 -그 외 국가전력망공사, 상하이 폭스바겐, 지리 자동차 등 기업에 클라우드, 빅데이터 기술 협력 중

자료: 하나금융투자

4차 산업 1등주에 투자하라

1판 1쇄 인쇄 | 2019년 6월 20일
1판 1쇄 발행 | 2019년 6월 25일

지은이 조용준
펴낸이 김기옥

경제경영팀장 모민원 기획 편집 변호이, 김광현
커뮤니케이션 플래너 박진모
경영지원 고광현, 임민진
제작 김형식

디자인 제이알컴 표지디자인 투에스
인쇄 · 제본 민언프린텍

펴낸곳 한스미디어(한즈미디어(주))
주소 121-839 서울시 마포구 양화로 11길 13(서교동, 강원빌딩 5층)
전화 02-707-0337 | 팩스 02-707-0198 | 홈페이지 www.hansmedia.com
출판신고번호 제 313-2003-227호 | 신고일자 2003년 6월 25일

ISBN 979-11-6007-379-9 13320